U0083192

中國學術思想 研究輯刊

十六編

林慶彰 主編

第17冊

顏李學在晚清民國的復興與命運

王學斌 著

花木蘭文化出版社

國家圖書館出版品預行編目資料

顏李學在晚清民國的復興與命運／王學斌 著 — 初版 — 新北
市：花木蘭文化出版社，2013〔民 102〕
目 2+236 面；19×26 公分
（中國學術思想研究輯刊 十六編；第 17 冊）
ISBN：978-986-322-142-5（精裝）
1. 清代哲學
030.8   102002270

ISBN-978-986-322-142-5

中國學術思想研究輯刊
十六編 第十七冊   ISBN：978-986-322-142-5

顏李學在晚清民國的復興與命運

作　　者　王學斌
主　　編　林慶彰
總 編 輯　杜潔祥
出　　版　花木蘭文化出版社
發 行 所　花木蘭文化出版社
發 行 人　高小娟
聯絡地址　235 新北市中和區中安街七二號十三樓
　　　　　電話：02-2923-1455／傳真：02-2923-1452
網　　址　http://www.huamulan.tw 信箱 sut81518@gmail.com
印　　刷　普羅文化出版廣告事業
封面設計　劉開工作室
初　　版　2013 年 3 月
定　　價　十六編 25 冊（精裝）新台幣 42,000 元

顏李學在晚清民國的復興與命運

王學斌　著

作者簡介

王學斌（1981～），男，山東濰坊人，中共中央黨校文史教研部講師，北京師範大學歷史學院中國近現史專業博士，主攻中國近代學術思想史、民國人物研究。出版《民國底氣》《大漠荒蕪》《別樣風流》《教我如何不想他》等論著數部，在《社會科學戰線》《文獻》《民國檔案》《光明日報》《高校理論戰線》等學術刊物發表論文五十餘篇。

作者聯繫方式：北京市海澱區大有莊 100 號中共中央黨校文史教研部，郵編：100091

電話：13811658754/(010)62809600　　電子郵箱：hetao58@vip.sina.com

提　要

顏李學派是清初非常重要一個學術流派。顏元、李塨二人所倡導的帶有復古色彩的、以「三事三物」為核心的習行經濟與事功之學，基於對宋明理學系統反思、並在此基礎上構建的實學思想體系，在中國思想史上獨樹一幟。不過由於自身學說痼弊及外部政學環境的變化，顏李學派僅傳承三代即走向衰落，於清中葉中絕。

學派的消亡並不意味著學說的沈寂。百餘年後，晚清學者戴望搜輯顏李遺著，編纂《顏氏學記》，此舉既是其「大旨期於有用」之宗旨的體現，又含有爭取學術話語權的考慮。「常州端緒」與「戴學源頭」即為戴望欲打通顏李學與今文經、戴震學之間關聯的嘗試。《學記》問世後，學界反響不一，贊同、批評、排詆之聲同時並起，顏李學的改造運動也於諸多不同評論中拉開序幕。

晚清顏李學的傳播，經歷了由人際傳播向媒介傳播的遞嬗過程。在第一階段，永嘉後學孫鏘鳴、宋恕、陳黻宸及河北學者王灝、賈恩紱等人出力尤多。到了第二階段，國粹派成為主角。他們搜輯顏李遺著，研析其學術特色，挖掘其學說的西學因素，檢討其利弊得失，其中既有對其學說本身的挖掘與「發現」，又有基於政治訴求的闡釋與「發明」，在這種古今溝通、中西交融之下，近代意義上的顏李學之雛形初具規模。

進入民國，顏李學的發展軌迹變得異常複雜。出於復興北學、抵禦新文化和加強意識形態控制之需，徐世昌等人于民初極力推崇顏李學。通過一系列的政治運作，徐世昌將顏元、李塨二人塑造為國家學術偶像，享受從祀孔廟之厚遇。同時，徐又通過設立四存學會、創辦《四存月刊》、開辦四存中學等措施，強化顏李學對社會的影響。當然，徐世昌的如上活動，自然是逆時代潮流之舉，不過客觀上也促使更多的學者來關注和研治顏李學。要之，政治與學術的複雜交織是民初顏李學研究的一大特色。

二十世紀二十年代後，伴隨現代知識制度與學科體系的建立，顏李學研究也趨於規範與深入。梁啟超無疑是該時期顏李學研究的開拓者。梁氏在「古學復興」的學術訴求和「理學反動」的解釋框架之推動下，引介杜威的實用主義學說，就顏李學的知識論、功利論、人性論及與戴震學的淵源關聯等問題詳作論析。胡適深受梁啟超研究路徑影響，繼之而起，圍繞顏李學是否為戴震「新哲學」源頭，進行了有益的嘗試。特別是他對程廷祚資料的發掘與研究，開拓出清代思想史中的新領域。與梁、胡二人頗為異趣的是，錢穆秉持「不知宋學，則無以平漢宋之是非」的清學史立場，褪去顏李學的「反理學」底色、辨析其學說痼弊，否定其與戴震學的淵源推測，從而解構掉梁、胡之前精心構建的「反理學」譜系。質言之，梁、胡、錢三人之所以在顏李學研究上呈現如此迥異的反差，其緣由大致同學術立場、治學路徑和文化觀念的相異有關。

綜上，作為中國儒學流派中一個獨具特色的分支，顏李學於晚清民國的復興與命運，體現出中西融彙、政學交織、反響不一等特徵，這恰是傳統學術在近代流變的一個縮影。

目次

緒　論⋯⋯⋯⋯⋯⋯⋯⋯⋯⋯⋯⋯⋯⋯⋯⋯⋯⋯⋯⋯⋯⋯ 1

一、選題緣起與學術意義⋯⋯⋯⋯⋯⋯⋯⋯⋯⋯⋯⋯⋯ 1

二、學術史回顧⋯⋯⋯⋯⋯⋯⋯⋯⋯⋯⋯⋯⋯⋯⋯⋯⋯ 3

三、顏李學之學術生態：北學涵義、特質及流變⋯ 14

四、契合現代，根植傳統：顏李學的雙重底色⋯⋯ 23

五、研討思路與學術分期⋯⋯⋯⋯⋯⋯⋯⋯⋯⋯⋯⋯ 36

第一章　絕學重光：戴望與晚清顏李學復興——
　　　　以《顏氏學記》之緣起與回響為中心的
　　　　考察⋯⋯⋯⋯⋯⋯⋯⋯⋯⋯⋯⋯⋯⋯⋯⋯⋯ 41

第一節　經世者之選擇：戴望與《顏氏學記》⋯⋯ 42

一、「不脫時代束縛之學人也」：錢穆的疑問⋯ 42

二、「大旨期於有用」：戴望之學術宗旨⋯⋯⋯ 44

三、「常州端緒」與「戴學源頭」：《顏氏學記》
　　中的兩則論斷⋯⋯⋯⋯⋯⋯⋯⋯⋯⋯⋯⋯⋯ 49

第二節　贊同、批評與排詆：《顏氏學記》之回響 57

一、贊同：對顏李學之認可與改造⋯⋯⋯⋯⋯ 57

二、批評：對顏李學之學術檢討⋯⋯⋯⋯⋯⋯ 60

三、排詆：對顏李學之仇視與攻擊⋯⋯⋯⋯⋯ 64

小　結⋯⋯⋯⋯⋯⋯⋯⋯⋯⋯⋯⋯⋯⋯⋯⋯⋯⋯⋯⋯ 66

第二章　傳播與闡釋：晚清學人和顏李學研究的
　　　　展開 ···················· 67
　第一節　永嘉後學與顏李學之傳播 ········· 67
　　一、同為事功之學 ················· 68
　　二、存續永嘉學與傳播顏李學 ·········· 73
　第二節　文獻整理與學術揚棄：河北地區的顏李學
　　　　　傳播 ····················· 80
　　一、王灝與《顏李遺書》 ············· 81
　　二、賈恩綬與《定武學記》 ············ 83
　第三節　書刊宣傳與近代闡釋 ············ 91
　　一、20 世紀初葉顏李學傳播之大貌 ········ 91
　　二、國粹派學人的顏李學研究 ·········· 94
　小　結 ························ 109
第三章　中經波折：民初徐世昌對顏李學之推崇 · 115
　第一節　尊崇顏李之緣由 ·············· 115
　　一、「尊顏李即尊天津」：解讀「顏李從祀事
　　　　件」的另一視角 ··············· 115
　　二、蓮池書院與北學重振：尊崇顏李的歷史
　　　　因緣 ····················· 119
　　三、「畿輔自有之學派」：徐世昌諸人推崇顏
　　　　李學之肇端 ················· 126
　第二節　從祀絕唱：顏李躋身孔廟及相關運作 ··· 132
　　一、顏李二人「由凡入聖」的塑造歷程 ···· 132
　　二、顏李從祀後的後續運作 ··········· 141
　小　結 ························ 160
第四章　創建典範與學術商榷：顏李學研究之趨
　　　　向深入——以梁啟超、胡適、錢穆三人
　　　　為例的考察 ················ 163
　第一節　確立顏李近代學術形象的努力：梁啟超
　　　　　的顏李學研究 ··············· 163
　　一、梁啟超與清代學術史研究 ·········· 163
　　二、梁氏關注顏李學之原因 ··········· 167
　　三、「新舊過渡」與「兼反漢宋」：梁啟超顏
　　　　李學研究的第一期 ············· 170

四、「清學支流」與「實用主義代表」：梁啓
　　　超顏李學研究的第二期……………………174

第二節　探尋戴震「新哲學」的理論源頭：胡適
　　　　的顏李學研究……………………………184

一、胡適關注顏李學之原因…………………184

二、「很徹底的實用主義」：胡適顏李學研究
　　　的第一期…………………………………186

三、發現新材料與推重程廷祚：胡適顏李學
　　　研究的第二期……………………………195

第三節　「未全脫宋儒窠臼也」：錢穆的顏李學研
　　　　究………………………………………203

一、「不知宋學，則無以平漢宋之是非」：錢
　　　穆的清學史立場…………………………203

二、褪去「反理學」底色：重尋顏李學術源
　　　頭………………………………………204

三、「折入漢宋」：辨析顏李學自身痼弊………207

四、解構「反理學」譜系：否定戴震學與
　　　顏李學的淵源關聯………………………209

小　結………………………………………………212

結　語………………………………………………217

附錄　晚清民國《顏氏學記》刊刻版本表…………219

參考文獻……………………………………………221

後　記………………………………………………232

緒　論

一、選題緣起與學術意義

　　顏元（1635～1704 年，字渾然，又字易直，晚號習齋）、李塨（1659～1733 年，字剛主，號恕谷）是清初著名的思想家。二人所倡導的帶有復古色彩的、以「三事三物」爲核心的習行經濟與事功之學，基於對宋明理學系統反思、并在此基礎上構建的實學思想體系，在整個中國思想史上獨樹一幟。而由顏元開創、李塨播揚而成的顏李學派，也成爲中國學術史上一個以經世致用、注重實踐爲特色的學術派別。早在清初，已有人開始將顏李學派所倡揚的學說合稱爲「顏李學」。如顏元門人惲鼐聞就曾寫道：「天下言聖賢實用之學，必尊顏李，顏李之學，周公孔子之道也」〔註1〕。到民國時期，顏李學已是一個成熟的學術概念。梁啓超在其《中國近三百年學術史》中提及顏元、李塨二人關係時，指出「習齋之有恕谷，卻眞是史公所謂『相得而益彰』了。所以這派學問，我們叫他做『顏李學』」〔註2〕。其後的胡適、錢穆、陳登原等學者也都沿用此概念。

　　「顏李學在晚清民國的復興與命運」，主要是指晚清民國學人與政治團體對顏李學的研究、闡釋、尊崇和利用，以及由此而引起顏李學於晚清民國的嬗變與影響。具體而言，該課題包括晚清民國學者對顏李學派著作的研究，

〔註1〕 惲鼐聞：《李恕谷先生傳》，〔清〕馮辰、劉調贊撰、陳祖武點校：《李塨年譜》，中華書局 1988 年 9 月版，第 223 頁。
〔註2〕 梁啓超：《中國近三百年學術史》，《飲冰室合集》專集之七十五，中華書局 1989 年版，第 107 頁。

對顏元、李塨、王源、程廷祚等人政治思想、學術思想、哲學思想、教育思想等的評價和詮釋，政治勢力對顏李學的重新改造和利用，以及與之相關的一系列政學活動。

傳統意義上的顏李學是指清初顏元、李塨以及學派其他成員共同創立和發揚的一種學術思想。它具體包括以「事功爲首」和「六府、三事、三物」〔註3〕爲特色的實學、對宋明理學的批判、「見理於事」的認識論、「理氣合一」的人性論、復古改革的政治思想、習動習行的教育論等內容。從某種意義上講，顏李學集中國古代功利論之大成。而本選題所研討的「顏李學在晚清民國的復興與命運」，則是通過剖析晚清民國時期眾多學者對顏李學派學說主張的開掘與詮釋，從而理清其被納入到現代知識制度與學科體系當中，形成具有近代意義上的顏李學之過程。

自顏元的學術思想形成之後，經弟子李塨等人的大力傳播，其學說引起了學界、政界不少人士的關注，問業者有之，讚譽者有之，批判者有之，詆謗者亦有之。可以說，顏李學傳播的過程，即可視作其被研究的開端，同時也是顏李學派形成的階段。不過，具有近代意義的顏李學之出現當是在晚清民國時期，宋恕、劉師培、章太炎、梁啓超、胡適等學者對此學說的闡釋、對顏李學術地位的追認、對顏李學派學術系譜的構建，使得顏李學的近代知識論述得以展開。之後，顏李學逐漸成爲思想史研究、哲學史研究及教育學研究的熱點，其間所產生的學術成果也頗爲豐富。據不完全統計，自新中國成立至今，學界有關顏元李塨生平、思想及學說傳播等問題的學術論文已逾200篇，學位論文30餘篇，而學術專著也有20餘部，可謂成果豐碩，日臻成熟。

就在學者們對顏李學說的實學思想、教育思想、哲學思想、學派特徵進行系統而深入研究的同時，有關晚清民國顏李學興起、發展的學術史研究卻長期得不到學界的重視，專論近代顏李學研究狀況的論文僅寥寥數篇，而專門探討該問題的學位論文也僅有臺灣地區一篇碩士論文。這不能不說是一個缺憾。

〔註3〕 顏李所謂的「六府、三事、三物」，實係出自先秦經典。「六府」指水、火、金、木、土、穀；「三事」即《尚書・大禹謨》中的「正德、利用、厚生」；「三物」即《周禮・大司徒》中的「鄉三物」，具體而言，爲「六德」（知、仁、聖、義、忠、和）、「六行」（孝、友、睦、姻、任、恤）、「六藝」（禮、樂、射、御、書、數）。

回顧百年之前的顏李學研究，諸多問題亟待梳理與探析：今文經學者戴望緣何對顏李學青睞有加？《顏氏學記》對於晚清顏李學的興起究係有多大關聯？劉師培、章太炎等人為何要有選擇性地研究與闡釋顏李學？而以徐世昌為代表的四存學會諸人又出於什麼目的使顏李這兩位民間思想家從祀孔廟？四存學會的如此舉動對於顏李學在近代的發展到底是一股助力還是阻力？梁啓超、胡適因何要將「反理學的思想家」、「杜威式的教育家」的稱號賜予顏李二人？這種近代形象的確立對後人的研究有怎樣的導向作用？在顏李學的學說歸屬、戴震學與顏李學的學術淵源問題上，錢穆等人為何要同梁啓超、胡適立意迥然，反覆辯難……這些問題亦即形成了一個整體的研究主題：傳統意義上的顏李學是如何一步步被納入到現代知識制度與學術體系當中來的？易言之，近代意義上的顏李學是如何一步步展開、發展的？這是本論文所要研討的核心問題。

學術史研究，重在恪遵史實，檢討以往，有裨當代，引導將來。本論文正是秉此初衷，以顏李學於晚清民國的復興與命運為視角，系統而深入地梳理晚清民國顏李學的復興、發展與嬗變的全貌與影響。以期通過此種探討能對今後的顏李學研究帶來一些有益的思路和借鑒，並為學界考察傳統儒學在近代語境下的流變與轉型提供參考。

二、學術史回顧

截至目前，學界有關探討「顏李學在晚清民國的復興與命運」問題的學術論著並不豐富。不過在已發表和完成的關於顏李學派學術思想及代表人物傳記、明清學術史、晚清民國學人學術思想研究論著及學位論文中，涉及到一些晚清民國顏李學研究的內容，有的是整體評述，有些是個案剖析，茲評介如下：

（一）大陸地區研究狀況

關於晚清民國的顏李學的整體研究，雖然學界目前出版的論著不多，但材料相對集中，觀點也較為接近。

姜廣輝的《顏李學派》是新中國成立後首部對顏李學派進行全面研究的學術專著，但對於顏李學的歷史命運，該書著墨不多，僅略作回顧。作者在總結顏李學對後世影響時，指出「既要看到其學說本身與後世推崇的聯繫，更要看到二者之間的區別。五四運動前後，顏李之學對社會的影響，主要有

兩方面：一是其重『致用』的精神，二是其尊孔孟的思想。徐世昌主要是利用其尊孔孟的落後成份。當時一些志士仁人和愛國知識份子強調顏李重『致用』的思想，試圖以顏李之學轉變社會惰弱習氣，振興中華，抵禦列強」〔註4〕。應當說姜氏對顏李學在民國時期社會影響的概括大體不錯，惜未能展開，不夠具體。

由侯外廬、邱漢生、張豈之主編的《宋明理學史》是一部系統梳理自宋至清初千年理學發展衍變狀況的開山之作。該書第 33 章專門就顏李學派的學術特色、理論傾向、歷史命運逐一進行論述。由於該章由姜廣輝執筆，其對晚清民國顏李學的評價與其著作《顏李學派》大同小異，故於此處不再贅述〔註5〕。

陳山榜在《顏元評傳》一書緒論中言及 20 世紀 20 年代前後顏李學復興時，認為「學界力倡之人當推梁啓超，政界力倡之人當推徐世昌。」陳指出「梁啓超對顏元的研究介紹是適時的，評價也較中肯。他把顏元與杜威相提並論，也很有見地，因為這兩人頗具可比性。」與此同時，陳亦認為「徐世昌對顏元學術思想的研究，也貢獻不菲。」並斷定「民國初年的中國社會，已經初具顏元實學思想生存和發展的土壤了。」至於陳登原的《顏習齋哲學思想述》，陳山榜認為進入 20 世紀 30 年代，國民政府的腐敗促使「一些有良知的學人便借顏元的學術思想以警醒國人，陳登原當為這類人士之代表」〔註6〕。尤值注意的是，作者對徐世昌尊崇顏李之舉並非完全否定，而是辯證看待，這種研究態度頗為可取。

朱義祿在《顏元李塨評傳》第八章《顏李學派的影響及其歷史地位》中對晚清民國的顏李學研究狀況作了較為系統的梳理。通過對戴望、劉師培、章太炎、梁啓超、胡適、錢玄同、徐世昌有關顏李學言論的剖析，朱認為顏李之學在近代之所以不斷變換著面貌，是由於近代中國文化上的主旋律——古今中西之爭所致。「當本土文化受到外來文化衝擊時，就會產生種種的反應。反應基本上有兩種。一種是返回式的文化保守主義，或持本土文化為至善至美的頑固立場，否定外來文化；或借助外來文化的觀點，以重光本土文化。一種是吸收式的文化融合，它把本土文化中之有價值者與所引進的外來文化的因素作一適當的整合。」具體到顏李學方面，「維新派、革命派、新文

〔註4〕 姜廣輝：《顏李學派》，中國社會科學出版社 1987 年版，第 203～204 頁。
〔註5〕 侯外廬、邱漢生、張豈之：《宋明理學史》（下），1987 年版，第 945～952 頁。
〔註6〕 陳山榜：《顏元評傳》，人民教育出版社 2004 年版，第 2～4 頁。

化運動中民族主義激進者，對包括顏元在內的明清之際啓蒙學者的學說，可與西學中的科學精神、學校教育相溝通。這是吸收式的文化融合。」而「朱一新以顏李之學爲『名美實非』的『欺人之說』，程仲威大罵顏李，爲『吾道大蠹，實本朝之蟊賊』。這是持否定態度的文化保守主義。這種態度的另一表現形式，就是徐世昌以及四存學會的一批骨幹，在封建文化思想和倫理道德受到極大衝擊時，以一種間接的方式來倡導孔孟之道，即尊顏李以尊孔孟。辦學會、出刊物、造專祠、出版叢書、從祀孔廟，以擡高自己的聲望地位與社會影響，這是持肯定態度的文化保守主義」〔註7〕。作者借助「返回式的文化保守主義」和「吸收式的文化融合」兩個概念來梳理顏李學在晚清民國的嬗變歷程，該提法頗爲新穎。不過限於史料和視角差異，作者的部分觀點尚需推敲，如對朱一新、徐世昌等的評價問題，若能在立足人物政治理念剖析的基礎上，再從顏李學自身學術內在理路發展的角度加以考察，相信結論會更趨客觀。

復旦大學哲學博士傅濟鋒在其著作前言中對晚清的顏李學情形給出如下結論：「如此以來竟衍成晚清學界『尊顏』與『反顏』的格局，『尊顏』與『反顏』成爲晚清顏學研究的勢成水火的兩個陣營，蓋其學術立場決定於其政治立場的緣故」〔註8〕。這說明作者仍沿襲了學界較爲流行的「尊顏」與「反顏」的二元對立分析模式。

與晚清民國顏李學研究直接相關的學術論文目前僅有四篇。趙捷民在《顏元的影響》中將自顏元弟子李塨起至民國時期顏元思想的影響作了大體概括，尤其是對 20 世紀 20 年代四存學會的背景、人員來歷、學校興衰演變的介紹，給後來研究者提供了很有價值的線索〔註9〕。

宋立卿、解成合撰的《顏元思想在近代中國命運》一文是目前所見大陸對晚清民國顏李學研究情形考察中最爲全面的一篇。通過對 80 多年顏李學發展過程的回顧，二人認爲「在中國資產階級民主主義革命的整個歷史時期，顏元作爲一個清朝初年的普通的漢族知識份子，竟然相繼受到各個階級甚至同一階級的各個階層的代表人物的青睞，以致被賦予適應各種不同政治目的

〔註7〕　朱義祿：《顏元李塨評傳》，南京大學出版社 2006 年版，第 339～340 頁。

〔註8〕　傅濟鋒：《習行經濟——建基於「氣質性善論」的習齋哲學研究》，華齡出版社 2007 年版，第 4 頁。

〔註9〕　趙捷民：《顏元的影響》，《河北史學會通訊——全國顏元李塨學術思想討論會專號》（總第十一期），內部刊物，1987 年，第 177～184 頁。

的新的形象，其間恢復他的歷史眞象的種種努力都不得不服從現實的政治鬥爭的要求。這是中國思想史上一種看似奇特，實乃帶有普通意義的現象。杜維明先生企圖用地方主義來解釋這種現象，筆者認爲這是把問題簡單化了。是否可以這樣來看，1919 年以前，顏元思想雖然歸根結底是清朝統治秩序的反映，卻並未完全溶入佔據官方統治地位的孔孟——程朱的儒學，甚至在表面上保留著反程朱的特徵。當被清朝統治者加以扭曲的程朱理學在近代遭到普遍厭棄的時候，便產生了賦予孔孟儒學以新的理論形態的客觀要求，這種理論形態既能夠保持孔孟儒學的本色，又足以同西方資產階級思潮抗衡，還應該具有一定的彈性，便於在不同的情況下隨意發揮。這些條件恰恰在顏元思想那裡得到了滿足。一旦它被挑選出來，便反過來影響整個社會。當然，這種影響發生在中國面臨被帝國主義列強瓜分危險的時期，與程朱理學在大一統的封建社會所起的鉗制思想的作用不可同日而語。而在近代中國社會像汪洋大海般存在著的是自食其力的小生產者及其知識份子，顏元的經濟地位與他們最爲接近，他的某些言論自然更容易引起他們的共鳴，其中包括同小生產者有著千絲萬縷聯繫的馬克思主義者們。因此，顏元思想（實際上是傳統儒學）在近代中國的命運說到底，是一個小生產者階層的意識形態同劇烈變化著的半封建半殖民地的經濟基礎既相矛盾又相適應的過程。用今天的眼光來看，中國社會的經濟基礎雖然早已改變了，但反映舊的經濟基礎的小生產者的意識形態仍然頑固地佔據著一部分歷史舞臺，以致對社會主義的經濟基礎產生過相當消極的反作用」〔註10〕。與前面朱義祿視角相似，宋、解二人亦是從政治層面來探討、評判晚清民國各種勢力對顏李學的研究與利用，缺乏從學術史角度的爬梳與辨析，某些論斷並不準確。加之此文完成較早，故不免帶有明顯的時代痕迹。

解成在《近代中國對顏元形象的兩次改造》中將顏李學的近代復興劃分爲兩個階段，「第一次以戴望輯於 1869 年的《顏氏學記》爲開端，持續了 50 多年；第二次則以梁啓超著於 1924 年 1 月的《顏李學派與近代教育思潮》爲標誌，迄今仍不時可以見到他的影響。」至於這兩次形象改造的評價，解成認爲「如同先秦諸子經過清代考據家們的不懈努力而突然在近代煥發出奪目的光彩一樣，顏元的思想也被近代中國的各個階級、階層加以改造和利用。

〔註10〕 宋立卿、解成：《顏元思想在近代中國的命運》，《河北史學會通訊——全國顏元李塨學術思想討論會專號》（總第十一期），內部刊物，1987 年，第 200～201 頁。

這種改造和利用深刻地反映了他們各自的願望和追求，反映了近代中國社會的矛盾、斗爭和前進，反映了傳統文化與新的時代突然相撞時打在人們思想上的烙印」〔註11〕。對晚清民國顏李學的發展脈絡進行分期，解成可謂第一人。不過，他的兩期說僅將戴望、梁啓超等人納入考察視野之中，忽略了民初徐世昌的尊崇活動及二十世紀三四十年代馬克思主義學者的研究成果，故該提法有待修正。

　　陳居淵的《略論晚清學術界的尊顏與反顏之爭》一文則圍繞晚清時期學者針對顏李學的不同態度作一論述。值得關注的是，陳居淵認爲以往將顏李學復興的原因歸結爲政治腐敗、外患日亟，這並不全面。畢竟「任何一種學術思潮的湧起，除了社會政治方面所提供的條件之外，還有學術自身發展的內在因素。眾所周知，晚清的尊顏學者一般也都是崇尚《公羊春秋》的今文經學說。」故陳指出「雖然顏學與今文經學絕然不同，但在批評宋明理學與提倡經世致用方面卻有相通之處。也正因此，晚清尊顏學者視顏學爲清代今文經學的先導。」基於對顏李學近代復興之學術內在理路的分析，陳認爲「晚清學術界的表彰顏學，並非是清初顏李學術的復原，而是有所揚棄和繼承；他們提倡經世實學，企圖恢復原儒學的權威，旨在打擊學術文化領域占統治地位的程朱理學。而晚清學術界的反對顏學，雖然出於衛道的目的，但也同樣含有救世弊和維護聖教的意蘊。然而無論是尊顏抑或反顏，他們之間的學術爭執，始終停留在傳統經籍的詮釋範圍，繼承的依然是宋明以來儒學自身發展的傳統而未能有所超越，這使他們終究未能形成各自的理論體系。儘管如此，晚清學術界的尊顏與反顏，卻開啓了近代改造顏學的序幕」〔註12〕。立足於學術內在發展理路來審視顏李學，陳的此篇文章無疑給後來研究者提供了一個有益的視角與思路。同時，陳文尚囿於「尊顏」與「反顏」二元化的分析框架，故個別論斷值得商榷。

　　華中師範大學歷史文獻學博士生王春陽於 2008 年 4 月完成的博士論文《顏李學的形成與傳播研究》對本選題有所涉及。由於該文主要側重於剖析顏李學的形成過程，顏李學的內涵、特徵及顏、李的主要思想和顏李學在清初的傳播情況，時間下限是清代中期，故對晚清民國的顏李學研究未能展開具體探討。在最後一章中，作者特闢出《近代對顏李文獻的幾次整理及成果》和《顏李學在近代受到追捧的原因》兩節對晚清民國的顏李學文獻整理和復

〔註11〕解成：《近代中國對顏元形象的兩次改造》，《河北學刊》1988 年第 1 期。
〔註12〕陳居淵：《略論晚清學術界的尊顏與反顏之爭》，《河北學刊》，1997 年第 1 期。

興原因作了一番點評。王認為近代對顏李文獻整理頗有功績者分別是戴望、
王灝和以徐世昌為首的四存學會諸學人，而顏李學在近代頗受學界、政界追
捧的原因主要有三點：「一是顏李學上及孔孟，提倡原始儒學，符合中國思想
界長期存在的復古意識，也是中國學者在西方意識形態下保存中國固有文化
傳統的一種需要；二是顏李學中存在的進步因素，與現代西方學術多有些契
合；三是顏李學提倡實學，反對虛學；提倡有用，反對無用之學所具有的經
國濟世的內涵，符合國力衰弱的近代中國呼喚外王型學術的現實需求。或者
說，清末民初的中國社會，已經具有了顏李學術再次發展的社會土壤」〔註13〕。

　　較之於整體研究而言，與晚清民國顏李學有關的個案研究則顯得比較零
散，觀點也見仁見智。

　　就對晚清顏李學復興厥功甚偉的戴望與《顏氏學記》的研究情形而言，
學界並不十分關注。楊培之肯定了戴望對顏李學的引介，「對於顏李學術之傳
佈，確有一定的貢獻。他還指出戴東原在論性問題上的唯物主義觀點，就是
淵源於習齋的論性見解」〔註14〕。

　　張舜徽對戴望傳播顏李學之功亦頗為肯定。「儘管《顏氏學記》一書，撮
抄諸家原文為多，而發揮的話很少，但對於顏李學術的傳佈，確起了一定的
作用」〔註15〕。

　　盧鍾鋒在其著作《中國傳統學術史》中就戴望的《顏氏學記》作了較為
詳細的探討。作者從學術史著作編纂的角度審視《顏李學記》，指出戴望「之
為顏李學派修史，是試圖借顏李學派的『實學』批判理學之空談，因此，具
有反理學的性質。」其反理學的主要表現有二：一是「突出顏李學派對理學
的批判」；二是「突出顏李學派在道統傳承中的地位。」戴望乃晚清今文經學
大師，故其學術觀點自然會在《顏氏學記》中有所體現，盧將其總結為三點：
「首先，清代後期的今文經學家都是反漢宋學的。其次，這一時期的今文經
學家用以反對漢宋學的思想武器是經世致用之學。第三，這一時期的今文經
學家都採用『託古改制』的形式來宣傳變法、改革」〔註16〕。盧的如上觀點
可謂與陳居淵不謀而合。

〔註13〕王春陽：《顏李學的形成與傳播研究》，華中師範大學 2008 屆博士生學位論文，
　　　　第 183～184 頁。
〔註14〕楊培之：《顏習齋與李恕谷》，湖北人民出版社 1956 年版，第 286 頁。
〔註15〕張舜徽：《清儒學記》，華中師範大學出版社 2005 年版，第 83 頁。
〔註16〕盧鍾鋒：《中國傳統學術史》，河南人民出版社 1998 年版，第 449～453 頁。

　　華東師範大學 2003 級碩士生張利撰寫的《戴望學論》是筆者所見大陸首篇對戴望進行整體研究的學位論文。作者在論文的第 5 章專門圍繞《顏氏學記》一書，從戴望對顏李學說的繼承、揚棄及後世影響三個角度入手展開分析，得出「在戴望的思想裏，顏李學和公羊學是貫通的。戴望採用了公羊學的方法論，注入顏李學的實用精神，融合當時的社會需求，鑄成一套自己的闡釋體系」的結論〔註 17〕。

　　張永平在《戴望述略》一文中就戴望學宗今文經卻力倡顏李學的情形提出了新的看法，他認為戴的思想之所以如此矛盾，是因為「在清朝統治集團沉醉在『同治中興』的夢幻之際，戴望卻認為太平天國雖失敗了，但造成社會動亂的原因不可不追究。尋本溯源，他以為是理學淆亂了真孔教，把世道人心都搞亂了。所以他引進顏李學說，從人性善惡的論辯開始對清朝統治者奉為圭臬的程朱理學發難」〔註 18〕。

　　由於徐世昌歷來多被學者視作政治人物，故有關其文化思想的研究論著少之又少，更遑論他在民初顏李學復興中所體現的學術取向。現所能見到的相關論斷多為隻言片語，不甚系統。張舜徽認為「近世徐世昌，以提倡顏李之學為己任。曾屬其門客為《顏李語要》各一卷、《顏李師承記》九卷，又彙刻《顏李遺書》數十種。為近數十年來研究哲學和教育學的學者們提供了資料，因之知道顏李之學的人也漸漸多了」〔註 19〕。

　　郭劍林在其《北洋靈魂——徐世昌》一書中，對徐世昌的尊崇顏李學之舉評價道：「徐世昌在當時歷史條件下尋找不到一種救時的思想理論，只能用清初顏李之學來代替空談心性的程朱理學，用專務實踐來驗證中國的傳統文化並發展這種文化，似無可厚非。但五四風潮來得如此之猛，全盤否定中國傳統文化如此之凶，而顏李之學只是在清初興盛一時，而到了五四時期，因時過境遷，在商品大潮下，顏李之學怎能適應這種社會迅速發展的大形勢？徐世昌大力提倡顏李之學雖有某種積極意義，但整體上說，未免不合時宜」〔註 20〕。作者僅從徐世昌抵禦新文化的角度剖析其尊崇顏李的行為，未能全面考察該舉動的學術淵源和現實境遇，故其結論並不準確。此外，蘇全有亦認為在五四新思潮湧動的大背景下，「徐世昌幻想僅靠幾所『四存學堂』

〔註 17〕　張利：《戴望學論》，華東師範大學 2006 屆研究生碩士學位論文，第 40 頁。
〔註 18〕　張永平：《戴望述略》，《上海交通大學學報》（社科版），2002 年第 3 期。
〔註 19〕　張舜徽：《清儒學記》，華中師範大學出版社 2005 年版，第 83 頁。
〔註 20〕　郭劍林：《北洋靈魂——徐世昌》，蘭州大學出版社 1997 年 3 月版，第 396 頁。

便可抵禦潮流，力挽狂瀾，當然於事無補」〔註21〕。

（二）海外研究現狀

　　與大陸地區研究情形類似，港臺地區及海外對晚清民國顏李學的研究也並不多。不過較之於大陸尚無專門論著或學位論文問世，臺灣地區的相關整體研究則邁出了可喜的一步，臺灣東海大學歷史學研究所碩士生廖本聖撰寫的題為《顏李學的形成（1898～1937）》的碩士論文，可謂是該領域的有益嘗試。作者認為「顏李學在沉寂了一百多年後再重現於近代中國，不是沒有原因的。顏李學的重現，其原因在於顏李學本身的特殊性格正好與戊戌政變之後的時空環境相配合所致。也就是說，顏李學貴兵之論的尚武特質，與實用主義傾向等特點，正好符合 1898 年後亟於改變中國命運的知識份子們的需要。在這種情況之下，顏李學派成為章太炎、劉師培、梁啓超及胡適等人使用來為各自的關懷做辯護的一項工具。站在提升民族自尊的關懷上，顏李成為梁啓超及劉師培用以說明中國傳統裏也有類似於西方思想因素的工具。另一種關懷則是主張國家未來的發展必須建築在過去的基礎上，現實與傳統不能分離，但是他們並非全盤地接受傳統，基於現實的需要，他們皆很清楚哪些該保留哪些該拋棄。這種作法，可以章太炎為代表。1898 年至 1902 年期間，顏李學成為章太炎整理傳統思想之利弊得失的一顆棋子，一個讓他為現實提供反省的工具。胡適之投入顏李學的研究則主要是在為自己的實用主義思想尋找歷史根源，說明他的實用主義是承自中國近代以來的歷史發展潮流而來的。由章太炎、劉師培、梁啓超及胡適等人處理顏元的態度裏，可看出顏李學僅是他們用以說明自己的關懷時所取用的一項材料而已。在這種有條件的取材觀點影響之下，對於顏李的觀點出現偏失，便是在所難免的。由此可見，出現於 1898 年至 1937 年的顏李學，是否為真實的顏李學，仍值得商榷」〔註22〕。廖文雖具首創意義，但其不足也十分明顯：一是將時間上限定為 1898 年，勢必無法觀照之前顏李學復興的詳情；二是該文擇取章太炎、劉師培、梁啓超和胡適四人為主要考察對象，並未將徐世昌、錢穆納入其中，其典型意義略顯不足；三是在材料運用上，由於條件所限，廖氏所徵引範圍較窄，故其部分結論值得商榷。

〔註21〕蘇全有：《徐世昌家族》，金城出版社 2000 年 1 月版，第 227～228 頁。

〔註22〕廖本聖：《顏李學的形成（1898～1937）》，臺灣東海大學歷史學研究所碩士學位論文，1997 年。

　　臺灣華梵大學東方人文思想研究所的碩士生呂金龍在其學位論文的緒論部分對自清末以來致力於顏李學研究的九位學者的生平及其成就作了一番評述。這九人分別是：徐世昌、梁啓超、胡適、劉師培、錢穆、侯外廬、陳登原、姜廣輝和李貴榮〔註23〕。

　　美籍學者杜維明在其《仁與修身‧顏元：從內在體驗到實踐的具體性》一文中，對晚清民國的顏李學研究狀況進行了簡要評析，頗具啓發意義。就徐世昌尊崇顏李學一事，作者認爲徐如此努力擡升顏李學的原因在於他「企圖重振北學，肯定是受到河北地區知識份子的影響，這些知識份子要求建構一個新的意識形態以領導全國」。同時，杜又指出，「如果顏元的思想與近代中國一點關連性都沒有，人們也不會僅因爲他的地域關係而把他挑選出來。顏元突然普得人心，在思想上的機緣是杜威從 1919 年 5 月到 1921 年 7 月之間及時訪問中國。這位美國哲學家的思想和詹姆斯或羅伊斯有所不同，完完全全是對美國本身特殊情況所作的本土反應。他在中國極受人們的尊重，被認爲是科學——財富和權力的眞正來源——的守護聖徒。杜威講學中國，促成人們重新瞭解到顏元思想的重要。」應該說，杜維明的以上分析，實已涉及到徐世昌尊崇顏李的地域學術淵源和顏李學在民國發展的時代機緣問題。同時，杜維明還關注到二十世紀三四十年代馬克思主義學者的顏李學研究新趨向。在他看來，「中国共產黨歷史學家有系統地做了一番工作，力圖『恢復』顏元在中國辯證唯物思想發展過程中的眞正地位」〔註24〕。要之，杜維明的評析較爲明確地把顏李學在晚清民國的發展脈絡梳理出來，惜未能展開具體研討。

　　個案研究方面，由於現實條件所限，筆者僅能就所見到的研究情況做一介紹。沈雲龍在《徐世昌評傳》中對徐在 20 世紀 20 年代前後提倡顏李學的活動作了較爲細緻的評述。沈指出：「徐氏於纂輯典籍、標榜文治之外，復從參議員張鳳臺之請，提倡顏李之學。……嗣爲尊崇顏李，特頒從祀文廟（時日待查），並就前清太僕寺舊址，設立四存學會。……指定趙衡爲會長，張鳳臺副之，而猶恐其未能普及也，旋於民九命鳳臺出長河南，使組織分會於嵩

〔註23〕呂金龍：《顏習齋之學術思想及其四存編研究》，臺灣華梵大學東方人文思想研究所碩士學位論文，2003 年，第 10～21 頁。

〔註24〕杜維明：《仁與修身‧顏元：從內在體驗到實踐的具體性》，陳山榜、鄧子平主編：《顏李學派文庫》第 10 冊，河北教育出版社 2009 年 9 月版，第 3603～3606 頁。

山之陽，且設立中學校一所，即以四存名其校，專以規範青年思想爲宗旨，表面則曰培養農業人才，而讀經爲其主要課目，其他從可知已。蓋世昌提倡顏李之學，欲以針對時弊，意至明顯，殊不知顏李專務實踐，不尚空談，原未可厚非，其精神所在，未必無裨實用。無如徐氏執政時之『五四』運動前後，適當中國學術社會之轉型期，思潮泛濫，情勢大異。外國學者杜里舒（Hans Driesh）、杜威（John Dewey）、羅素（Bertrand Russell）均曾先後來華講學，新知啓發，爲時所尚；而巴枯寧（M.Bakunin）、克魯泡特金（Kropotkin）、馬克斯（Karl Marx）、恩格斯（Friederich Engels）之無政府及共產主義學說，亦已譯介輸入，洶湧澎湃，堤防盡潰……世昌僅以顏李之學，即可抵禦逆流，力挽狂瀾，不亦謬乎？矧徐氏亦非能實踐顏李者，觀於民十北京國立八校教職員宣言，謂其口說顏李之學，躬行祖龍焚坑之事，訾之欺世盜名，即是一證」〔註 25〕。作者對徐世昌尊崇顏李學的政治和文化意圖詳作辨析，甚有見地。但他並未考慮徐世昌這一舉動背後所蘊含的學術淵源，即北學在晚清民國的流變大勢。另外，由於意識形態上的差異，沈氏的一些觀點難免略顯偏頗，尚需學者甄別取捨。

日本學者清水潔認爲徐氏所作所爲恰是顏李學具有生命力的表徵，「這是想要實現顏元主義，說明主意性的行動主義的萌芽沒有斷絕，顏習齋的主張也隨著時代的變遷而復蘇了」〔註 26〕。

丘爲君在著作《戴震學的形成——知識論述在近代中國的誕生》的第八章裏，圍繞胡適的顏李學研究成果做了一番探討。就胡適將顏李學定義爲「新理學」，丘認爲「係指顏李學派在批判宋明理學學說精義的基礎上，重新闡釋了儒學的真精神，俾使儒學的原貌能被清楚地呈現出來而言。從這一角度，顏李學派的『新理學』主要具體於胡適所勾勒出的兩種特徵：對宋明理學核心觀念提出迥異的解釋，以及對宋明理學求道方法論作否定的攻擊」〔註 27〕。

綜上所述，就「顏李學在晚清民國的復興與命運」這一選題，前人對此已有所涉獵，取得了一定的成果：

〔註 25〕沈雲龍：《徐世昌評傳》，臺北傳記文學出版社 1979 年版，第 726～728 頁。

〔註 26〕〔日〕清水潔：《顏習齋的習行主義——對宋明理學的批判及與復古主義的關聯》，陳山榜、鄧子平主編：《顏李學派文庫》第 9 冊，河北教育出版社 2009 年 9 月版，第 3182 頁。

〔註 27〕丘爲君：《戴震學的形成——知識論述在近代中國的誕生》，新星出版社 2006 年版。

　　第一，對於晚清民國時期顏李學的整體研究，如對顏元形象在近代的兩次改造、晚清的「尊顏」與「反顏」之爭、顏李學的形成過程及其分期，均有相應的論著加以探討。

　　第二，就個案研究而言，如戴望的《顏氏學記》、劉師培、章太炎、梁啓超、胡適等人的相關論述、徐世昌爲首的四存學會等問題，皆有文章有所論及。

　　但總體而言，該選題的研究尚處於比較薄弱的階段，許多問題未能得到令人滿意的結論：

　　第一，揆諸以往整體研究的論著，對晚清民國的顏李學的研究多爲泛泛之論，缺乏有深度的作品。從戴望撰寫《顏氏學記》至二十世紀三四十年代顏李學漸成研究熱點，其間參與研討的學者群體人數眾多，學術主張紛紜繁雜，研究作品數量驚人，學術、政治與社會三者間的互動情形更是撲朔迷離，這絕非幾篇學術論文所能概括，當從廣度和深度上不斷開掘，對各種問題逐一進行悉心清理，方能得出讓人信服的結論。

　　第二，多數研究成果所用理論較少，且視角略顯單一。「顏李學在晚清民國的復興與命運」這一選題，背景複雜、問題眾多、時段較長，意蘊頗深，故只有以多重理論和視角展開綜合性的研究，方有可能較深入而全面地瞭解晚清民國顏李學的研究情況。而目前現有的成果多以敘述爲主，缺乏深入而獨到的分析，問題意識也不夠凸顯，即使是個案研究也極少有深入論證的作品。因此，這一選題若要有全面而深入的考察，引入相關的理論方法和選取合適的研究視角就顯得尤爲必要。具體而言。筆者將在馬克思主義唯物史觀的指導下，借鑒知識考古學、傳播學、社會學等領域的相關理論，對這一課題進行多視角、多層次的梳理和研討。

　　第三，以往研究成果多集中於清末至 20 世紀 30 年代初這一時段，而對之前和之後兩個時段顏李學發展情況的探討十分不夠，明顯呈「中間熱，兩頭冷」的狀況。其實，同治年間戴望撰寫《顏氏學記》的動機及該書的示範意義都是頗值得研究的，而 20 世紀 30 年代中後期興起的顏李學研究高潮更是學術與政治、社會多重因素互動交叉的結果，其研究價值自不待言。而目前的研究現狀恰恰表明本選題尚有不少薄弱環節和領域亟待完善。

　　第四，相關研究資料的搜集、整理和利用工作也不盡如人意。史料是研究的基礎，充分的資料搜集和整理工作是科學研究得以順利開展的必要保證。就目前學界所用相關資料而言，多局限於學者文集、研究著作和報刊雜

誌之類，而缺乏對檔案材料、口述資料、地方文獻及未刊函件、日記、批註
的利用，這勢必會影響研究的深度、廣度及結論的說服力，故對本選題的探
討，史料的發現、辨識、搜集和整理工作十分重要。

總之，「顏李學在晚清民國的復興與命運」這一選題目前的研究情況尚不
成熟，許多問題和薄弱環節有待於解決和完善，其研究的空間比較大，需要
做的工作也較為繁重。

三、顏李學之學術生態：北學涵義、特質及流變〔註28〕

顏元生於博野、李塨出於蠡縣，其學說起於河北，故顏李學自當與河北
的地域學術生態環境密切相關。難怪梁啟超認為「惟冀北為能產孫夏峰、顏
習齋」，「蓋康熙末葉，顏李學為北學唯一重鎮矣」〔註29〕。錢穆亦指出：

> 晚明兵燹，河朔殘破特甚，一時豪傑之士，若容城孫奇逢啟泰、祁
> 州习包蒙吉，皆習齋書中所謂忠孝恬退之君子，豪邁英爽之俊傑，
> 是為吾儒一線之真脈者。此自當時河朔學風之大同，雖習齋莫能外。
> 〔註30〕

要之，顏李學源自北學，且構成清代北學之重要一支，所以於正文研討
顏李學研究之前，應對北學這一概念作必要的辨析。

（一）何為「北學」？

一代有一代之學術，一地自當有一地之學術。揆諸學界，歷來存在以地
域之別來命名、劃分學術流派的傳統，如稱山東之學為「齊學」、「魯學」，湖
南之學為「湘學」，四川之學為「蜀學」，廣東之學為「嶺學」。甚至更為細緻
的劃分則具體到一府一州之學，張舜徽在論及清代學術時曾言：

> 余嘗考論清代學術，以為吳學最專，徽學最精，揚州之學最通。無吳、
> 皖之專精，則清學不能盛；無揚州之通學，則清學不能大。〔註31〕

〔註28〕本節內容頗受梁世和先生《北學與燕趙文化》（刊發於《河北學刊》2004年第
4期）一文啟發，多有借鑒。

〔註29〕梁啟超：《近代學風之地理的分佈》，《飲冰室合集》文集之四十一，中華書局
1989年版，第50、54頁。

〔註30〕錢穆：《清儒學案序》，《中國學術思想史論叢》卷八，安徽教育出版社 2004
年7月版，第367頁。

〔註31〕張舜徽：《清代揚州學記、顧亭林學記》，華中師範大學出版社 2005 年 12 月
版，第6頁。

吳學即惠氏之學，徽學又稱皖學，即以戴震爲代表的漢學流派，揚州之學則
以阮元爲魁首。由此可見以地域命名學派在學界非常流行，幾成通例。但「北
學」這一概念卻不僅指河北一地學術。綜觀中國學術史，作爲學術範疇的「北
學」一詞，最早出現於史籍當是在唐初編纂的《隋書・儒林傳》中：「大抵南
人約簡，得其英華；北學深蕪，窮其枝葉」〔註 32〕。這可視爲北學的第一種
含義，即指南北朝時期北朝的經學。如皮錫瑞在論述南北朝經學分立情形時，
就寫道「北學反勝於南者，由於北人俗尚樸純，未染清言之風，浮華之習，
故能專宗鄭、服，不爲僞孔、王、杜所惑。此北學所以純正勝南也」〔註 33〕。
與之對應，南朝的經學則稱南學。北學的第二種含義泛指北方學術。從傳統
意義上講，北方學術包括河北、河南、山西、山東、陝西等中原地區的思想
文化，內容涵蓋諸子學、經學、理學、文學、佛學、道教、書法、美術、音
樂、工藝等諸多學科。劉師培就從地域角度斷定學分南北，「三代之時，學術
興於北方，而大江以南無學；魏晉以後，南方之地學術日昌，致北方學者反
瞠乎其後。……就近代之學術觀之，則北遜於南；而就古代之學術觀之，則
南遜於北。蓋北方之地乃學術發源之區也」〔註 34〕。並從諸子學、經學、理
學、考證學、文學諸領域對南北學術之差異進行比較。北學的第三種含義，
則是特指以河北地區爲核心的北方之學。清初孫奇逢命弟子魏一鰲和湯斌分
別輯錄《北學編》和《洛學編》〔註 35〕，後來尹會一接續前賢，補撰《續北
學編》和《續洛學編》，可見在他們看來，河北之學與河南之學互有差異，不
可混淆。同時，孫、尹等人的字裏行間，透露出鮮明的地域文化意識。如孫
奇逢就指出：「余謂學術之廢興繫世運之陞降，前有創而後有承，人傑地靈，
相需甚殷，亦後學之大幸也。居其鄉，居其國，而不能盡友鄉國之善，士何
能進而友天下、友千古哉？」〔註 36〕將傳承與揚播本土學術視爲己任。尹會
一認爲總結北學有助於學術整體繁榮，故「余續訂是編，在北言北，亦猶之
乎在洛言洛，在關言關耳？至於學無南北，惟道是趨，五事五倫，昭如大路，

〔註 32〕魏徵等：《儒林傳》，《隋書》卷七十五，中華書局 1973 年 8 月版，第 1706 頁。
〔註 33〕皮錫瑞：《經學歷史》，中華書局 2008 年版，第 182 頁。
〔註 34〕劉師培：《南北學派不同論》，《劉師培全集》第一冊，中央黨校出版社 1997
　　　　年版，第 546 頁。
〔註 35〕在孫奇逢之前，明儒馮從吾已輯有《關學編》，對陝西一地的學術進行了梳理、
　　　　檢討。
〔註 36〕孫奇逢：《〈北學編〉序》，《孫奇逢集》中冊，中州古籍出版社 2003 年 9 月版，
　　　　第 624 頁。

學者讀是書而興起，拔乎俗而不爲，苟同志於道而不爲，苟異千里百里猶若比肩而立者，孔曾思孟道而還，濂洛關閩其揆一也，疇得而歧之，視此爲北方之學也哉」〔註37〕。因而他們所言之「北」即河北地區，所倡揚之「北學」亦即河北一域的學術。

（二）學術特質

「北學」能獨成一派，自然有其與眾不同的學術特質。古今學人對北學的諸種特色多有談及，其中以劉師培的說法最具代表性。在《幽薊顏門學案序》中，劉把北學特質言簡意賅地歸納爲：

> 燕趙之地，古稱多感慨悲歌之士，讀高達夫《燕歌行》，振武之風自昔已著。又地土境瘠，民風重厚而樸質，故士之產其間者，率治趨實之學，與南學浮華無根者迥殊。〔註38〕

雖短短一句，劉氏已由表及裏將北學的三種特質道盡無遺。

第一，北學在學術精神上崇尚慷慨節義。自古燕趙多慷慨悲歌之士，他們前後相因，代不乏人。東漢盧植不畏董卓之淫威，對其篡權行徑大加駁斥，魏一鼇慕盧之高風行義，贊其「不肯隨董卓廢立，方是讀書人」〔註39〕。有明一代，河北仗節死義者更是層出不窮。楊繼盛彈劾奸臣嚴嵩，倍受迫害，堪爲北人燕趙精神的集中體現，無怪乎孫奇逢認爲「明代忠臣多矣！如公之轟烈驚天動地者，實爲第一！」〔註40〕時至明末，魏忠賢暴虐橫行，東林黨人深受其害，河北孫奇逢、鹿正、張果中冒死營救左光斗、楊漣等義士，被時人譽爲「范陽三烈士」。而孫奇逢也因之成爲北學後輩眼中的正氣楷模，「吾鄉尙氣節而蹈道爲難，先生周旋左魏諸公之難，一似慷慨之爲，而卒遠於禍。觀其在白溝邂逅浮邱，語□□，心氣和平，雖緹騎環伺，莫能乘其隙，蓋心泰而誠，至物自無忤焉。然則先生之養可知矣」〔註41〕。這種精神滲透於學術研究中，便體現爲一種崇尙節義的風貌。如孫奇逢在《理學宗傳》義例中就強調節義之重要，「是編有素推節義者。蓋節義與俠氣不同，學問須除俠氣，

〔註37〕尹會一：《〈續北學編〉序》，《北學編》，蓮池書院藏本，同治七年（1868）重刊。
〔註38〕劉師培：《幽薊顏門學案序》，《劉師培全集》第三冊，中央黨校出版社 1997年版，第 562 頁。
〔註39〕魏一鼇：《盧子幹先生》，《北學編》，蓮池書院藏本，同治七年（1868）重刊。
〔註40〕孫奇逢：《畿輔人物考》，《孫奇逢集》中冊，中州古籍出版社 2003 年 9 月版，第 352 頁。
〔註41〕尹會一：《孫徵君先生》，《續北學編》，蓮池書院藏本，同治七年（1868）重刊。

而不能不本之節義。第有所以處死之道，而不外乎天，則非可與徒慕其名，而輕蹈白刃者比」〔註42〕。其後孫氏輯錄《畿輔人物考》，更單獨安排義節一卷，來表彰河北慷慨忠烈，他於卷首特意對「義節」加以闡發：

> 義節者，孔孟所謂殺身成仁、舍生取義者也。從古聖賢豪傑，際明良之盛，慶魚水之歡，亦何樂乎？以節義見。以節義見，則世道之不幸，亦士君子之不幸也。願陛下使我爲良臣，不願陛下使我爲忠臣。身名俱泰，皋夔蛟龍、比何如哉？吾鄉節義楊忠愍，震耀今昔，前乎忠愍者若而人，後乎忠愍者若而人，死之事不必同，要同歸於義。義所不可而強襲節烈之名，無關君國之實，此匹夫輕生者流，不足錄也。〔註43〕

此可謂對北學之慷慨節義精神的最佳注腳〔註44〕。

第二，北學在學術風格上強調簡樸厚重。這種學術風格的形成，與河北一地的自然環境、民眾風俗息息相關。梁啟超在《論中國學術思想變遷之大勢》中曾對此有過經典總結：

> 北地苦寒磽瘠，謀生不易，其民族銷磨精神日力，以奔走衣食，維持社會，猶恐不給，無餘裕以馳騖於玄妙之哲理。故其學術思想常務實際，切人事，貴力行，重經驗，而修身齊家治國利群之道術最發達焉。惟然，故重家族，以族長制度爲政治之本，敬老年，尊先祖，隨而崇古之念重，保守之情深，排外之力強。則古昔，稱先王；內其國，外夷狄；重禮文，繫親愛；守法律，畏天命：此北學之精神也。〔註45〕

惡劣的自然條件促使北方民眾趨於務實，日久形成質樸的民風，而在此環境與民風的熏染下，河北學者自然陶鑄出追求簡樸厚重，不喜求異求新的學術

〔註42〕孫奇逢：《理學宗傳》，《孫奇逢集》上冊，中州古籍出版社2003年9月版，第623頁。

〔註43〕孫奇逢：《畿輔人物考》，《孫奇逢集》中冊，中州古籍出版社2003年9月版，第342頁。

〔註44〕尹會一在《續北學編》中，亦秉承了這種對節義精神的重視，並於《凡例》中寫道：「敦行爲正學督脈，故茲編所載，重在事實，間取著述之多者，亦必生平節行，無甚可議，若言雖多名雖盛，而出處大節，未免有虧，則不敢隨聲濫入，致遺詬病。」

〔註45〕梁啟超：《論中國學術思想變遷之大勢》，《飲冰室合集》文集之七，中華書局1989年版，第18頁。

風格。並且此風格一旦形成，便於河北一地流衍不絕。劉師培在表述南北朝時期經學大貌時，就曾評論道：「北儒學崇實際，喜以訓詁章句說經，……蓋北方大儒，抱殘守缺，不尚空言，恥談新理」〔註46〕。當然劉氏所指並不限於河北一域，但這確也體現出該地的學術風格。清初顏元崛起於河北，其學力追三代，向原始儒學復歸，其言其行無不散發出北學所獨有的厚樸特色。如在政治制度上，顏元主張恢復封建，再設井田，重開徵辟；在治學上他要求士人勿耽於文墨，「人之歲月精神有限，誦說中度一日，便習行中錯一日，紙墨上多一分，便身世上少一分」〔註47〕。而去精研「六府、三事、三物」之學。為了讓弟子拿出更多時間精力於習行上面，顏元甚至力詆詩、文、棋、畫，將四者斥為「乾坤四蠹」〔註48〕，體現出輕視藝術的傾向。當然，顏元的某些做法不免偏激、迂腐，但總體而言其學術恰是北學簡樸厚重的代表。

　　第三，北學在學術宗旨上追求經世致用。注重經世致用是北學當中最為核心的特質。雖然經世致用歷來被公認為中國學術中的普遍特徵，但北學的經世致用傳統與諸種南方之學相比，還是具有明顯的地域色彩。不妨以湘學為例，與北學做一比較。湘學雖亦以注重經世致用而聞名於世，但其經世傳統是基於濃厚的理學氛圍之下，走的是以理學經世、由內聖到外王的路徑。正如楊念群對近代湖南知識群體之剖析所言：

　　　　近代湖湘士子深受朱熹、張栻等地域化儒學大師「居敬窮理」話語
　　　　規則的控馭，常常把外界的變動作為內心探尋的外在對象和前提。
　　　　明末清初思想家王夫之更是打通傳統概念中的「理」「勢」關係，從
　　　　而把形而上學的「理」詮釋為可以把握的客體認知目標。湖湘儒生
　　　　總是對外界社會政治的變動十分敏感，並有一種把內在感知對象化
　　　　於政治客體的強烈欲望。受助於這種「政治思想」與話語形構規則，
　　　　湖湘士子雖然崛起於內地，卻首先在行動上對西方堅船利炮的物質
　　　　器技層面作出反應。〔註49〕

〔註46〕劉師培：《南北學派不同論》，《劉師培全集》第一冊，中央黨校出版社 1997
　　　　年版，第547頁。
〔註47〕顏元著，王星賢、張芥塵、郭徵點校：《總論諸儒講學》，《存學編》卷一，《顏
　　　　元集》（上），中華書局1987年6月版，第42頁。
〔註48〕顏元著，王星賢、張芥塵、郭徵點校：《顏習齋先生年譜》卷下，《顏元集》（下），
　　　　中華書局1987年6月版，第766頁。
〔註49〕楊念群：《儒學地域化的近代形態──三大知識群體互動的比較研究》，三聯

作爲湘學經世傳統的近代傑出代表，曾國藩治學以理學爲宗，且不廢他家，「爲學之術有四：曰義理，曰考據，曰辭章，曰經濟。義理者，在孔門爲德行之科，今世目爲宋學者也。考據者，在孔門爲文學之科，今世目爲漢學者也。辭章者，在孔門爲言語之科，從古藝文及今世制義詩賦皆是也。經濟者，在孔門爲政事之科，前代典禮、政書，及當世掌故皆是也。人之才智，上哲少而中下多；有生又不過數十寒暑，勢不能求此四術遍現而盡取之。是以君子貴愼其所擇，而充其所急。擇其切於吾身心不可造次離者，則莫急於義理之學……苟通義理之學，而經濟該乎其中矣」〔註50〕。可見他借整合理學與經世之學，既強調了理學的事功內涵，又使經世之學不脫義理之底色。道德爲本，經濟爲用，這便是湘學經世傳統的近代形態。

　　與湘學頗爲異趣的是，北學歷來不重視內聖方面的修養之功，而是直奔外王主題、經世主旨，其實用性的色彩極爲鮮明。被尹會一譽爲「北地儒宗」〔註51〕的董仲舒，便以荀子的現實主義和實用主義作爲其思想資源，敏銳把握西漢政治之脈動，將儒家學說改造成爲現實政治服務的官方哲學。而後世北學傳人亦多如此。如孫奇逢便強調儒生積極入世，注重踐履外王之學，「吾儒以經世爲業，可以兼二氏之長；二氏以出世爲心，自不能合併吾儒爲用」〔註52〕。「學問之事，要得趣於日用飲食，而有裨於綱常名教」〔註53〕。在孫氏看來，即使是理學亦應當突出其社會功用，士人們當「以天下爲己任，區區辭章記誦，腐儒而不適於用者也。孔子志在東周，孟子志在天下，此是孔孟之學術」〔註54〕。最終，內聖之學與外王之學相融爲一，互爲奧援，「學術之興廢，繫世運之陞降，前有創而後有取，人傑地靈，相需甚殷，亦後學之大幸也」〔註55〕。「內聖之學，捨三綱五常無學術，外王之道，捨三綱五

　　　　書店1997年6月版，第85頁。
〔註50〕曾國藩：《勸學篇示直隸士子》，《曾國藩全集・詩文》，嶽麓書社1986年版，第442～443頁。
〔註51〕尹會一：《董江都先生》，《續北學編》，蓮池書院藏本，同治七年（1868）重刊。
〔註52〕孫奇逢：《夏峰先生集》，《孫奇逢集》中冊，中州古籍出版社2003年9月版，第283頁。
〔註53〕孫奇逢：《日譜》卷八，《孫奇逢集》下冊，中州古籍出版社2003年9月版，第288頁。
〔註54〕孫奇逢：《夏峰先生集》，《孫奇逢集》中冊，中州古籍出版社2003年9月版，第120頁。
〔註55〕孫奇逢：《夏峰先生集》，《孫奇逢集》中冊，中州古籍出版社2003年9月版，

常無道術」〔註56〕。此外，孫奇逢還將經世實踐的範圍擴展到「三禮學」領域，「以其對古禮的踐履，揭開了清代復興禮學的序幕」〔註57〕。繼孫奇逢而起的顏李學派，其實踐特徵更加明顯。這從其強調六藝之學的言論中即可見一斑：

> 孔門習行禮、樂、射、御之學，健人筋骨，和人血氣，調人性情，長人仁義。一時學行，受一時之福；一日習行，受一日之福；一人體之，錫福一人；一家體之，錫福一家；一國、天下皆然。小之卻一身之疾，大之措民物之安，爲其動生陽和，不積痰鬱氣，安內悍外也。〔註58〕

用之於個人，則強健體魄、陶冶性情；用之於社會，則可收齊家治國平天下之效，這種學即所用，用即所學的主張恰恰折射出北學經世致用的主旨，難怪梁啓超把顏李學稱之爲「實踐實用主義」。可以說，正是夏峰學派和顏李學派於明末清初的學術實踐，使得北學之經世特質愈發彰著，「時北方學者有孫夏峰、李二曲，夏峰講學百泉，持朱陸之平，不廢陽明之說，從其學者多躬行實踐之士，……至顏李巨儒以實學爲天下倡，而幽豫之士無復以空言相尚矣」〔註59〕。

除卻以上三種特質，河北社會科學院的梁世和先生認爲北學在治學方法上有兼收並蓄的特點〔註60〕。不過就筆者愚見，任何地域之學都是在綜合多種學術流派學說的基礎之上，先因後創，最終定型。故兼收並蓄實乃地域學術形成過程中的必經階段，將之歸爲北學特質，略顯牽強。

（三）千年流變

目前公認的北學開山鼻祖當爲荀子。荀子學說在先秦諸子中最具實用和綜合精神，它「奠定了北學的基礎，規範了北學的發展方向，確立了北學的

第 120 頁。

〔註56〕 孫奇逢：《日譜》卷十四，《孫奇逢集》下冊，中州古籍出版社 2003 年 9 月版，第 594 頁。

〔註57〕 林存陽：《清初三禮學》，社會科學文獻出版社 2002 年版，第 92 頁。

〔註58〕 顏元著，王星賢、張芥塵、郭徵點校：《習過之》第十九，《顏習齋先生言行錄》卷下，《顏元集》（下），中華書局 1987 年 6 月版，第 693 頁。

〔註59〕 劉師培：《南北學派不同論》，《劉師培全集》第一冊，中央黨校出版社 1997 年版，第 551 頁。

〔註60〕 梁世和：《北學與燕趙文化》，《河北學刊》2004 年第 4 期。

基本特徵」〔註 61〕。其對外王之學的追求也成爲留給北學後人的精神遺產。荀卿之後，董仲舒扛起揚播北學之大旗，秉承荀子精神，研治《春秋公羊學》，積極爲現實政治提供理論支持，其「《賢良三策》實能見道之大原，而深契乎內聖外王之學，其告君必以堯舜而求其端於天，推其本於正心，儘其事於設誠，致行舉其要於擇吏養賢立教，更化久爲藝林所傳誦，故不具載，考其生平，可謂知仁誼重禮節，安處善樂循理矣。蓋孔孟後繼承道統之人，匪直北地儒宗也」〔註 62〕。

　　錢穆曾言：「論一時代之學術者，首貴乎明其思想主潮之所在」〔註 63〕，兩漢至南北朝時期，儒學進入經學時代，北學之主流亦乃是學。一時間，燕趙間經學碩儒層出不窮。東漢末年盧植「名著海內，學爲儒宗，士之楷模，國之楨幹也」〔註 64〕。魏晉南北朝時期，「時天下承平，學業大盛。故燕齊趙魏之間，橫經著錄，不可勝數」〔註 65〕。中山有張吾貴，武邑有劉蘭，博陵有劉獻之，阜城有熊安生，熊之弟子劉焯、劉炫更是青出於藍，「拔萃出類，學通南北，博極今古，後生鑽仰」〔註 66〕，蔚爲一代儒宗。這種局面一直持續至唐初，北學大師孔穎達撰《五經正義》兼采南北經學，自此「天下統一之後，經學亦統一，而北學從此絕矣」〔註 67〕。北學因之折入理學時期。

　　理學時期，北學的第一位旗幟性人物爲邵雍。雖然邵氏的學術體系、治學方法、路數均迥異於之前的北學諸人，但其對北學經世宗旨的承繼上與前輩並無二致。「康節先生本是經世之學，爲他精《易》數，於事物之成敗始終，人之禍福修短，算得來無毫髮差錯，卻看小了他學問」〔註 68〕。其後北學之

〔註 61〕梁世和：《北學與燕趙文化》，《河北學刊》2004 年第 4 期。

〔註 62〕尹會一：《董江都先生》，《續北學編》，蓮池書院藏本，同治七年（1868）重刊。

〔註 63〕錢穆：《國學概論》，商務印書館 1997 年 7 月版，第 163 頁。

〔註 64〕范曄：《吳延史盧趙列傳》第五十四，《後漢書》卷六十四，中華書局 1965 年 5 月版，第 2119 頁。

〔註 65〕魏收：《儒林》第七十二，《魏書》卷八十四，中華書局 1974 年 6 月版，第 1842 頁。

〔註 66〕李延壽：《儒林傳上》，《北史》卷八十一，中華書局 1974 年 10 月版，第 2707 頁。

〔註 67〕皮錫瑞：《經學歷史》，中華書局 2008 年版，第 196 頁。

〔註 68〕孫奇逢：《理學宗傳》，《孫奇逢集》上冊，中州古籍出版社 2003 年 9 月版，第 747 頁。

重鎮是元儒劉因。孫奇逢對劉因推崇有加，「畿輔理學以靜修爲開山，文章節義爲有元一代大儒。嗣後，衍薪傳之緒，大約皆宗靜修」〔註69〕。「先生身在運會之中，道超運會之外，教授燕趙，成就英才甚多」〔註70〕。由此可知劉因在傳承北學中的重要作用。

明末清初，北學發展到一個高峰。其代表人物便是孫奇逢和顏元。其時，以孫奇逢爲代表的北學，與黃宗羲的南學、李顒的關學鼎足而立。孫氏之學相容並包，氣象宏大，北方學者無不受其熏染，其弟子如湯斌、費密、耿介、王餘祐、魏一鼇、申涵光、杜越、趙御眾等皆名重士林，形成著名的夏峰學派，故孫氏「誠不愧當時北學之冠冕」〔註71〕。顏元正是「得交蘇門弟子王五修、王介祺，蓋有聞於夏峰之規模而興者」〔註72〕。顏李學派更將北學的經世品質發揮得淋漓精緻，「先生之學以事物爲歸，而生平未嘗以空言立教」〔註73〕。其對事功之學孜孜以求的態度是北學經世宗旨的最佳詮釋，可歸爲北學之左翼。

學術發展自有其盛衰枯榮之規律，夏峰學派和顏李學派盛極一時之際，亦正是其學術即將日過中天之刻。康熙中葉後，北學的兩座重鎮便迅即衰落，歸於沉寂。夏峰學派後學多居中州，代代傳承，不絕如縷，而顏李學派則後繼乏人，就此中絕。北學也由此一蹶不振。雖然，直隸籍的清廷重臣尹會一續撰《北學編》，力圖挽回河北「正學之失傳久矣」〔註74〕的尷尬局面。然而，具有諷刺意味的是，尹會一所輯的這部《續北學編》，於百餘年後，居然「板久無存，吾鄉鮮知有是書者」〔註75〕。北學衰微之嚴重，實令人難以置信。

〔註69〕孫奇逢：《畿輔人物考》，《孫奇逢集》中冊，中州古籍出版社2003年9月版，第275頁。

〔註70〕孫奇逢：《重修靜修先生祠記》，《孫奇逢集》中冊，中州古籍出版社2003年9月版，第582頁。

〔註71〕錢穆：《〈清儒學案〉序》，《中國學術思想史論叢》（八），安徽教育出版社2004年7月版，第364頁。

〔註72〕錢穆：《〈清儒學案〉序》，《中國學術思想史論叢》（八），安徽教育出版社2004年7月版，第364頁。

〔註73〕尹會一：《顏習齋先生》，《續北學編》，蓮池書院藏本，同治七年（1868）重刊。

〔註74〕尹會一：《序》，《續北學編》，蓮池書院藏本，同治七年（1868）重刊。

〔註75〕陳桂：《重刻北學編跋》，《續北學編》，蓮池書院藏本，同治七年（1868）重刊。

四、契合現代，根植傳統：顏李學的雙重底色

　　顏李學之所以能於晚清重新走向復興，並在民國時期成爲學界熱議的課題，除去時代環境的客觀需求外，其自身學術思想的特殊性方爲主因。不容否認，顏李學具有二重性。一方面，其學說的某些方面確有與晚清改革主張、近代西方學術相類似之處，這便構成章太炎、宋恕、劉師培、梁啓超、胡適、陳登原諸人關注甚至熱捧該學術的緣由。另一方面，作爲儒學的一支，顏李學脫胎於傳統，尤其長期浸潤於宋明理學的氛圍之中，自然不可能同其釐然二分，故其學說自身存在著或多或少的空疏和痼弊，與其所倡揚的崇實之學相牴觸，這一點亦無須諱言。認清顏李學這兩重迥然互異又雜糅一體的底色，也有助於我們理解近代學人的顏李學研究之所以呈現選擇性闡釋和針對性批判的狀況，實與顏李學「契合現代、根植傳統」的特質密切相關。

（一）契合現代之處

　　作爲清初的學術流派，顏李學人自然不知何爲現代性，故而對顏李學所蘊含「現代性」的發現與闡釋之功，則應歸於晚清民國那批學者。正是他們在救亡圖存的時代大背景下，基於各自的政治訴求和學術立場，對顏李學中與現代性相契合之處進行了提煉與昇華。大致而言，這主要體現在教育思想、軍事主張和實用主義特徵三方面。

1、教育思想

　　揆諸顏李學的諸多理論主張，其中最成體系亦影響深遠的莫過於其教育思想。顏元、李塨師徒二人，出於傳播學說和培育實材的考慮，廣收門人，傳道授業，故形成了一套獨具特色的教育理念，涉及人性培養、教育目的、培養目標、教育內容、教育方法、師道觀、性教育及體育教育等多個領域。尤爲可貴的是，顏李二人的教育思想，在不少方面是同傳統教育觀念大相逕庭，甚至專門基於改革其弊端而提出的，故頗富革新意義。

　　眾所周知，晚清民國時期，國人面臨著救亡圖存的艱巨使命。許多有志之士認爲若想使國家走向獨立富強，首要任務便是培育各類人才，以適應時代之需，所以必須從發展教育入手，於是一股「教育救國思潮」逐漸興起。主張「教育救國」的這批學者，一面從西方引進先進的教育理念，同時亦不忘從祖國傳統文化中尋覓素材，故顏李學的教育思想以其鮮明的特色成爲學人們關注的焦點。具體說來，顏李學的教育思想中有兩點最爲學者所稱道和借鑒。

第一，反對習靜，主張習動。習靜教育是宋明理學家所主要採用的學習方式和修養途徑。這在顏李看來，不啻是靜坐、清談與坐禪，援佛入儒，實背離了儒家教育學說的宗旨：

> 靜極生覺，是釋氏所謂至精至妙者，而其實洞照萬象處，皆是鏡花水月，只可虛中玩弄光景。若以之照臨折戴，則不得也。〔註76〕

> 朱子「半日靜坐」，是半日達摩也，「半日讀書」，是半日漢儒也。試問十二個時辰，那一刻是堯、舜、周、孔乎？宗朱者可以思矣。〔註77〕

既然宋明理學家的教育模式並不足取，顏李便通過自身實踐總結出一套習動與習行相結合的育人學說。所謂習動，就是啓發學生發揮主觀能動性，自覺地去尋找問題，解決問題，在實踐中提高自身的綜合素質，按照顏元的話即：

> 養身莫善於習動，夙興夜寐，振起精神，尋事去做，行之有常，並不困疲，日益精壯，但說靜息將養，便日就惰弱。〔註78〕

與之配套，顏元還發明了習行教育法，亦即反覆磨練、學行互動，從而達到實踐出眞知的效果。顏元還以《論語》內容爲例，指出：

> 孔子開章第一句，道盡學宗。思過，讀過，總不如學過。一學便住也終殆，不如習過。習三兩次，終不與我爲一，總不如時習方能有得。〔註79〕

總而言之，顏李學有關教育方法的理論，最明顯的特色即習動與習行相結合，以實踐爲途徑和歸宿。這自然引起晚清民國學人的關注，爲他們的教育主張提供了極佳的思路。如劉師培便指出「惟習齋先生以用爲體，力追三代，教學成法，冠、婚、喪、祭必遵古制，從遊之士肆力六藝，旁及水、火、兵、農諸學，倡教漳南，於文事、經史外兼習武備、藝能各科，較之安定橫渠固有進矣……蓋先生以用爲體，即以用爲學，身體力行，一矯講學空虛之

〔註76〕顏元著，王星賢、張芥塵、郭徵點校：《性理評》，《存學編》卷二，《顏元集》（上），中華書局1987年6月版，第69～70頁。

〔註77〕顏元著，王星賢、張芥塵、郭徵點校：《朱子語類評》，《顏元集》（上），中華書局1987年6月版，第278頁。

〔註78〕顏元著，王星賢、張芥塵、郭徵點校：《顏習齋先生言行錄》卷上，《顏元集》（下），中華書局1987年6月版，第635頁。

〔註79〕顏元著，王星賢、張芥塵、郭徵點校：《顏習齋先生言行錄》卷下，《顏元集》（下），中華書局1987年6月版，第668頁。

習」〔註80〕。梁啓超亦認定「一個『習』字，便是他的學術全部精神所在」〔註81〕。略晚於梁氏的李世繁則更是斷定顏李的習能觀念與現代科學實有相合之處，其言：

> 科學家之實驗，乃包括在歸納法中，其目的則在分析事實以考證假設，而得真確之定律。故實驗之目的專在假設之證明，知識之追求，與習齋所謂習能有別。習齋所謂習能與科學之實習有相合處。科學上之實習乃將所學之理論加以實地應用，而期獲得精熟之技術訓練。習齋所謂習能，其目的亦在精熟技之獲得。所不同者，習齋在習能中尚希冀道德培養，體格之鍛鍊。故習能觀念是習齋的學教理論，是習齋的學習法。〔註82〕

第二，批判科舉，提倡分科。時值清初，科舉制雖依舊是朝廷掄才大典，但已是陳腐不堪。作為擁有經世關懷的士人，顏元、李塨對科舉制弊端之認識非常深刻：

> 天下人之入此帖括局也，自八、九歲便咿唔，十餘歲便習訓詁，套襲構篇，終身不曉習行禮、義之事，至老不講致君、澤民之道，且無一人不弱不病。滅儒道，壞人才，厄世運，害殆不可勝言也。〔註83〕

> 天下盡八股，中何用乎？故八股行而天下無學術，無學術則無政事，無政事則無治功，無治功則無升平矣。故八股之害，甚於焚坑。〔註84〕

面對這一現狀，顏李學人提出了自己的改革方案。首先是恢復徵舉制，由地方向中央推薦賢才。其次，顏元、李塨從人才教育著手，力求培養文武兼備的綜合性人才。用顏元所擬教條中的表述，即：

> 昔周公、孔子，專以藝學教人，近士子惟業八股，殊失學教本旨。凡為吾徒者，當立志學禮、樂、射、御、書、數及兵、農、錢、穀、水、火、工、

〔註80〕劉師培：《習齋學案序》，《劉師培全集》第三冊，中央黨校出版社 1997 年版，第 562 頁。

〔註81〕梁啓超：《顏李學派與現代教育思潮》，《飲冰室合集》文集之四十一，中華書局 1989 年版，第 6 頁。

〔註82〕李世繁：《顏李學派》，四存學會 1946 年版，第 102～103 頁。

〔註83〕顏元著，王星賢、張芥塵、郭徵點校：《顏習齋先生言行錄》卷下，《顏元集》（下），中華書局 1987 年 6 月版，第 678 頁。

〔註84〕顏元著，王星賢、張芥塵、郭徵點校：《顏習齋先生言行錄》卷下，《顏元集》（下），中華書局 1987 年 6 月版，第 691 頁。

虞，予雖未能，願共學焉。〔註85〕

更難能可貴的是，顏元還親身對這套育人理念付諸實踐。62 歲那年，顏氏受人所聘，任教於漳南書院。他根據自己多年的教育心得，於書院中進行了頗具新意的教學改革，其藍圖如下：

> 今元與吾子力砥狂瀾，寧粗而實，勿妄而虛。請建正庭四楹，曰「習講堂」。東第一齋西向，榜曰「文事」，課禮、樂、書、數、天文、地理等科。西第一齋東向，榜曰「武備」，課黃帝、太公以及孫、吳五子兵法，並攻守、營陣、陸水諸戰法，射御、技擊等科。東第二齋西向，曰「經史」，課十三經、歷代史、誥制、章奏、詩文等科。西第二齋東向，曰「藝能」，課水學、火學、工學、象數等科。其南相距三五丈爲院門，縣許公漳南書院匾，不輕改舊稱也。門內直東曰「理學齋」，課靜坐、編著、程、朱、陸、王之學；直西曰「帖括齋」，課八股舉業，皆北向。以上六齋，齋有長，科有領，而統貫以智、仁、聖、義、忠、和之德，孝、友、睦、姻、任、恤之行。元將與諸子虛心延訪，互相師友，庶周、孔之故道在斯，堯、舜之奏平成者，亦在斯矣。置理學、帖括北向者，見爲吾道之敵對，非周、孔本學；暫收之以示吾道之廣，且以應時制。俟積習正，取士之法復古，然後空二齋，左處儐介，右宿來學。〔註86〕

綜觀顏文，其將大量自然科學知識納入學校教育課程之中，且佔有較大的比例，可謂是對傳統教育的革命〔註87〕。同時，顏氏將教學內容細化爲文事、武備、經史、藝能、理學、帖括六大類，這在當時是絕無僅有的大膽嘗試。要之，顏元在漳南書院的教育改革，無論在形式抑或內容方面，都是對傳統教育模式的一種突破，與近代西方分科體系頗有暗合之處。也正基於此，近代學人在引介西方教育理論時，常以顏氏的分科主張爲例，以證明中國本來已具備這種理念的萌芽。在清末，國粹派學人便時常借顏元漳南書院興學的事例來倡導教育革新。劉師培特別讚賞顏元在漳南書院所推行的那一套門類齊全的「學堂」制度，曾寫道：

〔註85〕 顏元著，王星賢、張芥塵、郭徵點校：《顏習齋先生言行錄》卷下，《顏元集》（下），中華書局 1987 年 6 月版，第 743 頁。

〔註86〕 顏元著，王星賢、張芥塵、郭徵點校：《漳南書院記》，《習齋記餘》卷二，《顏元集》（下），中華書局 1987 年 6 月版，第 412～413 頁。

〔註87〕 陳山榜：《顏元評傳》，人民教育出版社 2004 年 10 月版，第 224 頁。

學校就是學堂。中國讀書人，除了做八股外，沒有一件學問曉得的。顏先生是頂恨八股不過的，但他的意思，即使要廢八股，也不是學著現在這樣廢法：把八股改了策論，不過換換名目，其實也是一個樣子的了。他想的法子，是要在學校裏面，設六個的講堂：一個叫做文事齋，所教的，就是禮、樂、書、數、天文、地理等件；一個叫做武備齋，所教的，就是兵法共各種武藝；一個叫做經史齋，所教的，就是《十三經》共歷代的史書，以及各種文章；一個叫做藝能齋，所教的，就是算學及格致的學問；一個叫做理學齋，所教的，就是程、朱、陸、王各家學派；一個叫做帖括齋，所教的，方才輪到八股。由這樣看起來，他所想的法子，共現在外國的學堂制度，也差不多了。〔註88〕

鄧實更是打算仿傚顏元在漳南書院的辦學模式，「增益學科，設立國粹學堂，以教授國學。」以期達到「凡薄海之民，均從事於實學，使學術文章浸復乎古，則二十世紀爲中國古學復興時代」〔註89〕的目的。鄧實所列學科，涵蓋經學、文字學、倫理學、心性學、哲學、宗教學、政法學、實業學、社會學、史學、典制學、考古學、地輿學、歷數學、博物學、文章學、音樂學、圖畫學、書法學、譯學、武事學等諸領域，實乃顏元分科教育策略的承繼與發展。

即使到了民國時期，不少學人仍對顏元的這套分科方案津津樂道。如陳登原就認爲「蓋習齋痛洗當時一般書院講讀想之弊。故凡當世之急務，利用厚生之工器，無不包而羅之。其旨雖本於文藝，然其分門別類，則差廣矣。所以近於今時之學制也」〔註90〕。李世繁亦認爲「習齋是以學習禮樂兵農代替漢宋之讀書，以實科代替文科，給我們開闢了一條新途徑。我們若譽之爲科學先覺者，亦不爲過吧！」〔註91〕

此外，民國時期許多學者紛紛撰文探討顏李學的教育主張，如陳登璈的《顏習齋教育學說述評》、汪家正的《勞動教育家顏習齋》、高希裴的《大教

〔註88〕　光漢：《中國理學大家顏習齋先生的學說》，《中國白話報》第五期，學說，一九零四年二月十六日，萬仕國輯校：《劉申叔遺書補遺》，廣陵書社 2008 年 12 月版，第 108 頁。

〔註89〕　鄧實：《擬設國粹學堂啓》，《國粹學報》，1907 年第二十六期，社說。

〔註90〕　陳登原：《顏習齋哲學思想述》，中國大百科全書出版社 1989 年 3 月版，第 136 頁。

〔註91〕　李世繁：《顏李學派》，四存學會 1946 年版，第 69 頁。

育家顏元》、張西堂的《顏習齋學譜》等。這說明有關顏李教育思想的研究，已成爲當時教育學界研討的熱點話題。

2、軍事主張

顏元雖然終生隱居，既未從政，也未從軍，但他自小對兵法特別迷戀，同時又勤於習武，練就一身好功夫。因此他在軍事方面也頗有涉獵，提出了一些有益的主張。

第一，「善戰者加上賞」。顏元思想中有一股尚武的傾向，認爲儒者不但要言兵事，而且必須善言兵事，這當然同其所處的歷史環境密切相關。當有人以「兵術獲罪聖門乎？」質疑顏元時，顏氏答曰：

> 然然，否否。今使予治兵三年而後戰，則孫、吳之術可黜，節制之
> 兵可有勝而無敗。若一旦命吾爲帥，遽促之戰，則詭道實中庸也。
> 此陽明子所以破宸濠，擒大憝也。何也？率不擇之將，以不教之民，
> 畀之虎狼之口，覆三軍，喪社稷，曰吾仁義之師，恥陷阱之術，此
> 不惟聖門之腐儒，而天下之罪人矣！君子何取焉。〔註92〕

可知在顏氏看來，真正的儒者必須通曉軍事，從容應對變亂，否則只會袖手空談者不僅是聖門之腐儒，更是天下之罪人。

第二，「人皆兵，官皆將」。顏元55歲那年，他曾對好友張文升曰：

> 如天不廢予，將以七字富天下：墾荒，均田，興水利；以六字強天
> 下：人皆兵，官皆將；以九字安天下：舉人材，正大經，興禮樂。
> 〔註93〕

其中「人皆兵，官皆將」爲顏氏軍事主張的另一方面，即倡導「兵農合一」的舉國軍事體制。按照顏氏的構想，該體制有九個要點，即：

> 一曰預養。饑驥而責潛力則愚。上宜菲供膳，薄稅斂，汰冗費，以
> 　　　足民食。
> 一曰預服。嬰兒而役賁、育則怒。井之賢者爲什，什之賢者爲長，
> 　　　長之賢者爲將，以平民情。
> 一曰預教。簡師儒，申孝弟，崇忠義，以保民情。

〔註92〕顏元著，王星賢、張芥塵、郭徵點校：《顏習齋先生言行錄》卷下，《顏元集》（下），中華書局1987年6月版，第689頁。

〔註93〕顏元著，王星賢、張芥塵、郭徵點校：《顏習齋先生年譜》卷下，《顏元集》（下），中華書局1987年6月版，第763頁。

一曰預練。農隙之時，聚之於場。時，宰士一較射藝；月，千長一較；十日，百長一較；同井習之不時。

一曰利兵。甲胄、弓刃精利者，官賞其半直，較藝賢者慶以器。

一曰養馬。每井馬二，公養之，仿北塞喂法。操則習射，閒則便老行，或十百長有役乘之。

一曰治衛。每十長，一牌刀率之於前，九人翼之於後。器戰之法具《紀效新書》。

一曰備羨。八家之中，四騎四步。供役不過各二人，餘則爲羨卒，以備病、傷或居守。

一曰體民心。親老無靠不卒；老弱不卒。出戍給耕，不稅；傷還給耕，不稅。死者官葬。〔註94〕

同時，此體制若貫徹得當，便會產生九大便利：

一曰素練。隴畝皆陣法，民恒習之，不待教而知矣。

一曰親卒。同鄉之人，童友日處，聲氣相喻，情義相結，可共生死。

一曰忠上。邑宰、千百長，無事則教農、教禮、教藝，爲之父母，有事則執旗、執鼓、執劍，爲之將帥。其孰不親上死長！

一曰無兵耗。有事則兵，無事則民，月糧不之費矣。

一曰應卒難。突然有事，隨地即兵，無徵救求援之待。

一曰安業。無逃亡反散之虞。

一曰齊勇。無老弱頂替之弊。

一曰靖奸。無招募異域無憑之疑。

一曰輯侯。無專擁重兵要上之患。〔註95〕

應當說，顏元的此番構想雖然體系較爲嚴密，但由於缺乏相應的社會經濟基礎，故僅能流於紙面。不過，此想法卻對後世學者產生了不小的啓發。清末許多學人倡導軍國民主義，其理論來源之一便是以顏元爲代表的中國傳統軍事思想。劉師培便指出顏元提倡軍事的主張在歷來崇尚文治的中國彌足珍貴，「宋儒不主用兵，並以勇德爲克己，致國勢日衰，惟博野顏先生以尙武爲國本，力闢宋儒之謬說，厥功甚大。非參考古代兵家之學，何以奠國家於磐

〔註94〕顏元著，王星賢、張芥塵、郭徵點校：《治賦》，《存治編》，《顏元集》（上），中華書局1987年6月版，第107頁。

〔註95〕顏元著，王星賢、張芥塵、郭徵點校：《治賦》，《存治編》，《顏元集》（上），中華書局1987年6月版，第107～108頁。

石之安哉？」〔註96〕民國時期，激於日寇侵華，不少學者又開始呼籲對民眾進行軍事化訓練，顏元的軍事主張自然又成為眾人拿來參考的素材。比如陳登原就對顏元「人皆兵，官皆將」的觀點深為贊同，並預言「近世之言徵兵者，必將有借鏡於習齋強天下之論矣。蓋不特欲兵之強，而欲使天下俱強，天下俱強矣，則兵匪之禍，又何以托冀於人間哉？」〔註97〕

3、實用主義特徵

透過以上兩方面的研討，我們不難發現，顏李學本身具有一種鮮明的實用主義傾向。這主要包括知識論和功利論兩個面相。

就知識論上而言，顏李強調「見理於事」，即：

> 見理已明而不能處事者多矣，有宋諸先生便謂還是見理不明，只教人明理。孔子則只教人習事，迨見理於事，則已徹上徹下矣。〔註98〕

依顏氏之意，所謂「理」並不是人先天就具備的，是必須在實踐中逐步摸索獲得的。易言之，知識的來源既非靜坐冥思，也不是單靠書本，而來自於實際事物。進一步講，顏元言知行，認為行要重於知，學當借助習，而習又必行。故他常說「思不如學，而學必以習」，就是主張離開具體事務就得不到知識，知識的獲取必須通過習行這一途徑，歸根結底顏氏是在強調經驗的重要性。

同時，與知識論密切關聯，顏元在義利觀上也是偏重實用，體現出濃厚的功利主義色彩。顏元身歷明清鼎革之巨變，自然對那些宋明腐儒的無能舉動有著深刻的感受。在他看來，正是這批「宋、元來儒者卻習成婦女態，甚可羞。無事袖手談心性，臨危一死報君主，即為上品矣。豈若真學一復，戶有經濟，使乾坤中永享治安之澤乎？」〔註99〕因此作為儒生，必須義利兼顧，敢於言利、逐利，追求功利效益是正當合理的。這在顏氏與郝公函的一段對話裏有著很好的體現：

> 郝公函問：「董子『正誼明道』二句，似即『謀道不謀食』之旨，先生不取，何也？」曰：「世有耕種，而不謀收穫者乎？世有荷網持鉤，

〔註96〕劉光漢：《周末學術史序·兵學史序》，《國粹學報》，1905 年第二期，學篇。

〔註97〕陳登原：《顏習齋哲學思想述》，中國大百科全書出版社 1989 年 3 月版，第 158～159 頁。

〔註98〕顏元著，王星賢、張芥塵、郭徵點校：《存學編》卷二，《顏元集》（上），中華書局 1987 年 6 月版，第 71 頁。

〔註99〕顏元著，王星賢、張芥塵、郭徵點校：《學辯一》，《存學編》卷一，《顏元集》（上），中華書局 1987 年 6 月版，第 51 頁。

而不計得魚者乎？……這『不謀、不計』兩『不』字，便是老無、
釋空之根……蓋『正誼』便謀利，『明道』便計功，是欲速，是助長；
全不謀利計功，是空寂，是腐儒。」公函問：「悟矣。請問『謀道不
謀食』。」曰：「宋儒正從此誤，後人遂不謀生，不知後儒之道全非
孔門之道。孔門六藝，進可以獲祿，退可以食力。」〔註100〕

由上可知，顏李學同宋明理學在學術思想上的分歧，從某種意義上講，就是
功利論與道義論之間的交鋒。也正是堅信計功謀利是儒家經典與古代聖王一
以貫之的傳統，顏元才由之提出了以「六府、三事、三物」爲核心的事功之
學。

　　強調實際經驗和堅持功利觀念，顏李學這種偏重實行實踐的傾向很容易
讓人聯想到興盛於二十世紀初期的美國實用主義思潮。這股思潮的代表人物
有皮爾斯、詹姆斯和杜威，「強調行動、注重效果、提倡開拓進取，這是美國
實用主義哲學三個主要特點，也是它的基本精神所在」〔註101〕。由此可知，
兩者在一些具體主張上確有類似的地方，於是民國學者以顏李學來引介美國
的實用主義學說，反之再以實用主義學說來闡釋顏李學，便也顯得水到渠成、
順理成章。如梁啓超就認爲他「所講的顏李學，我並不是要借什麼詹姆士什
麼杜威以爲重，說人家有這種學派我們也有……不過事實上既有這個學派，
他們所說的話，我們讀去實覺得愜心切理，其中確有一部分說在三百年前而
和現在最時髦的學說相暗合。」〔註102〕並斷定「顏李也可以說是功利主義者」
〔註103〕。胡適也認爲顏李「主張一種很徹底的實用主義」〔註104〕。

（二）根植傳統之處

　　當然，顏李學雖與近代西方學術在某些領域存在著或明或暗的近似，不
過它畢竟是從中國傳統裏孕育而出，受其滋養，自然也因襲了其中的一些痼
弊成分。況且當時宋明理學爲學界主流，顏李學派儘管欲將其「一壁推倒」，

〔註100〕顏元著，王星賢、張芥塵、郭徵點校：《顏習齋先生言行錄》卷下，《顏元集》
　　　　（下），中華書局1987年6月版，第671頁。
〔註101〕王元明：《美國實用主義哲學新析》，《南開學報》，1994年第5期，第1頁。
〔註102〕梁啓超：《顏李學派與現代教育思潮》，《飲冰室合集》文集之四十一，中華書
　　　　局1989年版，第4頁。
〔註103〕梁啓超：《中國近三百年學術史》，《飲冰室合集》專集之七十五，中華書局
　　　　1989年版，第124頁。
〔註104〕胡適：《戴東原的哲學》，《胡適全集》第6冊，安徽教育出版社2003年版，
　　　　第341頁。

但兩派學術「本是同根生」，又豈能徹底地劃清界限？是故顏李學難脫傳統學術之底色，存在著自身無法克服的局限性。這亦可從三個方面來辨析。

1、復古色彩

顏李學中的不少主張具有明顯的復古主義色彩，這誠如梁啓超所言顏李「舉朱陸漢宋諸派所憑藉者一切摧陷廓清之，對於二千年來思想界，爲極猛烈極誠摯的大革命運動，其所樹的旗號曰『復古』，而其精神純爲『現代的』」〔註105〕。不過，客觀的講，復古是柄雙刃劍，既有「以復古求解放」的一面，但亦會出現「因復古阻解放」之流弊，顏元所謂恢復井田、封建的想法即是明證。

在《存治編》中，顏元主張推行井田制，以期滿足一般百姓的溫飽要求：

> 如古井田，苟使民之有恒業者得遂其耕獲；無恒業者能免於饑寒，家給人足焉，即謂之今日之井田可也。〔註106〕

至於如何具體實施這一制度，顏氏亦有自己的規劃：

> 八家爲井，立井長；十井爲通，有通長；十通爲成，有成長。隨量隨授之產，不逾月可畢矣。〔註107〕

顏氏主張井田制，其初衷雖好，不過實與當時的社會潮流所背逆，故不免是種空想。

此外，顏元還積極倡導恢復三代時期的封建分封制，其緣由在於認定君主專制弊端極大，當改變少數人控制天下的格局，故他對秦始皇和柳宗元大加撻伐：

> 秦人任智力以自雄，收萬方以自私，敢於變百聖之大法，自速其年世，以遺生民氣運世世無窮之大禍。祖龍之罪上通於天矣！文人如柳子厚者，乃反爲「公天下自秦始」之論，是又與於不仁之甚者也。〔註108〕

顏氏之論，雖然看到了秦始皇獨攬大權之私心，不過卻未認識到中央集

〔註105〕梁啓超：《中國近三百年學術史》，《飲冰室合集・專集之七十五》，中華書局1989年版，第105頁。

〔註106〕顏元著，王星賢、張芥塵、郭徵點校：《送張文升佐武彤含尹鹽城序》，《習齋記餘》卷一，《顏元集》（下），中華書局1987年6月版，第405頁。

〔註107〕顏元著，王星賢、張芥塵、郭徵點校：《顏習齋先生言行錄》卷上，《顏元集》（下），中華書局1987年6月版，第653頁。

〔註108〕顏元著，王星賢、張芥塵、郭徵點校：《封建》，《存治編》，《顏元集》（上），中華書局1987年6月版，第113頁。

權乃時代潮流，故其缺乏歷史發展的眼光。

近代學人也對顏元這種復古主張提出了修正和批判。戴望在編纂《顏氏學記》時，就有意將有關恢復井田、封建的內容統統刪掉。晚清學人朱一新亦持類似看法，認為諸上言論不合時宜。民國時期馬克思主義學者趙紀彬對該問題也有所涉及。在他看來，顏元「一方面是實用主義者，而另方面又是尊古主義者。當其排擊『誦讀紙墨工夫』時，係以經世致用的實用主義為唯一根據，當其提倡『六府三事三物四教』時，則又係以堯舜周孔為依歸，其與所批判的諸儒不同之處，僅在於諸儒言《大學》《中庸》，而顏習齋則言『偽《尚書》』『偽《周禮》』之一點」〔註109〕。

2、理學殘留

顏元一生，學凡四變，先學道家，後轉入陸王，之後再宗程朱，最終超越眾說而自成一派。顏氏在對理學產生質疑前，謹遵程朱的那一套修養方式，刻苦自修。除卻每日靜坐冥思之外，他還擬定類似功過格的日譜，日日藉此反省自己的內心狀態，進行禮儀式的自我訓練：

> 定日記每時勘心：純在則〇，純不在則 X，在差勝則〇中白多黑少，
> 不在差多則黑多白少，相當則黑白均。〔註110〕

34 歲那年，顏元在為祖母守喪期間，「一遵《朱子家禮》，覺有違性情者，校以古禮，非是」〔註111〕。此事成為顏元由理學信徒轉為實學旗手的契機，自此他體悟「周公之六德、六行、六藝，孔子之四教，正學也；靜坐讀書，乃程、朱、陸、王為禪學、俗學所浸淫，非正務也」〔註112〕。因而撰寫《存學編》、《存性編》等文章，走上倡揚事功之學的道路。不過，令人倍感意外的是，雖然顏元自稱視宋明理學為仇讎，但他依然對理學家那套嚴格而死板的禮儀化訓練方式充滿執著之情，不時以之反躬自檢，這在其《年譜》裏有不少記載，如：

> 習禮、樂、射、御、書、數，讀書，隨時書於日記，有他功隨時書。

〔註109〕趙紀彬：《中國哲學史綱要》，《趙紀彬文集》第 1 冊，河南人民出版社 1985 年 9 月版，第 390 頁。
〔註110〕顏元著，王星賢、張芥塵、郭徵點校：《顏習齋先生年譜》卷上，《顏元集》（下），中華書局 1987 年 6 月版，第 723 頁。
〔註111〕顏元著，王星賢、張芥塵、郭徵點校：《顏習齋先生年譜》卷上，《顏元集》（下），中華書局 1987 年 6 月版，第 726 頁。
〔註112〕顏元著，王星賢、張芥塵、郭徵點校：《顏習齋先生年譜》卷上，《顏元集》（下），中華書局 1987 年 6 月版，第 726 頁。

每日習恭，時思對越上帝，謹言語，肅威儀。每時心自慊則○，否
則●，以黑白多少別欺慊分數，多一言〇，過五則⊗，忿一分〇，
過五則✳，中有 X，邪妄也。如妄念起，不爲子嗣比內，皆是。每
晨爲弟子試書講書，午判仿教字，此一歲常功也。有缺必書。新爲
卻疾求嗣計，增夜中坐功。〔註 113〕

　　顏氏這種嚴守禮儀化修養模式的表現，實與當時的士林風氣相關。面對
明末王學末流的佚蕩之風，許多士人便紛紛撰寫省過日記，「藉著這些道德
生活的日記，他們一方面可以更有系統地診斷自己的功過，另方面因他們對
自己是否已經成聖毫無把握，故藉著計算功過，多少可以解除內心的緊張」
〔註 114〕。顏元雖然從整體上排斥宋明理學的傳統，但他畢竟曾經長期研習
該種學問，加之他終生都對王學存有一絲依戀之情，故其學術未能完全脫離
理學的範疇。這也就不難理解爲何他一生以寫日譜作爲修養途徑了。

　　其次，顏元還用「習恭」來代替宋儒的主靜及其一系列的修養功夫。從
某種程度上考察，其實顏氏的所謂「習恭」與朱熹的「主敬」頗爲相似，並
無實質差別。一方面，顏元講求外在的一整套禮儀化的修養規範，即「凡冠
不正，衣不舒，室不潔，物器不精肅，皆不恭也。有一於此，不得言習恭」
〔註 115〕。另一方面，顏氏又從內在修爲上給出一套方案：

古人教灑掃即灑掃主敬，教應對進退即應對進退主敬；教禮、樂、
射、御、書、數即度數、音律、審固、磬控、點畫、乘除莫不主敬。
故曰「執事敬」，故曰「敬其事」，故曰「行篤敬」，皆身心一致加功，
無往非敬也。〔註 116〕

由外在禮儀化的訓練到「身心一致加功」，顏氏的「習恭」實與朱熹的「主敬」
有異曲同工之妙，字眼的變化不能改變內涵的近似。所以顏元的這一套內外
兼修的修養方式存在著明顯的理學殘留。

〔註 113〕顏元著，王星賢、張芥塵、郭徵點校：《顏習齋先生年譜》卷下，《顏元集》
　　　　（下），中華書局 1987 年 6 月版，第 763 頁。
〔註 114〕王汎森：《明末清初的人譜與省過會》，《思想與學術》，中國大百科全書出版
　　　　社 2005 年 4 月版，第 221 頁。
〔註 115〕顏元著，王星賢、張芥塵、郭徵點校：《顏習齋先生言行錄》卷上，《顏元集》
　　　　（下），中華書局 1987 年 6 月版，第 639 頁。
〔註 116〕顏元著，王星賢、張芥塵、郭徵點校：《性理評》，《存學編》卷四，《顏元集》
　　　　（上），中華書局 1987 年 6 月版，第 91 頁。

顏元與理學的這層關聯引來了胡適諸人的不滿。胡適研治清代學術史，一直堅持「理學反動說」這一理論預設，自然看不慣被其視爲「反理學健將」的顏李學人還謹守理學的修養方法，於是便予以批判。胡適指出：

> 顏李門下人人各有日記，各有功過格，有過用黑圈記出，這都是晚明的宗教風氣。顏李都反對理學家的靜坐主敬，但他們都要「習恭」，他們自律的戒條是「小心翼翼，昭事上帝」，李塨晚年改爲「小心翼翼，懼以終始」。〔註117〕

> 顏元、李塨雖然都反對中古宗教的「無欲」說，也反對宋儒的「無欲」說，然而他們師弟都不免受了這種無欲的宗教的影響。他們都承認「形色天性也」的話，又都說他們只反對「私欲」。其實「無欲」與「無私欲」的界限很不容易劃清。〔註118〕

胡適弟子容肇祖也遵從師說，認爲顏元「不免拘泥於禮，而他所常爲的習恭，亦可說是靜的工夫。他的每時勘心，自記功過，亦都是靜的生活。他在教育上反對靜的教育，是他的好處。可惜未有提出徹底的辦法；他的實習實驗的教育學說，是他的精彩，惜未脫盡舊日的頭巾。故打倒了宋儒，仍不免受周、孔的束縛」〔註119〕。所以他懷疑顏元「是受袁黃《四訓》的影響」〔註120〕。

要之，胡適等人對顏李學者思想深處的理學殘留極爲不滿，因爲這與其所倡導的「反理學」理論構想相衝突。也正基於此因，胡適等人在研討顏李學時，爲了保證其理論框架的完整性，對顏李學和理學關聯這一點僅是輕描淡寫、一筆帶過。此種處理方式其實並不高明，錢穆便是認準胡氏之疏漏，從而撰文與其商榷。

3、反智傾向

前已言及，在知識來源問題上，顏李主張只有通過實習實行才能獲得眞知，這種說法固然可貴，但走向極端便有流於唯經驗論甚至反智識主義之虞。

〔註117〕胡適：《顏李學派的程廷祚》，《胡適全集》第 8 冊，安徽教育出版社 2003 年版，第 115 頁。

〔註118〕胡適：《顏李學派的程廷祚》，《胡適全集》第 8 冊，安徽教育出版社 2003 年版，第 132～133 頁。

〔註119〕容肇祖：《顏元的生平及其思想》，《容肇祖集》，齊魯書社 1989 年 9 月版，第 607 頁。

〔註120〕容肇祖：《顏元的生平及其思想》，《容肇祖集》，齊魯書社 1989 年 9 月版，第 598 頁。

顏元在這方面體現得尤爲明顯，他的某些言論透露出貶低理性、輕視思維的
傾向，如：

> 萬初問明理之學。先生曰：「治世之民愚，愚正其智也；亂世之民智，
> 智正其愚也。三代之士，習行以爲事，日用而不知，功績備舉。近
> 之儒，思、講以名學，洞悉而大明，精粗俱廢；自以爲操存明理，
> 無不知無不能也，而實一無知能也，可哀也。」〔註121〕

這種蔑視思維的看法終致顏元得出愚民策略合理的荒謬結論。對於顏李學的
這一痼弊，余英時曾有過頗爲精到的評析：

> 顏李的基本立足點是在「用」，講「實用」一旦講到極端便不免要流
> 於輕視知識，尤其是理論知識。……特別強調「用」的人一般是重
> 「行」過於重知，而且往往認爲理論知識、書本知識是無用的。……
> 顏習齋是一個最極端的致用論者，而同時他又是一個最徹底的儒家
> 反智識主義者。〔註122〕

因此過於偏重經驗的反智傾向確是顏李學自身無法克服的一大痼弊，也在很
大程度上阻滯了該學派的進一步發展。對於該問題，清末學人章太炎已有清
醒認識，曾指出「今顏李所治六藝云何？射御猶昔，禮樂即已疏陋，其言書
數，非六書九章也。點畫乘除，以爲盡矣。販夫販婦，以是鉤校計簿，何藝
之可說？」〔註123〕這種「以事代理」的作法自然窒礙了該學派的理論建構和
哲學思辨。其後的錢穆也對顏李學的該痼弊進行過深入研析。

　　綜上所述，現代與傳統二性兼具，此爲顏李學說的雙重思想底色。近代
學人在考察該學說時，由於政治訴求和文化立場的差異，有的僅推崇其與現
代性相契合的一面，有的則只對其受傳統束縛之痼弊大加推崇或批判，這兩
種作法都是失之偏頗的。惟有將顏李學的雙重底色合而觀之、系統辨析，才
是較爲全面的研究態度，也是顏李學研究走向深入、成熟的標誌。

五、研討思路與學術分期

　　鑒於以上情形，筆者若單在縱向上梳理晚清民國顏李學的復興與發展過

〔註121〕顏元著，王星賢、張芥塵、郭徵點校：《顏習齋先生言行錄》卷下，《顏元集》
　　　　（下），中華書局1987年6月版，第694頁。
〔註122〕余英時：《清代思想史的一個新解釋》，《論戴震與章學誠》，三聯書店 2000
　　　　年6月版，第339～340頁。
〔註123〕章絳：《與王鶴鳴書》，《國粹學報》，1910年第六十三期，通論。

程，或僅從橫向上研討近代意義上的顏李學在形成中所引發的諸多問題，都不能系統而深入地揭示本選題之主旨。故惟有以時間爲經，以問題爲緯，宏觀統括，微觀剖析，才有可能就「顏李學在晚清民國的復興與命運」展開較有意義和深度的探討，從而得出相對準確的結論。本人擬從如下兩個層面來展開研究。

首先，從搜集、辨識、整理相關學術史研究文獻入手，將戴望、孫寶瑄、劉師培、章太炎、徐世昌、梁啓超、胡適、錢穆、馮友蘭、陳登原、張西堂、李世繁等人相關論著逐一解讀，從而釐清晚清民國顏李學研究情況之大貌。與此同時，運用傳播學、社會學、知識考古學等多種方法，將顏李學逐漸被納入現代學術制度與知識體系的過程作一剖析。這主要屬於學術史研究的層面。

其次，在進行學術史梳理的基礎之上，筆者將圍繞與晚清民國顏李學復興與命運緊密相關的幾個問題和事件作深入剖析，以通過學術爭鳴、思想闡釋、政治運作及社會回應等視角來展現該問題的多元與複雜。

當然，這兩個研究層面並無主次之別，而是同等重要。前者主要側重於縱向的學術梳理，後者則強調橫向的思想闡釋，畢竟面對學理複雜、頭緒繁多的晚清民國顏李學，只有從多角度進行研究，結合多種研究方法，方可以較透徹地探討該問題，得出令人信服的結論。

按此思路，筆者現將「顏李學在晚清民國的復興與命運」的發展脈絡分爲四期：

第一期爲「顏李學的復興與傳播」，其時限是晚清。於此階段，學者戴望搜輯顏李遺著，編纂《顏氏學記》，此舉既是其「大旨期於有用」之宗旨的體現，又含有爭取學術話語權的考慮。「常州端緒」與「戴學源頭」即爲戴望欲打通顏李學與今文經、戴震學之間關聯的嘗試。《學記》問世後，學界反響不一，贊同、批評、排詆之聲同時並起，顏李學的改造運動也於諸多不同評論中拉開序幕。同時，學者對顏李學的傳播和闡釋工作業已開始。晚清顏李學的傳播，經歷了由人際傳播向媒介傳播的遞嬗。在第一階段，永嘉後學孫鏘鳴、宋恕、陳黻宸及河北學者王灝、賈恩紱等人出力尤多。到了第二階段，國粹派成爲主角。他們搜輯顏李遺著，研析其學術特色，挖掘其學說的西學因素，檢討其利弊得失，其中既有對其學說本身的挖掘與「發現」，又有基於政治訴求的闡釋與「發明」，在這種古今溝通、中西交融之下，顏李學研究就

此展開。

第二期爲「顏李學研究的波折與倒退」，其時限是民國初年，下限至二十世紀二十年代初。出於復興北學、抵禦新文化和加強意識形態控制之需，徐世昌等人於民初極力推崇顏李學。通過一系列的政治運作，徐世昌將顏元、李塨二人塑造爲國家學術偶像，享受從祀孔廟之厚遇。同時，徐又通過設立四存學會、創辦《四存月刊》、開辦四存中學等措施，強化顏李學對社會的影響。當然，徐世昌的如上活動，自然是逆時代潮流之舉，不過客觀上也促使更多的學者來關注和研治顏李學。要之，政治與學術的複雜交織是民初顏李學研究的一大特色。

第三期爲「顏李學研究走向深入」，其時限是二十世紀二十年代至三十年代初。伴隨現代知識制度與學科體系的建立，顏李學研究也趨於規範與深入。梁啓超無疑是該時期顏李學研究的開拓者。梁氏在「古學復興」的學術訴求和「理學反動」的解釋框架之推動下，引介杜威的實用主義學說，就顏李學的知識論、功利論、人性論及與戴震學的淵源關聯等問題詳作論析。胡適深受梁啓超研究路徑影響，繼之而起，圍繞顏李學是否爲戴震「新哲學」源頭，進行了有益的嘗試。特別是他對程廷祚資料的發掘與研究，開拓出清代思想史中的新領域。梁啓超、胡適二人可謂是創建了顏李學研究的新典範。與梁、胡二人頗爲異趣的是，錢穆秉持「不知宋學，則無以平漢宋之是非」的清學史立場，褪去顏李學的「反理學」底色、辨析其學說痼弊，否定其與戴震學的淵源推測，從而解構掉梁、胡之前精心構建的「反理學」譜系。質言之，梁、胡、錢三人之所以在顏李學研究上呈現如此迥異的反差，其緣由大致同學術立場、治學路徑和文化觀念的相異有關。

第四期爲「顏李學研究的多元發展」，其時限是二十世紀三四十年代。其時，顏李學研究隊伍較之以往愈加壯大，故相關著述隨之增多，考察視角亦日趨多元，顏李學派的學術淵源、教育思想、哲學思想和政治思想成爲學者們探討的熱點。尤其是馬克思主義學者開始涉獵該領域，他們以馬克思主義學說和方法研析顏李學，從而開拓了其研究的嶄新路徑，亦爲新中國建立後的學術研究建立了新的典範。

尚需交待的是，學術史研究自有其內在的發展理路，其時間斷限往往並非如政治史研究那般明確，馬克思主義學者的顏李學研究便是如此。不少馬克思主義學者在民國時期開始關注顏李學，而其作品卻問世於新中國成立之後，故

對這一新式典範的考察時限則已超出本選題所擬定範圍。出於保持學術研究的準確性和研討思路的一致性，本論文暫不將第四期置入學術視野當中。

　　要之，本論文之寫作，即遵循學術與思想縱橫結合之思路，依照顏李學於晚清民國發展的四期脈絡展開研討。

第一章 絕學重光：戴望與晚清顏李學復興——以《顏氏學記》之緣起與回響爲中心的考察

　　晚清學人戴望〔註1〕於顏李學衰歇百年後整理該學派著作，並將之廣爲揚播。他因何認同顏李之學，並四方搜集材料，編撰《顏氏學記》一書？該著作所涵內在意蘊爲何？該書問世之後，於晚清學術界究係產生怎樣的回響，掀起多大的思想波瀾？這三個問題，即本章撰寫之緣起。因以往學人於此已有所涉及〔註2〕，故筆者詳人所略，略人所詳，以晚清變局下學者治學宗旨、

〔註1〕 戴望（1837～1873），字子高，浙江德清人，清代學者。其著作有《戴氏論語注》二十卷，《顏氏學記》十卷，《管子校正》二十四卷及《謫麐堂遺集》四卷補遺一卷。戴望之著作還有《證文》四卷及未完稿《古文尚書述》，皆已不存世。

〔註2〕 如宋立卿、解成：《顏元思想在近代中國的命運》（收錄於《河北史學會通訊・全國顏元李塨學術思想討論會專號》，河北史學會主辦1987年版）、解成：《近代中國對顏元形象的兩次改造》（《河北學刊》1988年第1期）、陳居淵：《略論晚清學術界的尊顏與反顏之爭》（《河北學刊》1997年第1期）及朱義祿：《顏元李塨評傳》第八章《顏李學派的影響及其歷史地位》（南京大學出版社2006年7月版），都是詳於探討戴望對顏李學的闡揚及《顏氏學記》一書的社會影響，而疏於對戴之學術宗旨同《學記》之關聯、《學記》編纂所隱含的內在意蘊的剖析。盧鍾鋒先生在《中國傳統學術史》（河南人民出版社1998年10月版）中對《顏氏學記》的編纂體例、反理學特徵及今文經學與顏李學之間的關聯作了逐一分析。惜限於篇幅，盧對該問題的研討較爲簡略。華東師範大學歷史學系2003屆碩士張利以《戴望學論》爲題，對戴之學術與制行展開了比較詳細的研究。其第四章《〈顏氏學記〉的編輯》就戴望對顏李學的繼承、對顏李學的揚棄和成書後的影響作了一番探討，頗具新意，但某些論斷似欠

寫作初衷與著述反響三者間的內在關聯爲視角，來對以上問題作一檢討。

第一節　經世者之選擇：戴望與《顏氏學記》

一、「不脫時代束縛之學人也」：錢穆的疑問

　　錢穆在其清學史名著《中國近三百年學術史》中論及李塨學行時，曾附有如下一段按語：

> 自恕谷遊浙，後百五十年，德清戴子高以十四齡童子，於其家敝麓中得恕谷贈其先五世祖所藏顏先生書，遂知愛好，後乃著《顏氏學記》，爲晚清顏、李學重光之端。其事仍起於恕谷之遠遊，其業仍成於南方之學者，是亦一奇！〔註3〕

　　眾所周知，清初顏元崛起於北方，批判宋明理學之無用，倡導「六府、三事、三物」之學，以「習性經濟」爲其學說主旨。作爲顏氏得意弟子，李塨秉承師說，畢生廣爲交遊，遍質天下夙學，使得「顏李之學，數十年來，海內之士，靡然從風」〔註4〕。顏李學成爲一時顯學。然而，「習齋之學，得恕谷而大，亦至恕谷而變」〔註5〕。在傳播顏學之同時，李塨不免受南方學風之熏染，漸走上考訂路徑，學術精神與其師已有歧異。而清統治者在其統治穩定之後，大力推崇程朱理學，考据學亦於斯時崛起於民間，加之顏李學本身缺乏理論高度、主張有失偏激、踐履頗爲繁難，故至李氏身後，顏李學雖仍有惲鶴生、程廷祚諸人發揚，衰歇之勢已不可挽回，遂致中絕〔註6〕。百餘

　　　　妥當，尚需斟酌。要之，以往學者對該問題的研究爲筆者提供了良好的學術
　　　　基礎，同時他們的不足之處又給筆者留下了繼續研治的空間與必要。

〔註3〕錢穆：《中國近三百年學術史》（上冊），商務印書館1997年8月版，第240頁。

〔註4〕〔清〕馮辰、劉調贊撰、陳祖武點校：《李塨年譜》，中華書局1988年9月版，第162頁。

〔註5〕錢穆：《〈清儒學案〉序》，《中國學術思想史論叢》卷八，安徽教育出版社2004年7月版，第369頁。

〔註6〕至於顏李學由盛而衰的原因，學界已多有探討，故本文茲不贅述。詳見梁啓超：《中國近三百年學術史》中第十章《實踐實用主義——顏習齋、李恕谷》，《飲冰室合集·專集之七十五》，中華書局1989年版，錢穆：《中國近三百年學術史》（上冊）中第五章《顏習齋、李恕谷》，商務印書館1997年8月版，陳登原：《顏習齋哲學思想述》中第十章《顏氏學之衰頹》，中國大百科全書出版社1989年3月版，姜廣輝：《顏李學派》中第十一章第四節《顏李學派

年後，顏李學再度復興。其學說本源自博野，發揚鄉賢、董理學術之重任自
應由北方學人承擔，而事實上成就此業者卻是南方學者戴望。故在慨歎顏李
學不絕如縷之餘，錢氏也對「北學南興」這一獨特的學術現象頗爲不解。而
錢氏的疑問又何止於此？對於戴望倡揚顏李學之原因，錢氏也心存困惑：

> 惟子高既好顏、李，又治公羊，以求微言大義爲職志，而又拘拘於
> 漢儒之章句家法，則面貌雖殊，精神猶昔，終不脫蘇州惠氏漢學之
> 牢籠矣……夫顏、李之與章句家法，此乃絕相違異之兩事，子高好
> 顏、李，由激於時病；而治公羊，則逐於時趨；治公羊而歸宿於西
> 漢之家法，則困於傳統。子高智不及此，尚不能辨西漢章句家法與
> 顏、李事物身世之乖異，而兼信並好之，則子高爲一不脫時代束縛
> 之學人也。〔註7〕

　　在錢氏看來，戴望乃「常州公羊學後勁」〔註8〕，但他智識不足，泛濫於
公羊學與顏李學之間。二者一主微言大義，一求功利實用，本已扞格不合，
且戴治公羊又尊西漢家法，故使得其學術失之駁雜，不倫不類〔註9〕。歸根結

的歷史命運》，中國社會科學出版社 1987 年 12 月版，以及王春陽：《顏李學
的形成與傳播研究》中第四章第二節《顏李學傳播的評價》，華中師範大學歷
史文獻學 2005 級博士學位論文，2008 年 4 月。

〔註7〕　錢穆：《中國近三百年學術史》（下冊），商務印書館 1997 年 8 月版，第 615
～616 頁。

〔註8〕　錢穆：《中國近三百年學術史》（下冊），商務印書館 1997 年 8 月版，第 615
頁。

〔註9〕　更耐人尋味的是，在此論斷後面，錢穆還留有一段按語：「俞樾序戴氏《管子
校正》（筆者按：《管子校正》序言乃潘祖蔭所撰，並非俞樾，實錢氏之誤），
謂『子高，陳碩甫高足，實事求是，深惡空腹高心之學。』此見子高仍爲乾、
嘉漢學傳統也。惟陳氏以家法求毛詩，猶未大失；子高欲以家法求孔子，則
失之甚遠耳。又李慈銘日記：『（同治十一年五月十六日）戴望子高，湖州附
學生，遊匄江湖，夤緣入曾湘鄉偏裨之幕。嘗冒軍功，詭稱爲增廣生，改其
故名，求改訓導。又竊軍符，徑下湖州學官，爲其出弟子籍；學官以無其人
申報，湘鄉大怒，將窮治之，叩頭哀啓乃免。』則子高制行多可議。大抵道、
咸以下學人，雖薄考據，轉言義理，而其行己操心，尚頗有不逮乾嘉考據樸
學諸先生者。風俗之日趨卑污，正足以證見考據樸學之流弊也。」（錢穆：《中
國近三百年學術史》（下冊），商務印書館 1997 年 8 月版，第 616 頁。）其實
錢引潘氏序言和李氏日記來評判戴望學行的做法並不高明。潘祖蔭之序僅是
就書論書，且難免過譽，故不足以證明戴得乾嘉考據學之眞髓，而李慈銘所
記軼聞更是捕風捉影，厚誣戴氏，蕭一山已於其《清代通史》中作出辯駁：「或
謂子高制行多可議，實則愛伯居京師久，遠道傳聞，未必盡確。既冒軍功，
又何須出籍耶？附生增生，其差幾何？偏裨之幕，所指何人？且湘鄉已卒於

底，錢穆之困惑在於：作為一名今文經學家，戴怎會又去研治顏李學？對該問題，錢氏似也自感無法給出完滿回答，僅將之歸結於戴望「不脫時代束縛」而已。

那麼戴望是否真如錢穆先生所言，為一名不純正的「常州公羊學後勁」？

二、「大旨期於有用」：戴望之學術宗旨

若想辨清戴望是否為公羊學之後勁，則當從其學術宗旨談起。戴雖壽命不永，但其一生治學方向卻幾經嬗變，其友施補華曾言：「君學凡三變，始好為辭章；繼讀博野顏氏元之書，則求顏氏學；最後至蘇州謁陳先生奐，而請業焉，通知聲音訓詁、經師家法，復從宋先生翔鳳，授公羊春秋，遂研精覃思，專志治經，君之學幾有成矣」〔註10〕。不過施在其著作《澤雅堂文集》中則對戴之學術變化卻給出了另一種總結：「君之學凡三變，始為詩古文詞；已而研求性理；最後至蘇州謁陳先生奐，遂專力於考據訓詁」〔註11〕。兩種說法的前後不合，恰恰說明戴之學術變化之複雜，連其好友都難有確論。

而後世學人對戴望學術宗旨的認識則愈加紛紜不一。劉師培、梁啟超認為戴發揚顏李之學，自應歸入顏李學派門下〔註12〕；在徐世昌主持編纂的《清儒學案》裏，把戴列入陳奐學案中，予以古文經學家的身份〔註13〕；而錢穆則視戴為「常州公羊之後勁」，民國學人支偉成亦持此觀點〔註14〕。由此可見，諸多學者對戴望學派歸屬的看法亦不能作為認定其學術宗旨的依據。

是年二月，若因此大怒，尤非國藩對儒生之態度。《清史稿》謂慈銘口多雌黃，服其學者好之，憎其口者惡之，知日課所記，未必忠於事實也。若曰文人無行，此蓋晚清學者通病，不能純以責之今文學者矣。」（蕭一山：《今文學運動與東西文化之輸入》，《清代通史》卷下，中華書局 1986 年版，第 1810～1811 頁）。不過若細讀錢氏清學史著述，則會發現其對晚清今文經學總體評價不高，因此他對戴望為學做人的那番議論便自然在情理之中。

〔註10〕 施補華：《戴君墓表》，《謫麐堂遺集》，清趙之謙輯，清光緒元年（1875 年）刻本。

〔註11〕 施補華：《戴子高墓表》，《澤雅堂文集》卷八，清光緒十九年（1893）刊本。

〔註12〕 劉師培：《近儒學案序》，《劉師培全集》第三冊，中共中央黨校出版社 1997 年版，第 560 頁，梁啟超：《中國近三百年學術史》，《飲冰室合集·專集之七十五》，中華書局 1989 年版，第 104 頁。

〔註13〕 徐世昌主纂：《陳奐南園學案》，《清儒學案》卷一百四十八，知識產權出版社 2008 年 1 月版，第 15 頁。

〔註14〕 支偉成：《清代樸學大師列傳》，嶽麓書社 1998 年 8 月版，第 137～138 頁。

　　故不妨對戴的兩部學術論著（《論語注》和《管子校正》）作一簡要剖析，從中來審視其學術宗旨之端倪。

　　《論語注》乃戴望今文經學之代表作，他在談及該書撰寫緣起時，寫道：

　　　後漢何劭公、鄭康成皆爲此經作注，而康成遺說今猶次相半。劭公爲公羊大師，其本當依《齊論》，必多七十子相傳大義，而孤文碎句百不遺一，良可痛也！魏時鄭沖、何晏，集包咸至王肅諸家作解。至梁皇侃，附以江熙等說，爲之義疏，雖舊義略具，而諸家之書則因此亡佚矣。自後聖緒就湮，鄉壁虛造之說不可彈究，遂使經義晦蝕，淪於異端，斯誠儒者之大恥也。

　　　望嘗發憤於此，幸生舊學昌明之後，不爲野言所奪，乃遂博稽眾家，深善劉禮部《述何》及宋先生《發微》以爲欲求素王之業、太平之治，非宣究其深不可，顧其書皆曰舉，大都不列章句，輒復因其義，舉推廣未備，依篇立注爲二十卷，皆隰栝《春秋》及五經義例，庶幾先漢齊學所遺，劭公所傳，世有明達君子樂道堯舜之道者，尚冀發其旨趣，是正違失，以俟將來。如有睹爲非常異義可怪之論，緣是罪我，則固無譏焉爾。〔註15〕

由此知其撰寫《論語注》，是欲推劉宋注本之未備，揚孔子素王之大業。不過，細細研讀其書，則會發現戴並未固守今文家法，而多有突破藩籬之處。如《論語・學而》中開篇的「學而時習之，不亦說乎」一句，戴注曰：

　　　學，謂學六藝。《保傳傳》曰：古者年八歲，入就小學，學小藝，履小節焉。束髮而就大學，學大藝，履大節焉。時，謂春誦，夏弦，秋學禮，冬讀書。習，調節也。春夏順陽氣，秋冬順陰氣。以時調節，得天中和，故說也。周衰學廢，孔子明王道，故首陳瞽宗，上庠教士之法。〔註16〕

將「學」訓爲學六藝，「習」訓爲調節，這與顏李學的觀點何其相似。顏元於《四書正誤》中曾言「漢、宋來道之不明，只由『學』字誤。學已誤矣，有何『習』？學習俱誤，又何『道』？是以滿世讀書把筆開壇發座之人，而求一明、親、經濟者，舉世無之；求一孝弟禮義者，百里無之。堯、舜、周、孔之道亡矣。然漢、宋之儒，亦不意其禍世誤民至此也，亦非有心叛故道、

〔註15〕戴望：《注論語敘》，《戴氏論語注》，清同治十年（1871年）刻本。
〔註16〕戴望：《學而第一》，《戴氏論語注》，清同治十年（1871年）刻本，第1頁。

開新轍以爲異也。但見孔子敍《書》、傳《禮》、刪《詩》、正《樂》、繫《易》、作《春秋》，不知是裁成習性經濟譜，望後人照樣去做，卻誤認纂修文字是聖人，則我傳述注解是賢人，讀之熟、講之明而會作文者，皆聖人之徒矣，遂合二千年成一虛華無用之局，而使堯、舜、周、孔之道盡晦。人知能敍述刪傳非孔子，是孔子之不得已，是孔子習性經濟譜，則學非他學，學堯、舜之三事，學周公之三物也，習之時習之，而天下乃可言有道矣」〔註17〕。兩相對照，可知戴望吸取了顏李學中的合理因素爲己所用〔註18〕。再如《論語·陽貨》：「性相近，習相遠也」，戴注云：

> 分於道謂之命，形於一謂之性。性者，生之質也，民含五德以生其
> 形，才萬有不齊而皆可爲善，是相近也。至於善不善相去倍蓰而無
> 算者，則習爲之而非性也。故君子以學爲急，學則能成性矣。〔註19〕

這儼然是顏李學「氣質即性無惡，惡有習染引起」學說的翻版。戴望對顏李學的繼承與發揮在《論語注》中歷歷可見。

同時，雖然戴望「厭薄宋儒」〔註20〕，「嫉視宋儒有若大敵」〔註21〕，但他並不因人廢學，一併推翻，而是擇其利於己說者用之，這在《論語注》中亦有體現。還是《論語·學而》篇，在注解「孝弟也者，其爲仁之本與。」一句時，戴寫道：

> 王者欲致太平，成仁道，由孝悌始，故曰：仁者，人也。親親爲大，
> 自天子達於庶人，莫不有尊尊親親，是以王者天大祖，諸侯不敢壞。

〔註17〕顏元著，王星賢、張芥塵、郭徵點校：《四書正誤》，《顏元集》（上），中華書局 1987 年 6 月版，第 174～175 頁。

〔註18〕與此形成鮮明對比的是，戴之前輩劉逢祿在其《論語述何》中，將「學」釋爲「刪定六經也」。「學」在《論語》義理體系中是一個包孕廣闊的範疇，具有豐富的涵義與能指，劉氏僅將其限定成「刪定六經」，顯然是自設疆域，不過這亦體現其今文經學者的治學路數，較之戴望倒顯得純粹了許多。

〔註19〕戴望：《陽貨十七》，《戴氏論語注》，清同治十年（1871 年）刻本，第 1 頁。

〔註20〕譚獻：《亡友記》，《復堂文續》，光緒辛丑年（1901 年）刻鴉齋叢書刻本，第 24 頁。戴望對程朱理學的不滿，在其另一位友人張星鑑的文集中亦有展現：「（戴望）每與星鑑箚曰世事紛紜，師資道喪，原伯魯之徒咸思襲迹程朱以自文其陋，一二大僚倡之於前，無知之人和之於後，勢不至流入西人天主教不止，所冀吾黨振而興之，征諸古訓，求之微言，貫經術政事文章於一，則救世弊而維聖教在是矣。」（張星鑑：《戴子高傳》，《仰蕭樓文集》，清光緒六年（1880）刻本，第 74 頁。）

〔註21〕劉師培：《戴望傳》，《劉師培全集》第三冊，中共中央黨校出版社 1997 年版，第 634 頁。

大夫士有常宗，皆所以重本，本不立者，末必倚始，不盛者終必衰。

故《易》曰：正其本，萬物理失之毫釐，謬以千里。春秋之義，有

正春無亂秋，有正君無亂國，始元終麟，仁道備矣。〔註22〕

　　該種解釋意在規誡帝王遵循禮法，施行仁政，警示庶民認同禮法，不可僭越。這實際上是戴望對宋明理學所宣揚的綱常名教的一種伸張，可見其並不排斥理學中有關倫理道德的主張，甚至頗爲贊同，此種釋義在《論語注》中不勝枚舉。故戴對於理學的批判主要還是集中於其性理之說方面。

　　戴望的另一部著作《管子校正》，歷來被學界視爲清代管子校勘的集大成之作〔註23〕，不過在校勘《管子》一書諸多篇章之餘，戴望不甘於埋首訓詁，間有義理發揮。在《管子·形勢第二》中有「獨王之國，勞而多禍」一句，王念孫認爲「王」當爲「壬」字之訛。戴不同意此說，寫道：

劉雲（指劉績）：當依解作「獨任之國」。王云（指王念孫）：「任」

字，古通作「壬」，因僞爲「王」耳。望案：「王」字義長，不必改

字。獨王者若桀紂爲天子，不若一匹夫也。〔註24〕

寫至「不必改字」，戴望本可收筆，他卻難抑個人思緒，對「獨王」詞義又略作發揮，表達了對暴君獨裁的不滿，「天下既非天子所私有，故國家之利害悉憑國民之公意而不以己意與其中」。難怪劉師培認爲戴氏「深得孔子立言之旨」〔註25〕。王氏之訓釋純爲乾嘉路數，而戴已略顯闡發義理傾向，實開晚清管子義理研究之先河〔註26〕。

〔註22〕戴望：《學而第一》，《戴氏論語注》，清同治十年（1871年）刻本，第1頁。

〔註23〕戴望一度師從陳奐研習考據之學，而陳奐曾師事高郵王念孫門下，並爲王氏《讀書雜誌》中《管子》、《荀子》部分之校讎出力尤多。故之後陳奐「論學，必以王氏爲宗，所著《毛氏傳疏》與《廣雅疏證》相出入。凡弟子從遊者，必授以《管子》《周禮》《先鄭注》《丁度集韻》等書，是皆王氏家法也。」（張星鑑：《書陳碩甫先生》，《仰蕭樓文集》，清光緒六年（1880）刊本，第81頁。）戴望正是接過陳奐之衣缽，從事《管子》一書的校勘，博衆家之長，積十餘年之功，終撰成《管子校正》一書。

〔註24〕戴望：《管子校正》卷一，《諸子集成》第五冊，上海書店1986年7月版，第21頁。

〔註25〕劉師培：《中國民約精義》，《劉師培全集》第一冊，中共中央黨校出版社1997年版，第596頁。

〔註26〕有關清代管子研究之詳情，參見拙文《晚清管子研究述論》，《管子學刊》2009年第1期，《論清代〈管子〉校勘中的學術傳承——以王念孫、陳奐、丁士涵、戴望爲系譜的考察》，《管子學刊》2010年第1期。

　　綜上所述，戴之學術特色是「流質多變」，不名一家。劉師培曾言：「自
西漢經師以經術飾吏治，致政學合一，西京以降，舊制久湮，晚近諸儒，振
茲遺緒。其能特立成一家言者，一爲實用學，顏習齋、李剛主啓之；一爲微
言大義學，莊方耕、劉申受啓之。然僅得漢學之一體，惟先生（指戴望）獨
窺其全。故自先生學行，而治經之儒得以窺六藝家法，不復以章句、名物爲
學，凡經義晦蝕者，皆一一發其旨趣，不可謂非先生學派啓之也」〔註27〕。
雖劉之論斷不無溢美之嫌，但對我們瞭解戴之學術宗旨確有啓發：戴望之學
既有漢學功底，又重微言大義，秉持家法但非拘守，且對顏李學、宋學皆有
采擇借鑒，實不能一家一派之學範圍之〔註28〕。誠如蕭一山先生所言：「子高
好顏李，由激於時病；而治公羊，則逐於時趨。二者本有相通之道，倘能擺
脫漢宋窠臼，以求周孔之眞，則顏李之躬行實踐，未嘗不可與公羊大義合拍
也」〔註29〕。一言以蔽之，戴望可謂兼采眾家，流於駁雜，其宗旨終歸於經
世致用的社會關懷。

　　反觀錢穆先生的論析，「激於時病」，「逐於時趨」，寫至此處，他已看到
戴望既尊公羊又採顏李的契機皆與「時」有關，距揭示戴之治學宗旨僅一步
之遙。不過他卻未能深究下去，而是歸因於戴學識有限，終不能窺清其內心
世界之關懷，爲自己亦給後人留下一個未解的疑問。

　　走筆至此，不妨再看一段戴之好友姚諶〔註30〕對其學行的評價：

　　　子高幼時即窮力爲文章，其立言大旨必通乎經而期適於用。已乃稍
　　　變爲訓故之學，已又治宋儒者言，已又習爲習齋、恕谷之説。蓋自
　　　始學以至於今數變易矣，而大旨期於有用。〔註31〕

「大旨期於有用」，此評價似甚恰當。

〔註27〕劉師培：《戴望傳》，《劉師培全集》第三冊，中共中央黨校出版社1997年版，
　　　　第634頁。
〔註28〕在考察戴望學術宗旨，另有一因素不得不考慮，即：戴僅得中歲，個人學術
　　　　尚處於形成時期，並未定型，故套用學術研究中劃分派系之習慣作法來審視
　　　　戴望，略顯圓鑿方枘。
〔註29〕蕭一山：《今文學運動與東西文化之輸入》，《清代通史》卷下，中華書局1986
　　　　年版，第1810頁。
〔註30〕姚諶，字子展，浙江歸安人，素博聞強識，與戴望最善。去世時年僅三十，
　　　　止存《景詹闇遺文》二卷。
〔註31〕姚諶：《贈戴子高敘》，《景詹闇遺文》，宣統三年（1911）歸安陸氏校刊本，
　　　　第22頁。

三、「常州端緒」與「戴學源頭」：《顏氏學記》中的兩則論斷

《顏氏學記》之編撰，正是戴望「大旨期於有用」宗旨的一次踐履。

回顧以往學人對《顏氏學記》之研究，有一細節頗易被忽略：即戴望接觸顏李書籍的時間並不連貫。戴於序言中對該問題已有交待：「望年十四，於敝簏得先五世祖又曾公所藏顏先生書」〔註 32〕，該書乃李塨所贈。「望讀而好之，顧亟欲聞顏李本末」〔註 33〕。而其友程履正亦藏有顏李書，「始驚歎以爲顏李之學，周公孔子之道也」〔註 34〕。不過此時二人所能見顏李著作，僅有《存學編》、「李先生《論語》、《大學》、《中庸傳注》、《傳注問》及《集》」〔註 35〕，故戴對顏李學之瞭解十分有限。加之中經喪亂，「鄉所得書盡毀。履正居父喪以毀卒。每舉顏李姓氏，則人無知者」〔註 36〕。戴從而失去了論學益友及相關著作，不得不將研治顏李學一事暫時擱置。這一放就是十年，「中更習爲詞賦家言、形聲訓故校讎之學。丁巳（1857 年）後得從陳方正、宋大令二先生遊，始治西漢儒說，由是以窺聖人之微言，七十子之大義，益歎顏先生當舊學久湮，奮然欲追復三代教學成法，比於親見聖人，何多讓焉！」〔註 37〕直到戊辰春（1867 年），其好友趙之謙於京師喬氏書目中發現顏李書籍，趙「攜書歸，馳傳達金陵。望既復全見顏氏書，而李氏書雖頗放失，視舊藏爲備。於是卒條次爲書，自易直剛主外，昆繩、啓生皆有遺書可考。惟李毅武以下無有，則記其名氏事實爲《顏李弟子傳》附其末。書成，命曰《顏氏學記》，凡十卷」〔註 38〕。易言之，戴望得以全面系統地閱讀顏李著作已是 1867～1868 年之交。其間他的治學路徑屢有更叠，不過歸於實用的宗旨已確定下來。故此時戴望編撰《顏氏學記》，並非某些學者所言這僅是一部抄錄性質的顏李學派資料彙編，而應是戴憑己意取其有用，棄其無用，集中體現顏李學派經世致用精神並烙有深深戴氏印記的一部學案體著作。而所謂的「戴氏印記」，指戴望於書中所附的一些論斷，看似蜻蜓點水，漫不經心，卻含有其獨特的思考與學術意蘊。篇幅所限，本文僅擇取最具代表性的兩則，加以剖析。

〔註 32〕戴望：《顏氏學記序》，《顏氏學記》，中華書局 1958 年 12 月版，第 3 頁。
〔註 33〕戴望：《顏氏學記序》，《顏氏學記》，中華書局 1958 年 12 月版，第 3 頁。
〔註 34〕戴望：《顏氏學記序》，《顏氏學記》，中華書局 1958 年 12 月版，第 3 頁。
〔註 35〕戴望：《顏氏學記序》，《顏氏學記》，中華書局 1958 年 12 月版，第 3 頁。
〔註 36〕戴望：《顏氏學記序》，《顏氏學記》，中華書局 1958 年 12 月版，第 3 頁。
〔註 37〕戴望：《顏氏學記序》，《顏氏學記》，中華書局 1958 年 12 月版，第 3 頁。
〔註 38〕戴望：《顏氏學記序》，《顏氏學記》，中華書局 1958 年 12 月版，第 3～4 頁。

　　一則是談顏李學與常州今文經學之關聯。在卷十《顏李弟子錄》述及惲皋聞時，戴氏於最後留有這麼一段話：

> 皋聞於經長《毛詩》，所著《詩說》以毛、鄭爲宗，不涉後儒曲說。
> 晚歸常州，爲一鄉祭酒，故家子弟多從之遊。莊兵備柱尤重其篤行，
> 勉其群從，必以皋聞爲法。其後常州問學之盛爲天下首，溯其端緒，
> 蓋自皋聞云。〔註39〕

　　雖僅寥寥幾句，戴望卻道出一個觀點：顏李學實乃清中後期常州今文經學之端緒。考慮到戴曾師從莊存與外甥宋翔鳳研治今文經學，故其論斷似並非憑空杜撰，當言之有據。而對惲皋聞之學行作一簡要考察，亦能從中尋得些許線索。惲鶴生（1662～1741）〔註40〕，字皋聞，晚號誠翁，常州武進人。惲早期治學，先喜禪宗，後信陽明，再尊程朱，「年四十，頗厭俗學卑陋，始有志上達」〔註41〕，從友人謝野臣處知北方有顏李之學，故心嚮往之。不過直到康熙五十三年（1714 年），惲鶴生才得以赴蠡縣與李塨相見，「握手快談三日夜，恨相見晚」〔註42〕。此時顏元已歿，故惲乃顏私淑弟子。對於惲鶴生，李塨頗爲看重，「天下良友，惟皋聞、靈皋（即方苞）」〔註43〕，李也將傳承顏李學之大業，託付於惲，「習齋之學，一傳而得先生，再傳而得惲皋聞。……（惲）南居，日以顏李之學告人。今天下無慮口中津津顏李之學者，

〔註39〕　戴望：《顏氏學記序》，《顏氏學記》，中華書局 1958 年 12 月版，第 262 頁。
　　　　　戴氏該觀點在同友人書信往來中亦有體現：「保定爲顏習齋、李剛主之鄉。此二公在國初論學者與宋儒異趣。剛主與毗陵惲皋聞先生爲莫逆交。莊侍郎之父兵備公諱柱最重皋聞學行，戒其群從必以皋聞爲法。椎輪爲大路之始，則毗陵之學，其淵源始自顏李。」（《能靜居師友翰箚·致趙烈文》）
〔註40〕　關於惲之生卒年，絕大多數著作皆未提及，梁啓超更是認爲其「生卒年無考」（梁啓超：《實踐實用主義——顏習齋、李恕谷》，《中國近三百年學術史》，《飲冰室合集·專集之七十五》，中華書局 1989 年版，第 135 頁），不過高青蓮、王竹波根據惲氏著作《大學正業》中自序及跋語，推斷出惲當生於康熙元年（1662 年），卒於乾隆六年（1741）。（高青蓮、王竹波：《惲鶴生與顏李學派考略》，《華南師範大學學報（社會科學版）》2008 年第 6 期）筆者亦曾於國家圖書館讀過惲氏《大學正業》一書，其自序云：「乾隆丁巳（1737 年）初秋晉陵七十五翁惲鶴生識於金壇正學堂。」跋語曰：「先生諱鶴生，字皋聞，晚號誠翁，康熙戊子舉人，金壇縣學教諭，壽七十有九，」（惲鶴生：《大學正業》，武進惲氏宗祠 1912 年刻本）與高、王二人所言吻合，故筆者從其說。
〔註41〕　惲鶴生：《大學正業自序》，《大學正業》，武進惲氏宗祠 1912 年刻本。
〔註42〕　惲鶴生：《大學正業自序》，《大學正業》，武進惲氏宗祠 1912 年刻本。
〔註43〕　〔清〕馮辰、劉調贊撰、陳祖武點校：《李塨年譜》，中華書局 1988 年 9 月版，第 190 頁。

王昆繩、惲皐聞二先生之倡明居多」〔註44〕。

而惲鶴生南傳顏李學，又以常州爲主陣地。「如常州孫應榴，戊申寄其日記至，遙拜先生爲師，記載省躬改過，修德習藝之功甚密，力肩聖道，而日聞之皐聞。則皐聞傳道之功偉矣」〔註45〕。不過，惲晚居常州，與其日常來往最密切的當屬莊氏家族。據《毗陵莊氏增修族譜》記載，惲鶴生娶莊氏第十世莊胙之次女爲妻〔註46〕，故惲氏同莊家爲姻親，亦即同莊存與之父莊柱爲同輩〔註47〕，二人之間的學術往還自然不少，莊柱「必以皐聞爲法」也當在情理之中。問題在於：莊柱從皐聞處所學是否即顏李之學？以筆者目力所及，尚未見到能證明惲鶴生向莊氏提及顏李學的直接材料〔註48〕。不過，惲

〔註44〕　〔清〕馮辰、劉調贊撰、陳祖武點校：《李塨年譜》，中華書局1988年9月版，第198頁。

〔註45〕　〔清〕馮辰、劉調贊撰、陳祖武點校：《李塨年譜》，中華書局1988年9月版，第198頁。

〔註46〕　「十世　胙行四，字錫公，郡庠生，入太學。……女三，長適董大儒庠生，次適惲鶴生，康熙戊子舉人，金壇教諭，三適丹陽張發祖，康熙壬子舉人，直隸濬縣知縣。生於崇禎丙子二月初二日，卒於康熙甲戌八月二十五日。」（莊壽承等修：《毗陵莊氏增修族譜》（32卷）卷三，清光緒元年（1875年）刻本，第20頁）

〔註47〕　「十一世　柱行五，字書石，號南村，康熙庚子鄉魁，考授內閣中書，雍正丁未進士，翰林院庶吉士。特簡順天大興縣知縣。歷任浙江溫州知府，溫處兵備道副使。誥授中憲大夫。誥贈光祿大夫、禮部左侍郎。……生於庚午十一月二十二日，卒於乾隆己卯六月初八日，壽七十。」（莊壽承等修：《毗陵莊氏增修族譜》（32卷）卷十，清光緒元年（1875年）刻本，第20頁）對於莊柱生平，《武進陽湖縣合志》中亦有記載：「莊柱，字書石，雍正丁未進士，改翰林院庶吉士，特旨選知大興縣。京邑七年，潔廉愛民，庶事修舉，羊草腳費，胥吏藉以擾民，請戶部移奉宸苑辦理，弊遂除。其他陰德尤多。擢知溫州府，平反冤獄，詰正宿訟，以恕御屬吏而嚴課民事，正鹽筴，省魚稅，定額租，歲饑以數事請上官，首任海運官粟六萬餘石，又設法採買並借鄰近倉穀，平糶煮賑，民賴以甦。將去任，期不十日，時值封篆，不事嚴鞫而伸誣良，斃命冤獄，奸徒伏法。其慈惠廉察類如此。遷海防兵備道，築尖塔二山海口，閱四月功竣，而民不勞。練於政事，口不言能敏，於文辭書翰不求人之名之也。年五十而引疾歸，平生力學篤行，持躬如執玉，未嘗蹈非正之地，談委巷之語，無疾言遽色，雖橫逆至夷然也。」（清孫琬、王德茂修，李兆洛、周儀暐纂：《人物志·宦績》，《武進陽湖縣合志》（36卷）卷二十四，清道光23年（1843年）尊經閣藏版，第92～93頁）

〔註48〕　奇怪的是，在《武進陽湖縣合志》中，惲鶴生完全是一副漢學家的面貌：「惲鶴生，字皐聞，少師常熟錢陸燦，工詩古文詞，後交蠡縣李塨，復研究經學，其所著述，經術獨多。康熙舉人，官金壇學教諭，卒年七十有九。」（清孫琬、王德茂修，李兆洛、周儀暐纂：《人物志·文學》，《武進陽湖縣合志》（36卷）

氏晚年南返歸鄉，不僅是頤養天年，更肩負著傳播顏李學之重任，而莊氏作爲常州望族和至友姻親，理應成爲其傳播的重點對象。故依此邏輯，莊柱當從惲鶴生處對顏李學有一定瞭解，亦如艾爾曼先生所言：「莊柱信奉程朱學說的同時，認識到顏元學說的價值」〔註49〕。作爲莊柱之子，莊存與少時應能從父輩口中聞知顏李學說。

莊存與之經學，是通過對常州地區各種學術流派兼收並蓄、先因後創而成，惲氏學說只是其中一種〔註50〕，而戴望認爲「毗陵之學，其淵源始自顏李」，不免有誇大之嫌。不過顏李學雖與今文經學絕然不同，但在批判理學迂腐、發揚經世致用方面，卻有著相通甚至類似之處，故戴望有意放大顏李學在常州今文經學興起時的作用，其目的在於爲其提倡這兩種學說尋求正當的學理基礎。因爲無論戴是站在今文經學的立場上來維護顏李學，抑或是從顏李學的角度去表彰今文經學，其極力打通二者間學術關聯之舉，既是出於宣傳其學術宗旨的考慮，亦有欲憑顏李學、今文經學之聯手來謀取更多學術話語權的意圖。行文至此，戴之苦心孤詣似已昭然若揭了。

另一則涉及顏李學與戴震學的淵源問題。在《處士顏先生元》一文中，戴望在論述完顏元性理之說後，寫道：

乾隆中戴吉士震作《孟子緒言》，始本先生此說言性而暢發其旨。

〔註51〕

就是如此短短一句，竟在民國引發了一場不小的學術公案〔註52〕。平心

卷二十六，清道光23年（1843年）尊經閣藏版，第35頁）由此知後人對其學行已不甚瞭解，亦折射出顏李學在清中期無人問津的命運。

〔註49〕 〔美〕艾爾曼著，趙剛譯：《經學、政治和宗族——中華帝國晚期常州今文學派研究》，江蘇人民出版社1998年3月版，第64頁。

〔註50〕 王裕明先生認爲，「莊存與家學思想爲其經學研究提供了基礎，這種家學思想不僅包括莊氏，而且應當還包括與之有姻親關係的錢氏、唐氏、惲氏等常州各種經學流派的思想。莊存與兼收並蓄形成了自己的經學思想。」（王裕明：《莊存與經學思想淵源簡論》，《學海》1999年第4期）

〔註51〕 戴望：《處士顏先生元》，《顏氏學記》，中華書局1958年12月版，第4頁。

〔註52〕 梁啟超認爲「子高說戴東原作《孟子緒言》，其論性本自習齋，最爲有識。」（梁啟超：《中國近三百年學術史》，《飲冰室合集·專集之七十五》，中華書局1989年版，第136～137頁）胡適亦持同樣論調：「我深信東原的思想，有一部分是受顏李學派影響而成。」（胡適：《胡適全集》第八卷，安徽教育出版社2003年版，第137頁）與梁、胡形成鮮明對比，錢穆則力排此說：「梁、胡所言皆無確證。必謂東原思想淵源顏、李者，爲東原攻擊宋儒言理及氣質之性諸端，顏、李皆已先及。然顏、李同時尚有浙東一派，其持論亦多與顏、李相通，何

而論，顏李學的某些主張確有同戴震學頗爲相似之處。如對「理」字的解釋，李塨認爲：

> 《中庸》文理，與《孟子》條理，同言道秩然有條，猶玉有脈理，地有分理也。《易》曰：「窮理盡性以至於命」；理見於事，性具於心，命出於天，亦條理之義也。〔註53〕

> 夫事有條理曰理，即在事中。今曰理在事上，是理別爲一物矣。天事曰天理，人事曰人理，物事曰物理。《詩曰》：有物有則。離事物何所爲理乎？〔註54〕

戴震曰：

> 理者，察之幾微必區以別之名也；是故謂之分理；在物之質，曰肌理，曰腠理，曰文理；得其分則有條而不紊，謂之條理。〔註55〕

　　兩相比照，無論是對「理」的類別劃分，抑或論「理」的內在邏輯，皆有相通之處，很難以巧合來解釋。

　　再如對宋明理學之理欲觀所造成的社會危害，顏李學、戴震學的各自論斷頗給人一種前後相繼之印象。顏元認爲不管「朱學」還是「王學」，皆爲「以學術殺人」之工具：

> 吾嘗見宗王子者指朱子爲門外漢，吾不與之深談，其意中尊王而詆朱，未必不如是也。噫！果熄王學而朱學獨行，不殺人耶！果熄朱學而獨行王學，不殺人耶？今天下百里無一士，千里無一賢，朝無政事，野無善俗，生民淪喪，誰執其咎耶？吾每一思斯世斯民，輒

嘗不足爲戴學啟先？東原論性本與陽明相近，梨洲爲陳乾初一傳，尤不啻戴學之縮影……」（錢穆：《國學概論》，商務印書館 1997 年 7 月版，第 278 頁）在之後的《中國近三百年學術史》中，錢氏再有發微：「今考東原思想最要者，一曰自然與必然之辨，一曰理欲之辨，此二者，雖足與顏、李之說相通，而未必爲承襲。至從古訓中明義理，明與習齋精神大背。若徒以兩家均斥程朱，謂其淵源所自，則誣也。至辨本體，辨理氣，辨性與才質異同，自明儒已多論及，東原不必定得其說於顏、李。其訓『義理』、『天理』字爲條理，則東原治古訓，宜可自得。」（錢穆：《中國近三百年學術史》（上冊），商務印書館 1997 年 8 月版，第 392 頁）由於該公案牽涉頗廣，諸位學者捲入其中，且與本章無直接關聯，故對此問題，筆者當於第四章中詳加考察。
〔註53〕李塨：《傳注問》，《顏李叢書》，四存學會 1923 年鉛印本。
〔註54〕李塨：《傳注問》，《顏李叢書》，四存學會 1923 年鉛印本。
〔註55〕戴震：《孟子字義疏證·理》卷上，《戴震全書》第六冊，黃山書社 1995 年 10月版，第 151 頁。

為淚下！〔註56〕

李塨亦秉承師說，曰：

自宋有道學一派，教曰存誠明理，而其流每不明不誠，何故者？高坐而談性天，捕風捉影，纂章句語錄，而於兵農禮樂、官職地理、人士沿革諸實事，概棄擲為粗迹，惟窮理是文，離事言理，又無質據，且認理自強，遂好武斷。〔註57〕

戴震則徑直指出，程、朱這種「存天理、滅人欲」的觀念所導致的最終結果便是「以理殺人」：

尊者以理責卑，長者以理責幼，貴者以理責賤，雖失，謂之順；卑者、幼者、賤者以理爭之，雖得，謂之逆。於是下之人不能以天之之同情、天下所同欲達之於上；上以理責其下，而在下之罪，人人不勝指數。人死於法，猶有憐之者；死於理，其誰憐之？嗚呼！〔註58〕

從「以學術殺人」到「認理自強」，再至「以理殺人」，他們對宋明理學的批判逐漸深入，似有一條精神潛流在其間流淌，故若用「閉門造車，出門合轍」加以解說，頗為勉強。因此有學者指出，從思想史的角度審視，即使戴震沒有直接通過顏李後學獲知顏李學說，當亦通過其他渠道對其主張有所瞭解，並將此作為自己「新理學」的思想資源之一〔註59〕。

當然，戴望本人對戴震學甚為推崇，這一點亦至關重要。如《論語‧憲問》中「冉求之藝，文之以禮樂，亦可以為成人矣」一句，戴注曰：「文之，猶言經緯之。經以禮，緯以樂。人受性於天，不可變易，才以性殊，則德殊。聖人製禮樂，使人各盡其才，就其德，以善其性。故自大叔曰：人之能自曲直，以赴禮者謂之成人，成者，德就不可易也」〔註60〕。這同戴震以孟子性善論為闡發人性基調的做法，十分近似，可視為其對戴震「新理學」的繼承。

〔註56〕顏元著，王星賢、張芥塵、郭徵點校：《閱張氏王學質疑評》，《習齋記餘》卷六，《顏元集》（下），中華書局1987年6月版，第494頁。

〔註57〕李塨：《惲氏族譜序》，《恕谷後集》卷二，中華書局1985年版，第19頁。

〔註58〕戴震：《孟子字義疏證》卷上，《戴震全書》第六冊，黃山書社1995年10月版，第161頁。

〔註59〕臺灣學者丘為君先生認為，「戴東原的『哲學』，是一種融合了顏李學派的『新哲學』和顧炎武『新方法』的產物。」（丘為君：《戴震學的形成——知識論述在近代中國的誕生》，新星出版社2006年5月版，第146頁）

〔註60〕戴望：《憲問十四》，《戴氏論語注》，清同治十年（1871年）刻本，第2頁。

著書立說之外，戴望還同友人就戴震之義理學進行反覆辯難，這在《復堂日記》中多有記錄：

> 子高前日有一書與予，爭東原爲本朝儒者第一。予不答。此事非一人私言，予故品東原爲第二流之高者。〔註61〕

> 邇日與子高辯。東原雖博大，不得爲第一流，而子高顧篤信其《原善》、《孟子字義疏證》，附和前哲，必推爲集大成之賢。其與升朱熹爲十哲之見相去幾何？〔註62〕

> 閱《漢學師承記》。予嘗取《學海堂經解》別擇爲《國朝經義表》，暇更當撰《國朝經師別傳》以正其失，在阮伯元、江藩之後出者皆在焉。憾此事無可商定，中白、子高皆奉戴震爲圭臬者，與予異趣，其他更無論矣。〔註63〕

譚獻本有其學術立場，戴望強與之辨，自然是不歡而散〔註64〕。不過透過這些記載，亦可看出其對戴震學服膺之深。

要之，戴望認爲戴震學本自顏李之學，雖無確鑿證據，但就學術思想內在理路的遞嬗而言，確有其合理性，這恰是戴別具隻眼之處。當然，毋須諱

〔註61〕 譚獻：《復堂日記》，河北教育出版社2001年1月版，第4頁。
〔註62〕 譚獻：《復堂日記》，河北教育出版社2001年1月版，第214頁。
〔註63〕 譚獻：《復堂日記》，河北教育出版社2001年1月版，第216頁。
〔註64〕 譚獻曾據個人的學術觀點草擬《師儒表》一篇，對清代諸儒一一歸類排序，僅將戴震置入經師（江愼修先生，一傳：戴東原氏，再傳：段懋堂氏、金榮之〔齋〕氏，三傳：陳碩父氏，四傳：戴望子高，同學：胡竹村氏、胡墨莊氏，別出：凌仲子氏、程讓堂氏）和聲韻之學（開山：顧亭林先生，大宗：江愼修先生，一傳：戴東原氏，再傳：段懋堂氏，別出：羅臺山氏，段學：嚴鼎臣徐卿，正宗：孔撝約先生，劉申受先生，姚文僖公，集成：龍翰臣氏）中，戴望閱後甚爲不滿，致函譚氏，爲戴震辨誣，其中有云：「東原之學，雖出江氏，而未嘗師事。……至其《原善》及《孟子微言》，天人之故，經之大訓萃焉。是以段大令、孔檢討、洪舍人、江徵君推之於前，焦孝廉宗之於後。汪拔貢亦言國朝儒者顧、閻、梅、胡、惠、江接二千年沉淪之緒，而東原集其大成，爲定大儒七人，通人十九，以詔來學，東原與焉。段大令則稱其學貫天人；孔檢討則憾其崇闡漢學，而不終其志而歿；洪舍人則謂欲明察於人論庶物之理，必自戴氏始；江徵君則以能衞東原者爲衞道之儒；焦孝廉則謂其疏性道天命之名，如昏得朗。諸君子皆非漫然無學術者，而交口稱之，且再三稱之。足下何見乃欲置之第二流，而以愼修爲過之。江戴相等，猶之可也；乃使之一居上上，一居上中，豈以其名高而有意抑之乎？其意見可謂重矣。」（張舜徽：《譚獻友朋書箚》，《愛晚廬隨筆》，華中師範大學出版社2005年12月版，第212～213頁。）這不啻爲戴望的《申戴篇》。

言的是，戴望強調戴震學與顏李學之間的學術淵源，是因他認識到二者皆與宋明理學旨趣迥異且深排詆之，正符合其革除時弊、改良學風的目的，故對兩種學說深入開鑿，梳理出彼此的源流關係。由此看來，戴望既藉此爭學術正統，又希望能宣傳經世主張，此舉之意圖頗深，只惜並未在《學記》中充分展開，顯得多少有些隱晦〔註65〕。

畢竟戴望身處內憂益劇，外患日亟的晚清社會，他選擇以「大旨期於有用」爲治學宗旨，自然不可能對顏李學全盤吸收，而是有所揚棄。除去挖掘顏李學與其他經世學說之間的淵源之外，戴望還按個人意願對顏李學派的著作進行了刪改。顏元之政治構想，是復封建、行井田，回歸到三代理想社會，其復古色彩極爲濃厚。戴望對此類主張不能苟同。在他看來，「寓封建之意於郡縣」實際上「是不度乎今古之宜而言之也」，「故井田壞而封建之制不可行，郡縣分而世之官不可設，大法非合數聖人之才不能易，大弊非合數賢人之議不能除」〔註66〕。也基於該觀點，戴氏對顏氏著作中相關復古主張大加刪改。如刪去了顏元《存治編》中的《王道》、《井田》、《治賦》、《八陣圖說》、《學校》、《封建》、《宮刑》諸篇，又將《存學編》中《明親》篇的「張子教人以禮而期行井田，雖未舉用而其志可尙矣」一句刪掉。還將李塨《存治編·書後》中「桴亭《封建傳賢不傳子》，蓋郡縣久任也，似有當」一句中的「似有當」三字刪掉。另外，在《存學編·性理評》中有「惟橫渠之志行井田，教人以禮，爲得孔孟正宗」一句，戴氏改作「惟橫渠爲近孔門學教」。

同時，戴望還就顏元反對著書作文的看法提出異議，他認爲：

昔顏習齋氏謂詩、文、字、畫爲天下四蠹，其徒李剛主嘗述以告學

<hr>

〔註65〕在《處士顏先生元》一文的末尾，戴望有一段議論，頗能體現其對程朱理學的看法：「夫不究其言之始終，而唯震於程朱之名，囿於元明以來之功令，並孔孟之言而反之，則其所詆者非詆先生，乃詆聖言也。且群經教學成法，昭昭具在，亦何嘗教人以性爲先，以靜坐讀書爲學功哉！而後人以習行爲難，且於古經之稍近奧賾者亦不欲讀，惟日奉《小學》《近思錄》《章句》《集注》《綱目》《語類》等書，齊之《六經》之列，童而習之，先入爲主，莫知其非。其視先生之學，欲復聖門舊章，則相顧卻走而不前者其宜矣。彼偏言偏行詭薄儇忮之徒，相率冒爲程朱之學，而無識者從而和之，使程朱生於今日，其許之乎？其必黜夫偏言偏行，而許先生爲諍友，可斷斷無疑也。」（戴望：《處士顏先生元》，《顏氏學記》，中華書局1958年12月版，第5頁。）這說明戴並不完全排斥程朱理學，而是不滿後世對其學說的誤解彎曲所造成的流弊。

〔註66〕戴望：《顏職方〈郡縣論〉駁議》，《謫麐堂遺集》卷一，清光緒元年（1875）刻本，第7～8頁。

者。予謂習齋殆亦有爲言之字與畫，誠不足用士。不能詩文，則操翰不足以達意，鄙倍之害中之矣。能爲之而不陷溺乎，是乃大勇耳。世人苟簡目不知書者，相率效五七字，吟哦以爲執業，復有一二巨子爲之簧鼓，浮薄之俗，高自標置，以爲吾詩人也。嗚呼！豈知天下民心風俗之壞皆若輩，爲詩人兆之乎。此習齋雖欲不謂之蠹不可得也。予自束髮出遊，遇人以詩篇充羔雁之投者，盈千累萬，輒棄去不欲視以爲俗習之一，乃今觀於貞甫之詩則不然。貞甫固將家子，具文武才，能左右射，技擊營陳，靡不習，而於天文、律呂、曆象及太乙、壬遁諸術尤精。貞甫固爲有用之學者，詩蓋其餘事。故其造語命意。有勃然不可遏之氣行乎其間，非猶夫世俗士之爲詩矣。

〔註67〕

　　較之顏元，戴望對於著述持相對客觀的態度。也正此因，戴氏將顏元行文中的「訓詁」一詞統統改成「章句」。

　　由上可知，戴望對顏李著作的刪改並非任意爲之，實乃時代環境使然。爲了更好地達到倡導經世致用之效果，戴氏必須對顏李學進行一番改造，擇其適者，去其不適者。

第二節　贊同、批評與排詆：《顏氏學記》之回響

一、贊同：對顏李學之認可與改造

　　晚清學人們因學術立場與政治訴求之不同，對顏李學的看法亦隨之引發較大歧異與爭論。以往研究者將該現象稱爲「尊顏與反顏之爭」〔註68〕，即對於顏李學，尊奉者過分推崇，反對者則徹底否定，故晚清學人間對顏李學

〔註67〕戴望：《書楊貞甫詩卷》，《謫麐堂遺集》卷二，清光緒元年（1875）刻本，第21～22頁。

〔註68〕相關研究可參見宋立卿、解成：《顏元思想在近代中國的命運》（收錄於《河北史學會通訊·全國顏元李塨學術思想討論會專號》，河北史學會主辦 1987年版）、解成：《近代中國對顏元形象的兩次改造》（《河北學刊》1988年第1期）、陳居淵：《略論晚清學術界的尊顏與反顏之爭》（《河北學刊》1997年第1期）、朱義祿：《顏元李塨評傳》第八章《顏李學派的影響及其歷史地位》（南京大學出版社 2006年7月版）及崔文翰：《晚清士人對顏李學派的評價：以程朝儀〈顏學辯〉爲例》，胡春惠、彭明輝主編：《「近代中國與世界的變遷」學術研討會議論文集》，香港珠海書院 2006年6月出版。

的評價呈現出難以折中調和的態勢。應當說，以上說法幾乎已成為目前學界
對於晚清顏李學復興情形的一種共識。用「尊顏」與「反顏」的二元對立分
析模式來研究晚清顏李學，確能清晰揭示出對立與爭議的一面，然而，這種
模式自有其弊端所在：一是於「尊顏」與「反顏」之外，其實當時還有一些
看法相對較為平允，並未流於偏激，但在二元對立分析模式之下，常易被人
忽略；二是以往學人在探討「尊顏」與「反顏」時，常常因人分派，將某某
置於「尊」或「反」陣營當中。然而學人對於顏李學的看法，有的既有認可
又有批評，有的因學術立場的轉換和時代背景的更迭而改變，所以這種劃分
法似不妥。要之，「尊顏」與「反顏」的分析模式不免有牽強之處。筆者綜合
考察晚清學人對顏李學的諸多評論，大致可分為贊同、批評與排詆三種態度。

贊同，顧名思義，即學人對《顏氏學記》及顏李學持認同的態度。究其
原因，又可分為如下三種情形。一是站立今文經學立場上表章顏李學，批判
宋明理學。這以戴望好友譚獻最為典型。譚獻學宗常州莊氏，認為莊存與「文
事深醇古厚，直接荀、董」〔註69〕，其著作《味經齋遺書》，「閎深博大，卒
不能得其涯涘。識之大賢，又高出諸經師上矣」〔註70〕。譚從友人孫詒讓那
裡看到《顏氏學記》後，認為顏李學在批判宋明理學方面與今文經學頗有相
契之處，故對其大加褒揚，指出「遺民如梨洲、亭林，故是祥麟威鳳，惟襲
宋人餘唾，亦多無用之言，有門戶之習；不若顏習齋、李剛主實踐樸學，折
衷六藝，為命世之儒也。王昆繩、劉繼莊推究世用，足為羽翼」〔註71〕。顏
李學派的著作「視宋人語錄純用方言俚語者，已絕勝矣。聖緒茫茫，無用之
言日出，晦盲否塞，誰為夜行之燭？顏先生射以枉矢，力破群迷，恕谷、或
庵羽翼之。抑亦百世不惑者已！」〔註72〕二是認為顏李所提倡的習行實學可
視作力挽社會危機之資源，並能成為溝通中西學術的橋梁。該情況在晚清學
人中很是普遍。如保守士人葉德輝在重刊《顏氏學記》的跋語中寫道：「習齋
顏先生生明季水火之世，灼然見堯舜周孔之道，一一藏於事物，於是率其弟
子行孝弟存忠信，以講習乎六藝之事，於漢儒所謂實事求是者，洵乎無愧。
雖其再傳末流，或仍不免為風氣所囿，而先生立教之初，心則固不可一世矣。

〔註69〕譚獻：《復堂日記》，河北教育出版社 2001 年 1 月版，第 3 頁。
〔註70〕譚獻：《復堂日記》，河北教育出版社 2001 年 1 月版，第 44 頁。
〔註71〕譚獻：《復堂日記》，河北教育出版社 2001 年 1 月版，第 18 頁。
〔註72〕譚獻：《復堂日記》，河北教育出版社 2001 年 1 月版，第 91 頁。

今天下士氣窳惰而撰述之盛乃過於漢唐，識者謂有周末文勝之患，吾友李君雛才……復刊是書以告多士君之志。蓋欲以顏氏此書救今日之時弊，以挽一世之風氣」〔註73〕。維新思想家宋恕認爲「明季顏習齋先生，傷憤立教，復孔舊章，戒空勉實，六藝是課，許、鄭、朱、王，咸被貶議，雖或過當，良多中病。存禮出入百氏，不守一先生言，然心以顏氏教術最合洙泗。今西方諸國，競修政教，美舉時聞，新學日闢，遂使六書之用，讓廣於右行，三氏之化，避靈於天主，術士推其運隆，壯夫引爲己恥。然觀其學校之制，於顏先生之意爲近」〔註74〕。宋之友人孫寶瑄斷定顏李實學與西方科學實則相通，「習齋以爲，世間眞學問，不外天文、律曆、兵農、水火、禮樂諸有實用濟民事。蓋已窺見今日泰西學校之本。吾不意國初時竟有此種人物。」〔註75〕而劉師培更進一步，認定顏李之實學即西方自然科學，對此劉有專門論述：

> 習齋先生生長博野，地邇燕京，吾意先生壯年必親炙西士之門，備聞緒論。事雖失傳，然證以先生所學，則禮、樂、射、御、書、數外，並及水、火、工、虞。夫水、火、工、虞，取名雖本於虞廷，引緒實基於晳種。水學之用在於審勢辨形，徐氏著《水利新書》，其嚆矢也；火學之用於製器輔攻，南氏進紅衣之炮，其實證也；工學者備物利用之學也，今大秦遺墟工執事奇技競興，固未艾也；虞學者入山刊木之名也，今扶桑三島森林一科學列專門，猶可考也。先生生明代鼎革時，崇此四科，默契西法。用則施世，捨則傳徒，律以古今學術，則道藝並重，近墨遠儒。〔註76〕

三是出於反滿革命之需，將顏元、戴望塑造成前明遺民，抗清先驅。章太炎、劉師培乃其中代表。在章太炎看來，顏元「折竹爲刀，以勝劍客，磬控馳射，中六的也；當明室顚覆，東胡入帝，而不仕宦，蓋不忘乎光復者」〔註77〕。劉師培則將顏元、戴望二人一併塗上反清前驅的色彩。劉認爲顏元肆力六藝

〔註73〕葉德輝：《顏氏學記跋》，李雛才輯：《顏氏學記》光緒二十年（1894）湖南龍山白岩書院版。

〔註74〕胡珠生主編：《宋恕集》上，中華書局1993年2月版，第186頁。

〔註75〕孫寶瑄：《忘山廬日記》上，上海古籍出版社1983年版，第74頁。

〔註76〕劉師培：《並青雍豫顏門學案序》，《劉師培全集》第三冊，中共中央黨校出版社1997年版，第563頁。

〔註77〕章太炎：《顏學》，《訄書》重訂本第十一，《章太炎全集》第三冊，上海人民出版社1984年7月版，第151頁。

及水火兵農諸學,一個重要原因是「建夷宅夏非尙武、不克樹勳,思以武健之風轉易民俗,其旨與晳種藉民爲兵同」〔註 78〕。對於戴望,劉斷定其早有反清之志,「蓋先生晚懷勝國,有明季遺民之風,慨冠帶之沉淪,昭陽秋之直筆。尤嫉視湘軍諸將帥,方張汶祥刺馬新貽,先生適居金陵,聞其報,拍案稱善,目汶祥爲英傑。嗚呼!此可以觀先生之志矣!」〔註 79〕要之,諸位學人雖贊同顏李學,但皆基於自身學術或政治需要,對其進行了選擇性的倡揚與改造,故他們所言的顏李學,同該學說本身已有相當距離,這點不應忽視。

二、批評:對顏李學之學術檢討

較之於贊同諸說,對顏李學的批評意見則相對客觀。晚清時期能從學術角度對顏李學作出評騭的,當屬朱一新。朱認爲:

> 顏習齋以宋儒爲空虛無用,而欲以六府、三事,六德、六行、六藝矯之。動稱水火工虞,兵農禮樂,聆其名甚美,按其實則皆非也。《論語》一書爲六經之管轄,多言道而不言藝,論治道者備矣,而不甚言制度。蓋道者,千古莫易,制度則當隨時損益。藝亦古今不同,唐虞之世,以水火工虞命官者,水土初平,草昧未啓,烈山澤,馴鳥獸,皆聖人所有事,夏商即不聞以是爲教。時不同也。……《論語》言治國之道,敬信節愛,而何以敬,何以信,何以節用,何以愛人,條目亦不備詳。其他言治道者,大抵類此。此隨時變通之事,心知其意則千條萬轍,途徑不同而同歸於敬信節愛之旨。儒者之學所以可貴,宋儒窮理之所以不可廢,否則,後世胥吏之天下而已。

〔註 80〕

朱對顏李學之批評大致可概括爲三:一是「復古」立意雖高,但不切實用;二是「道」不可變而「藝」隨時損益;三是宋明理學不可廢棄。由此可知朱是站在宋明理學立場上審視顏李學,自然有維護理學的考慮,不過他認爲顏李借復古以倡習行的做法並不高明,確是直中其要害。當然,朱亦認爲顏李

〔註78〕 劉師培:《習齋學案序》,《劉師培全集》第三冊,中共中央黨校出版社 1997 年版,第 561 頁。

〔註79〕 劉師培:《戴望傳》,《劉師培全集》第三冊,中共中央黨校出版社 1997 年版,第 561 頁。

〔註80〕 朱一新:《答某生》,《佩弦齋雜存》卷上,順德龍氏葆眞堂光緒二十二年(1896)刻本。

有其可取之處，「至如顏、李之學，雖多偏駁……而氣象博大，皆非後來所及」〔註81〕。對於唐鑒《國朝學案小識》未收顏李二人的作法，朱認爲值得商榷，「故欲爲學案，則當仿《國史儒林傳》之例。漢學宋學各以類從。無論習齋、恕谷不當遺棄……途徑既分，得失自見也」〔註82〕。亦可見朱之評論較爲持允，並非意氣用事。同時，對於《顏氏學記》一書，朱認爲「第顏、李之書未見元本，今本乃戴子高所訂，恐未免以己意爲去取耳」〔註83〕。說明他已察覺《學記》中多有戴望刪改之處〔註84〕。

此外，筆者於國家圖書館古籍部發現兩部手批本冶城山館版《顏氏學記》，頗能體現當時一般士人對顏李學之認識。一本批點人爲吳履剛，江蘇金山人，清末舉人。對於研讀《學記》之緣起，吳於扉頁處記道：「閱《先正事略》及《學案小識》二書，知國初有顏李之學，恨覓其書不得。庚寅（1890）見於包子舟司訓齋□讀數十條，而愛之。辛卯（1891）秋托阮子寅□相覓於金陵，蒙購二部以贈，乃分其一贈顧復齋同年。九月二十日識」〔註85〕。總體而言，吳氏對於顏李學還是頗爲欣賞，如他讀罷《由道》、《明親》二篇，不禁歎曰：「以上二篇實足發明聖門正學，學者允宜深信而力行之」〔註86〕。不過吳履剛畢竟是深受宋明理學薰染的士人，故其對顏李學中部分激烈批判程朱的言論，自然無法苟同，他的這種反應很具代表性。在扉頁處吳就認爲顏李二人「以鄉三物解大學格物之物，以習事解論語首章，時習二者爲聖學正傳無疑，然以此補救程朱則可，若因而攻擊則非矣」〔註87〕。顏元曾認爲程頤「之理近佛」，他「於此徒歎學者之流於異端，而不知由己失孔子之教，亦不自反矣」〔註88〕。吳則指出顏「奚落宋儒未免太甚，然不去宋儒之說之

〔註81〕　朱一新：《無邪堂答問》，中華書局 2001 年版，第 209 頁。

〔註82〕　朱一新：《〈國朝學案小識〉書後》，《無邪堂答問》，中華書局 2001 年版，第 5頁。

〔註83〕　朱一新：《無邪堂答問》，中華書局 2001 年版，第 209 頁。

〔註84〕　無獨有偶，譚獻也感到戴望憑己意編輯《顏氏學記》，「習齋先生命世大儒，遺書散失，子高所輯亦多空論。竊意先生當日於六藝行習實迹必有次第規制，當日考訂必闊疏。若得大凡，而採近代疏通證明之言以裨益之，豈非不朽之盛事？惜乎，其不傳也！」（譚獻：《復堂日記》，河北教育出版社 2001 年 1月版，第 91 頁。）

〔註85〕　吳履剛：《顏氏學記》吳批本，光緒 17 年（1891），中國國家圖書館館藏。

〔註86〕　吳履剛：《顏氏學記》吳批本，光緒 17 年（1891），中國國家圖書館館藏。

〔註87〕　吳履剛：《顏氏學記》吳批本，光緒 17 年（1891），中國國家圖書館館藏。

〔註88〕　戴望編纂：《顏氏學記》，金陵冶城山館本，同治十年（1871），第 16 頁。

非，安見孔門之教之是，顏先生固亦出於不得已也。雖然程朱之立教洵稍異乎孔門，若其德行則固無可議也。安可輕視乎哉？」〔註89〕顏元還曾斷定宋元兩代由於理學籠罩，故無實用人才。吳針鋒相對地反駁：「試思元明二代皆尊崇程朱者，謂二代無一人材，可乎？」〔註90〕程朱理學並非一無是處，「以周禮之鄉三物注大學之格物，可謂的當。不解朱子亦曾採入小學，而注大學反忘之也。果能以此爲學，以此教人於以還孔門之道法而復三代之郅隆，豈不快哉？」〔註91〕而對於《存治篇》的主張，吳更是感覺不合時宜，寫道：「《存性》諸條以引蔽習染易程門氣質二字，使孔子性近習遠，孟子性無不善二說如一鼻孔出氣，洵屬不刊。惟《存治》僅採重徵舉、靖異端二條，已覺窒礙難行，其未採若干篇必更迂闊可知。若果施諸政事，擾民何疑。竊謂如先生者，宜任以安定先生之任，使之處於太學課士數年，成就人材必有可觀，若任他職，恐非所宜」〔註92〕。也正是基於此學術態度，吳認爲應將顏元著述作如下修改：

> 此卷可名《顏先生年譜纂要》，鄙意《四存編》亦宜如此，名《四存編纂要》，其《言行錄》、《闢異錄》中有與《四存》相發明者，可別作附錄一筆，而得罪程朱語必須多刪爲是。〔註93〕

與朱一新的判斷一致，吳也意識到《顏氏學記》並非顏李學說之單純摘錄，必定經過戴望的刪改，故他在戴氏序言後寫道：

> 戴君既全見顏氏書，何不各刻其原本，乃急急焉纂輯此書，刻以問世，從此顏氏之原書永不可見，亦後學之憾也。

> 序中言履正得《存學編》，慨然有開物成務之志，則《存學編》原本必然詳審精當，可以動人興趣之心，今何以只選《由道》、《明親》二篇，使天下後世從此不見其全，吾不能無憾於戴君。〔註94〕

在《學記》最後，吳還對李塨遭受好友方苞詆毀的這段學術公案提出看法，對李塨之遭遇深表同情：「顏李之學實接孔孟眞傳，有王者作取而頒諸學宮，三代之教可復也。竊意程朱復生，當亦許爲諍友，視宗陸王以攻程朱者，

〔註89〕 吳履剛：《顏氏學記》吳批本，光緒 17 年（1891），中國國家圖書館館藏。
〔註90〕 吳履剛：《顏氏學記》吳批本，光緒 17 年（1891），中國國家圖書館館藏。
〔註91〕 吳履剛：《顏氏學記》吳批本，光緒 17 年（1891），中國國家圖書館館藏。
〔註92〕 吳履剛：《顏氏學記》吳批本，光緒 17 年（1891），中國國家圖書館館藏。
〔註93〕 吳履剛：《顏氏學記》吳批本，光緒 17 年（1891），中國國家圖書館館藏。
〔註94〕 吳履剛：《顏氏學記》吳批本，光緒 17 年（1891），中國國家圖書館館藏。

奚嗇霄壤，望溪之必不肯從或亦束於功令耳。乃必阻其教。胥修史之征，果何意與且爲作墓誌而誣以書，改師傳，劉用可詆爲欺其死友，使望溪聞之，將何詞以自解？」〔註95〕

　　另一批本作者名爲希古淡人，生平暫不可考。其對研讀《學記》之緣起亦有記載：「青龍辛丑（1901年）秋，由金陵旋荆謁墓錄，出鄂渚，遇瀘水石府李孝廉，性爽朗，能讀□，有奇氣，與言投愜，遂定金蘭交。囑余購讀此記。及返梓白下時，已深秋矣。亟求是書而未果。得嗣經多日偶過書坊，始即獲之。出青蚨七千買以歸。嘉平中旬希古淡人識於姑胥中丞節署」〔註96〕。希古淡人對顏李學之評價與吳履剛多類似，即肯定其經世意義，認爲書中不少觀點「至爲切實中肯，深可鞭闢士人」，同時對其批判理學的主張提出辯解。如希古淡人認爲「《讀書纂注》有功於世，實非淺鮮，切不可以章句之微一概抹倒，無極太極理自精微，更不能以二氏目之也」〔註97〕。由此可知其學術立場仍根植於理學之中。

　　對顏李學持批評態度的另一種觀點則以章太炎爲代表，他認爲顏李學理論高度不足，未能與西方哲學並駕齊驅。西方哲學提倡形而上的理論思辨，而中國自古缺乏這種哲學思維習慣。章太炎以顏李學爲例，「獨恨其學在物，物物習之，而概念抽象之用少」〔註98〕。雖然顏李學派對程朱理學的批判有其時代價值與意義，但在哲學思辨上卻遠遠不及程朱等人。究其根源，即在於「滯於有形，而概念抽象之用少也」〔註99〕。章還特意比照西方，強調哲學思辨的價值：

　　　　觀今西方之哲學，不盠萬物爲當年效用，和以天倪，上酌其言，而
　　　　民亦沐浴膏澤。雖玄言理學，至於浮屠，未其無雲補也。用其不能
　　　　實事求是，而憪理紊紛者多，又人人習爲是言，方什伯於三物，是
　　　　故文實顛償，國以削弱。今即有百人從事於三物，其一二則以愛智

〔註95〕吳履剛：《顏氏學記》吳批本，光緒17年（1891），中國國家圖書館館藏。
〔註96〕希古淡人：《顏氏學記》希古淡人批本，光緒27年（1901），中國國家圖書館館藏。
〔註97〕希古淡人：《顏氏學記》希古淡人批本，光緒27年（1901），中國國家圖書館館藏。
〔註98〕章太炎：《顏學》，《訄書》重訂本第十一，《章太炎全集》第三冊，上海人民出版社1984年7月版，第151頁。
〔註99〕章太炎：《顏學》，《訄書》重訂本第十一，《章太炎全集》第三冊，上海人民出版社1984年7月版，第152頁。

> 爲空言，言必求是，人之齊量，學之同律，既得矣！雖無用者，方
> 以冥冥膏澤人事，何滯迹之有？〔註100〕

是故顏元當時僅僅看到明末清初士林學風浮躁，文辭靡靡，於是倡導三事三
物之習性經濟，卻忽視了對自身學說體系的理論建構，原因就在於「不知概
念抽象則然也」〔註101〕。或許也正出於此因，章太炎本來將顏元視作與荀子
同等的大儒〔註102〕，辛亥之後，便不再堅持此說法〔註103〕。

三、排詆：對顏李學之仇視與攻擊

如果說贊同、批評兩種態度還基本屬於學術爭鳴範疇，那持排詆態度者
的看法則完全囿於門戶之見，對顏李學進行惡毒攻擊，程朝儀〔註104〕的《顏
學辯》即其中之代表作〔註105〕。《顏學辯》共四冊八卷，一至三卷述顏元，四
至七卷談李塨，第八卷評顏李學派的其餘弟子。全書仿照《顏氏學記》學案
體的編纂方式，對其內容一一進行駁斥。對於該書撰寫之緣起，程氏言：

> 國初有顏元者，陽託周禮鄉三物之說以立教，而陰祖王氏學以詆宋
> 儒，其心術至不可問。幸其老死牖下，未獲出而禍斯民。近有戴望
> 者，取其說及其流派之書，合刻爲顏學十記（筆者按：應爲《顏氏
> 學記》）以售世，學者不知而誤入焉。鮮不爲人心世道之憂者。……
> 且元生而微賤，甲申之歲一童騃耳，何所眷眷於勝朝而言論間苦爲
> 故明抱無窮之憾？蓋非是無以甚東林之罪，而又藉以結豪俠而深其
> 陰險之謀，此非特吾道之蠹，實本朝之蠹賊，已蒙既非其學，重惡

〔註100〕章太炎：《顏學》，《訄書》重訂本第十一，《章太炎全集》第三冊，上海人民
出版社 1984 年 7 月版，第 153 頁。

〔註101〕章太炎：《顏學》，《訄書》重訂本第十一，《章太炎全集》第三冊，上海人民
出版社 1984 年 7 月版，第 153 頁。

〔註102〕章太炎在《顏學》中寫道：「自荀卿而後，顏氏則可謂大儒矣。」（章太炎：《顏
學》，《訄書》重訂本第十一，《章太炎全集》第三冊，上海人民出版社 1984
年 7 月版，第 153 頁）

〔註103〕翻檢刊佈於 1914 年的《檢論》中的《正顏》篇，則會發現章已刪掉了先前《顏
學》中的說法。

〔註104〕程朝儀（1833～1909），字仲威，號抑齋，安徽黟縣人。曾主講於安徽六安賡
颺書院、存古學堂。著有《顏學辯》八卷、《四書改錯改》四十卷、《論孟雜
說辨》四卷、《逸士吟》一卷、《抑齋箚記》二卷及《槐窗隨筆》二卷等。

〔註105〕由於香港中文大學的崔文翰博士已有專文對該書進行研究，故本文不再展開
詳論，僅就程氏的編撰動機、論說特點做一簡述。

其人，輒就被說之尤悖者，條辯之，間附吾友湯南田（作霖）說，
閱歲而畢，即名之曰《顏學辯》。豈敢以辟邪自任，亦庶幾不背聖人
之徒云爾。〔註106〕

程氏信篤程朱理學，自然視顏李學如大敵，不過程卻不具備朱一新那樣的學
術涵養，未能以學術立場來考量顏李學，而是逞一時意氣，其言論多流於謾
罵與污蔑。如談到顏李學之淵源，程認爲「元之學名崇六藝，實重射御，蓋
陰宗王安石之說，而緣飾以《周禮》，其意亦同。第自詫爲開闢來之一人，故
隱祖之而陽諱之」〔註107〕。而在程眼中，王氏新學不啻是歪理邪說，顏元「其
學術隱祖王安石，而其心術則狗彘之不若者，儒其名而猾其實，學者慎毋爲
所愚可也」〔註108〕。既然顏元隱宗王氏學，那其目的何在？程氏竟毫無根據
地認定：

元學宗安石，此下數段專詆龜山，益知其意主攻東林，蓋自蔡京等
以繼述爲名挾安石以排元祐黨人，立王氏學，封之爲舒王，配享孔
子廟，經龜山疏論而安石遂降從祀，理宗時並停從祀。其端自龜山
發之，史稱龜山論列之大爲。鬪王氏經學，排靖康和議，使邪說不
得作。而元乃肆情醜詆，一爲其鬪王學，一則以龜山解官南旋僑寓
於東林，與諸賢講學者十有八年，是龜山者，東林之主也。故攻之
不遺餘力，意以吾能伺機其宗祖，則其後之善繼善述者，皆在一網
打盡中，其立意甚深，其用心甚險，此眞小人之尤者，使生天啓崇
禎時，爲魏閹羣之爪牙，不知如何搏噬，籲可畏哉！〔註109〕

實際上只要翻檢顏元著作，就會發現他雖然同情王安石之遭遇，但並未
對王氏新學多做發揮。而對於東林黨人，顏元更是欽佩他們之爲人和氣節，
雖就其空談浮誇的學風頗有微詞，但尚不至「肆情仇詆」，欲「一網打盡」的
程度，故程朝儀的諸多言論皆爲捕風捉影的不實之詞。

綜觀三種態度，可知贊同者提倡顏李習行實學，並非如顏李弟子那般眞

〔註106〕 程朝儀：《敍言》，《顏學辯》，安徽官紙印刷局光緒十年（1884）鉛印本，第
1～2頁。
〔註107〕 程朝儀：《顏學辯》卷一，安徽官紙印刷局光緒十年（1884）鉛印本，第 15
頁。
〔註108〕 程朝儀：《顏學辯》卷一，安徽官紙印刷局光緒十年（1884）鉛印本，第 44
頁。
〔註109〕 程朝儀：《顏學辯》卷一，安徽官紙印刷局光緒十年（1884）鉛印本，第 19
頁。

心崇信，全盤接受，他們「不專宗顏」〔註110〕，僅「以顏氏之說爲用」〔註111〕，對其進行選擇性的吸收、改造，以期有資於社會變革；批評者中不乏對顏李學贊同之人，只是他們認識到其間有失偏頗、與時代主題扞格不合之處，特意進行商榷、修正；而排詆者則完全基於門戶之見，感情勝過理智，敵視大過瞭解，故其論斷非但無助於學說間的良性交流與發展，反而只會激化彼此間的分歧。

小　結

晚清戴望編撰《顏氏學記》，使得顏李學自此復興。本來，戴氏表章顏李學之初衷是借顏李批判程朱，以博得學術話語權；同時秉著「大旨期於有用」的目標來發揮顏李學中追求實用的內容，以期能挽救社會危機。孰料一石激起千層浪，《顏氏學記》問世之後，各種聲音此起彼伏，無論贊同、批評，還是排詆，他們都參與到這場對顏李學的揚棄運動當中，從而使其離學說的本來面目越來越遠，拉開了近代以來改造顏李學的大幕。是故顏李學自其復興之始，便不純然爲一學術問題，其間所隱含的諸多意蘊在之後的發展過程中漸趨明顯。

〔註110〕胡珠生主編：《宋恕集》上，中華書局1993年2月版，第117頁。
〔註111〕胡珠生主編：《宋恕集》上，中華書局1993年2月版，第117頁。

第二章 傳播與闡釋：晚清學人和顏李學研究的展開

　　戴望之《顏氏學記》，雖使顏李學於百年後重現人間，但就晚清該學說復興之全程而言，戴氏此舉僅可視爲端緒。畢竟顏李學之復興，牽扯甚多，是一個頗爲複雜的過程。以往學界在研究該問題時，多從學者評價、社會反響及文獻整理等角度入手剖析，缺乏全景式的考察。其實顏李學在晚清的復興，亦可看成是該學說再度傳播之過程，究係是哪些知識群體在傳播顏李學？顏李學在晚清的傳播地域分佈情形怎樣？晚清顏李學之傳播主要依靠何種途徑？其傳播效果較之清前中期顏李學派有何變化？在此傳播過程中，顏李學中哪些主張得到強調與關注，顏元形象又因之產生了怎樣的變化？回顧學界研究現狀，以上問題皆尚未得到較好的解答〔註1〕，故本章擬以學術傳播與闡釋爲視角，對顏李學在晚清的復興狀況做一考察。

第一節　永嘉後學與顏李學之傳播

　　晚清顏李學之復興，雖頗爲錯綜複雜，但並非無迹可尋，近代學人宋恕

〔註1〕 華中師範大學2005屆博士生王春陽在其博士論文《顏李學的形成與傳播研究》
　　　　中，以一章的篇幅（第四章：《顏李學的傳播》）對顏李學派傳播思想、傳播
　　　　方法與技巧、傳播對象與範圍、傳播效果、傳播中斷等諸方面作了較爲細緻
　　　　詳盡的探討，很有啓發意義，惜其考察時段主要限於清前期，即顏李學派自
　　　　身的傳播過程，對晚清的傳播僅從文獻整理角度略作梳理，並不系統。故尚
　　　　有繼續研究之必要。

曾在贈與友人的詩作注釋中寫道：「博野學說僅惟吾浙東浙西有一線之傳」
〔註2〕，關於晚清顏李學是否眞如宋恕所言僅在浙江一帶傳播〔註3〕，可暫
且不議。不過宋氏之說卻揭示出一個情況：晚清浙江地區當爲顏李學傳播的
重要區域。那崛起於北方的顏李之學緣何於晚清得以在浙江地區傳播？這當
從永嘉學派與顏李學派的學術取向上講起。

一、同爲事功之學

　　眾所周知，永嘉學派是一個地域特徵非常鮮明的學術派別〔註4〕，其成員
俱爲溫籍人士，主張事功之學，在南宋思想界獨樹一幟。按照學界較爲公認
的說法，開創永嘉事功之學的爲薛季宣，「永嘉之學統遠矣，其以程門袁氏之
傳爲別派者，自艮齋薛文憲公始。艮齋之父，學於武夷，而艮齋又自成一家，
亦人門之盛也。其學主禮樂制度，以求見之事功」〔註5〕。薛氏之學「又得陳
傳良繼之，其徒益盛，此亦一時燦然學問之區也。然爲考亭之徒所不喜，目
之爲功利之學」〔註6〕。

　　薛、陳之後，葉適繼起，他一面清算前輩學人學說中之道學殘餘，一面
把永嘉事功之學發揚光大，全祖望曾評曰：

> 水心較止齋又稍晚出，其學始同而終異。永嘉功利之說，至水心始
> 一洗之。然水心天資高，放言砭古人多過情，其自曾子、子思而下
> 皆不免，不僅如象山之詆伊川也。要亦有卓然不經人道者，未可以
> 方隅之見棄之。乾、淳諸老既歿，學術之會，總爲朱、陸二派，而
> 水心斷斷其間，遂稱鼎足。〔註7〕

〔註2〕　宋恕：《壽鹽山賈星垣八十生日》，胡珠生主編：《宋恕集》（下），中華書局1993
　　　　年2月版，第881頁。
〔註3〕　宋恕爲浙江平陽縣人，從學術空間上而言屬於浙東學派領域；而《顏氏學記》
　　　　作者戴望爲浙江德清人，則應歸入浙西學派陣營。
〔註4〕　永嘉學派並非一個純粹的地域概念，而是一個學術稱謂，不是所有永嘉地區
　　　　的學者都可歸爲永嘉學派旗下。「永嘉學派」與「永嘉之學」自有其區別之處。
　　　　前者專指以薛季宣、陳傳良、葉適爲代表的事功之學，後者則泛指北宋以來
　　　　所有永嘉籍學者的學說。
〔註5〕　全祖望：《艮齋學案》，《宋元學案》卷五十二，沈善洪主編：《黃宗羲全集》
　　　　第五冊，浙江古籍出版社2005年版，第50頁。
〔註6〕　黃百家：《艮齋學案》，《宋元學案》卷五十二，沈善洪主編：《黃宗羲全集》
　　　　第五冊，浙江古籍出版社2005年版，第51頁。
〔註7〕　全祖望：《水心學案上》，《宋元學案》卷五十四，沈善洪主編：《黃宗羲全集》

全氏之論，指出葉之學術與薛、陳二人「始同而終異」，可謂慧眼獨具。不過由此認定「永嘉功利之說，至水心始一洗之」，則頗顯武斷。其實葉適並不排斥功利之學，反而正是他將事功之學系統化，爲其提供了更爲縝實深刻的理論基礎，故葉實爲永嘉學派之集大成者。

當然，本文既無意於對永嘉學派之來龍去脈作全盤追溯，亦不打算深入剖析其代表人物之學說。之所以對永嘉學派略作介紹，是要說明在學術取向上，該學派同以「三事三物」爲核心的顏李學派多有類似之處，其學皆「以事功爲首」〔註8〕。尤其是葉適的諸多言論，同顏、李二人的不少主張甚爲一致，不妨再用些筆墨，略做比較。

首先，二者皆對理學持批判態度。唐末以來，佛教與儒家之間的融合日益密切，不少學者雖力主排佛，但同時又不自覺地援佛入儒。時值南宋，佛教思想已深深滲透於儒家思想當中。對此，葉適有著清醒的認識，在批評二程的易學著述時，葉指出：「余嘗患浮屠氏之學至中國，而中國之人皆以其意立言，非其學能與中國相亂，而中國之人實自亂之也。今《傳》之言《易》如此，則何以責夫異端者乎？」〔註9〕理學人士思想實與佛老學說相通，確無資格指責對方爲異端。葉適進而批評道：

> 按程氏（指程顥，筆者按）答張載論定性……皆老佛莊列常語也。
> 程張攻斥老佛至深，然盡用其學而不自知者，……嗟夫！未有自坐佛老病處，而揭其號曰「我固辨佛老以明聖人之道者」也。〔註10〕

降至清初，理學諸弊端愈加明顯，顏、李師徒二人對其之清算亦愈加深刻。在顏元看來，理學家所倡導的「主敬」或「主靜」，實乃「假吾儒虛字面，做釋氏實工夫」〔註11〕，亦即「儒名實釋」。對此現象，顏元曾有專論：

> 學佛者只是說，「不曾就身上做工夫，至伊川方教人身上做工夫」，所以謂「伊川偷佛說爲己使」。吾嘗謂「宋儒儒名而釋實」，今觀伊川眞做佛家工夫，朱子眞有「伊川偷佛說」之言，元幸不誣人矣；

第五冊，浙江古籍出版社 2005 年版，第 106 頁。

〔註8〕張伯行：《論學》，《正誼堂文集》卷九，福州正誼書局刻本，清同治五年（1866）。

〔註9〕葉適：《周易四》，《習學記言序目》（上）卷四，中華書局 1977 年 10 月版，第 46 頁。

〔註10〕葉適：《皇朝文鑒四》，《習學記言序目》（下）卷五十，中華書局 1977 年 10 月版，第 751～752 頁。

〔註11〕顏元著，王星賢、張芥塵、郭徵點校：《朱子語類評》，《顏元集》（上），中華書局 1987 年 6 月版，第 255 頁。

宋儒之滅孔道，非宋儒能滅孔道，實佛滅之。元之言又幸不誣道矣！
〔註12〕

其次，二者皆主張義利統一，反對重義輕利。義利之辯歷來是我國古代思想史中的重要議題。葉適身爲永嘉事功之學的代表，其觀點自然與道學家相異，他在該問題上一貫主張：「崇義以養利，隆禮以致力」。以此爲基點，葉適對以下極端做法提出批評：

> 義理之是非在目前者常又不能守，而每以利害爲去就，蓋自古而然；
> 而又有庸人執以爲義理之所在非聖人不能擇者，亦自古而然；二端，
> 學者不可不謹察也。〔註13〕

趨利忘義，重義輕利，此二者皆不能將義與利統一起來。在葉看來，義利關係並非「自古而然」，人類社會經歷了一個由野蠻到文明的過程，「天地之初，皆夷狄也，相攘相殺，以力自雄」。待聖人出現，「以身爲德，感而化物，遠近丕變，功成治定，擇賢退處，不爲己有，而忠信禮讓之俗成矣。」因而「先人後己，徙義遠利，必出於心之自然而明於理之不可悖」〔註14〕。也正基於這種理想境界，葉適認爲在古時義利是統一的，「古人之稱曰：『利，義之和』；其次曰：「義，利之本」；其後曰：『何必曰利？』然則雖和義猶不害其爲純義也；雖廢利不害其爲專利也，此古今之分也」〔註15〕。可見，葉將義利二分的原因歸咎於後世陋儒，其中董仲舒首當其衝：

> 「仁人正誼不謀利，明道不計功」，此語初看極好，細看全疏闊。古
> 人以利與人而不自居其功，故道義光明。後世儒者行仲舒之論，既
> 無功利，則道義者乃無用之虛語爾；然舉者不能勝，行者不能至，
> 而反以爲詬於天下矣。〔註16〕

將董仲舒和後世道學家的言論一併斥爲「無用之虛語」，葉適可謂一語中的。

〔註12〕顏元著，王星賢、張芥塵、郭徵點校：《朱子語類評》，《顏元集》（上），中華書局1987年6月版，第289～290頁。
〔註13〕葉適：《論語》，《習學記言序目》（上）卷十三，中華書局1977年10月版，第184～185頁。
〔註14〕葉適：《周書》，《習學記言序目》（下）卷三十五，中華書局1977年10月版，第528頁。
〔註15〕葉適：《左傳二》，《習學記言序目》（上）卷十一，中華書局1977年10月版，第155頁。
〔註16〕葉適：《漢書三》，《習學記言序目》（上）卷二十三，中華書局1977年10月版，第324頁。

如果說葉適這種借古言今的手法略顯溫和、含蓄的話，那顏、李二人的主張則直面現實，毫不諱言其對功利的嚮往。對於被儒生奉為圭臬的「正其誼不謀其利，明其道不計其功」說，顏元極不贊同，寫道：

> 以義爲利，聖賢平正道理也。堯、舜「利用」，《尚書》明與「正德」、「厚生」並爲三事。利貞，利用安身，利用刑人，無不利。利者，義之和也。《易》之言「利」更多。孟子極駁「利」字，惡夫掊克聚斂者耳。其實，義中之利，君子所貴也。後儒乃云「正其誼不謀其利，明其道不計其功」，過矣！宋人喜道之，以文其空疏無用之學。
>
> 余嘗矯其偏，改云：「正其誼以謀其利，明其道而計其功。」〔註17〕

好一個「正其誼以謀其利，明其道而計其功」！將顏元義利統一的主張彰顯無遺。

再次，對於科舉制度，二者也皆不吝批判之詞。葉適所生活的時代，科舉制度尚處於其上陞期，不過弊端已逐漸呈現出來。「科舉之常法，不足以得天下之才，其偶然得之者，幸也」〔註18〕。這是他對科舉制的總體評價。具體而言，葉適認爲科舉之法流弊有四：一是誘導士人專攻程文，因之文筆不佳；二是士人讀書僅爲獲取功名，「力足以勉強於三日課試之文，則囂囂乎青紫之望盈其前，父兄以此督責，朋友以此勸勵」〔註19〕，致使他們陷入科舉牢籠之中難以自拔；三是南宋科考制度規定各地有一定的「解額」，浙閩地區人才薈萃，名額緊張，相反江淮地區地曠人稀，名額寬鬆。爲了提高命中率，許多浙閩士人不惜「奔走四方，或求門客，或冒親戚，或趁糴納」，長此以往，士風隨之敗壞，「假冒干請，無所不爲」；四是按照規定，考中之後方可做官，但「本朝之法不然，其鄉貢也，一取之而已；一取而不復棄其人，三十年之後，憐其無成，而亦命之官」〔註20〕。於是官員愈來愈多，實乃「冗官冗員」問題之根源所在。

到了顏元那個時代，科舉制已進入暮年，其弊端愈發顯得嚴重。按顏所

〔註17〕顏元著，王星賢、張芥塵、郭徵點校：《四書正誤》卷一，《顏元集》（上），中華書局 1987 年 6 月版，第 163 頁。
〔註18〕葉適：《制科》，劉公純等點校：《葉適集》第三冊，中華書局 1961 年版，第801 頁。
〔註19〕葉適：《制科》，劉公純等點校：《葉適集》第三冊，中華書局 1961 年版，第802 頁。
〔註20〕葉適：《科舉》，劉公純等點校：《葉適集》第三冊，中華書局 1961 年版，第798 頁。

言，即：

> 天下人之入此帖括局也，自八九歲便咿唔，十餘歲便習訓詁，套襲構篇，終身不曉習行禮、義之事，至老不講致君、澤民之道，且無一人不弱不病。滅儒道，壞人才，厄世運，害殆不可勝言也。〔註21〕

> 天下盡八股，中何用乎？故八股行而天下無學術，無學術則無政事，無政事則無治功，無治功則無升平矣。故八股之害，甚於焚坑。〔註22〕

雖然洞悉科舉之弊，但顏元已無法給出徹底解決的方案，僅是參考漢代察舉與徵辟制度，希望通過自下而上的層層推薦和漸次陞擢，憑藉官民共同考察的方式，以期獲得真正的人才。顏元的想法雖好，但在當時的時代條件下，是無法推廣實施的。

綜上三點，可知以葉適為代表的永嘉學派的諸多學術主張同以顏元、李塨為首的顏李學派十分相近〔註23〕，二者間有著繼承與發展的內在關聯〔註24〕，

〔註21〕 顏元著，王星賢、張芥塵、郭徵點校：《顏習齋先生言行錄》卷下第十五，《顏元集》（下），中華書局1987年6月版，第678頁。

〔註22〕 顏元著，王星賢、張芥塵、郭徵點校：《顏習齋先生言行錄》卷下第十九，《顏元集》（下），中華書局1987年6月版，第691頁。

〔註23〕 由於所處時代環境、個人知識結構、社會地位等方面差別，永嘉學派與顏李學派在一些問題上尚存在較大歧異，如如何看待「封建」、王安石變法等方面，限於篇幅，不再贅述。

〔註24〕 顏元在其著作中，多有替永嘉、永康學者辯誣之處，如在《朱子語類評》中，朱熹批評「永嘉諸公多喜文中子，然只是小；他自知做孔子不得，見小家便悅而趨之。」顏元反駁道：「咳！聖道之亡，只為先生輩貪大局，說大話，滅盡有用之學，而舉世無一真德、真才矣。試問先生是學孔子乎？孔子豈是『半日靜坐』、『半日讀書』乎？」（顏元著，王星賢、張芥塵、郭徵點校：《朱子語類評》，《顏元集》（上），中華書局1987年6月版，第265頁）朱熹曾批評呂祖謙、陳亮、陳傅良三家「打成一片」為「可怪」，顏元指出：「三家打成一片，不惟南宋社稷生民之幸，亦五百年乾坤之幸矣。奈渠原是以禪宗為根本，以章句為工夫，以著述為事業，全不是帝、皇、王、霸路上人……宜乎致其師弟斷絕之，欲殺之，而並罪伯恭也。」（同上）對於陸九淵等人，朱熹尚能容忍，「子靜是禪，卻成一個門戶。」而對於永嘉學派，朱則徑直視為異端，「如葉正則說，只是要教人都曉不得，嘗得一書來，言：『世間有一般魁偉底道理，自不亂於三綱五常』，卻是個甚麼物事？也是亂道，也不說破。」顏元批曰：「龍川、正則使碎心肺，朱子全不曉是甚麼物事，予素況之『與夏蟲語冰』，不益信乎？」（同上，第266頁）朱熹接著說：「正則之說最誤人，世間呆人都被他瞞。」顏元反戈一擊道：「僕謂人再呆不過你，被你瞞者更呆。元亦呆了三十年，放從你瓶中出得半頭，略見帝、皇、王、霸世界，堯、舜、

無怪乎近代藏書家劉承幹斷定「宋薛艮齋先生以禮樂制度求見於事功，爲朱子之徒所不喜，目爲功利之學，即習齋之學所自出」〔註25〕。這種追求事功的共同取向爲晚清時期兩種學術的融合提供了必要的學理基礎。

二、存續永嘉學與傳播顏李學

　　與顏李學的發展軌迹類似，永嘉學派亦經歷了一個由盛至衰的過程。葉適之後，永嘉事功之學漸趨式微，「自元、明都燕，取士法陋，溫復僻荒，至皇朝荒益甚」〔註26〕。進入清代，其學更是晦而不彰，幾近中絕。

　　道咸之際，內憂益劇，外患日亟，經世思潮湧動，士人們開始反思漢宋學術之流弊，尋求逆轉頹勢之道。作爲永嘉學派發源地的溫州，以孫衣言〔註27〕、孫鏘鳴〔註28〕、孫詒讓〔註29〕、宋恕〔註30〕等爲代表的永嘉後學開始整理先賢文獻，倡揚事功之學，以期借助復興永嘉學術來平漢宋之畛域，挽清廷之危局。對此，孫衣言有過明確表述：

　　　今國家功德之隆，施澤之厚，度越漢唐，遠非宋氏所及，獨學術繳
　　　繞編隘，似有遜焉。咸豐、同治以來，削平大盜，撫納遠人，一時

周、孔派頭，一回想在呆局中，幾度撫胸墮淚。」（同上）亦可知顏元對永嘉學派的學術思想並不陌生。較之葉適，顏元更爲推崇陳亮，稱其爲「大聖賢」。這主要由於顏元性格豪邁，陳亮亦生性豪爽，言理慷慨激昂，極易於顏元心中產生共鳴。

〔註25〕劉承幹：《顏氏學記後跋》，《吳興叢書》，民國年間刻本。

〔註26〕宋恕：《外舅孫止菴師學行略述》，胡珠生主編：《宋恕集》（上），中華書局1993年2月版，第325頁。

〔註27〕孫衣言（1814～1894），字邵聞，號琴西，晚號遯坡、遜學老人。道光三十年（1850）進士，翰林院編修，歷任上書房侍講、安徽按察使、江寧布政使等職。晚年居鄉授徒，倡導永嘉經制之學。

〔註28〕孫鏘鳴（1817～1901），衣言弟，字韶甫，號蕖田，晚號止菴。道光二十一年（1841）進士，翰林院編修，歷任廣西學政、侍讀左右庶子、侍讀學士等職。任官期間，孫憂國憂民，曾上書彈劾庸臣穆彰阿，後因遭人誣陷，被「勒令致仕」。卸職後，孫鏘鳴先是四處講學，後回歸鄉梓，與其兄一道致力於復興永嘉學。

〔註29〕孫詒讓（1848～1908），衣言子，字仲容，號籀廎居士。同治六年（1867）舉人，光緒元年（1875）官刑部主事，甫五月，即辭官歸，家居三十餘載，潛心撰述，著作等身，乃晚清樸學宗師，也是戊戌時期的維新人物。

〔註30〕宋恕（1862～1910），原名存禮，字燕生，後改名恕，字平子，號六齋，晚年復改名衡，浙江平陽人。近代著名啓蒙思想家。著有《六字課齋津談》、《六字課齋卑議》、《國粹論》等。

材能之士因事會以就功名，遽欲任其私智以治天下，其意以爲古人
之法不可復施於今，顧反詠於奇邪怪誕之術，趨和風靡，舉世騷然，
未知所屆。而言六藝者乃徒驚於文字之末、器數之微，從自弊其聰
明材力之所能爲，一旦試之於事，則所謂是非得失之且於一身者猶
未能決其所從，又何以與於天下之事哉？故嘗謂今日之務以學術爲
急，尤以胡氏爲切要，而永嘉之學實於胡氏爲一家言。〔註31〕

正是懷此初衷，孫氏兄弟與膝下門生們一道「務求爲有體有用之學」〔註32〕，
「欲綜漢宋之長而通其區畛」〔註33〕。不過，彼時之學界，無論是漢學，還
是宋學，依然擁有強大的話語權，永嘉學術同二者旨趣不同，自然倍受漠視
與排擠，故復興前景並不樂觀。宋恕指出：

至國朝嘉、道間，而我外舅止菴先生與外伯舅琴西先生起瑞安孫氏
學。經史百家師陳、葉，爲文雄秀樸茂，語不後宋。識者謂逼陳、
葉。然世方惑邪阮李，崇浮徐庚，束《左》、《馬》，外《孟》、《莊》；
或聖方、姚，哲管、梅，謂陳、葉不入茅《選》，桐城不道永嘉。勢
應利求，黨同伐異，交抑二先生，使名勿赫。〔註34〕

那如何才能突出漢宋學壟斷之重圍，將事功之學發揚光大？反覆思慮斟酌
後，孫氏兄弟開始從明清之際思想家的著作中尋求資源，以作爲其復興永嘉
學的補充與奧援。尤其是孫鏘鳴，他「尋往哲之墜緒，質當代之通儒，以史
學爲己任而充之於事功，卓乎不可及……其教人也，因質施術，不強一途。
四十年間所掌書院曰姑蘇之正誼，曰金陵之鍾山、惜陰，曰滬瀆之龍門、求
志。先生仰承黃萬，旁及顏李，不襲理學之陳言，不蹈訓詁之剿說，至其爲
教，並及西書，而種痘纏足之積習，遍於閭閻，風俗爲之小變。仍是永嘉之
學派，小用則小效也」〔註35〕。顏李學因之進入孫的視野之中。

〔註31〕 孫衣言撰，張如元校箋：《甌海軼聞》（上），《溫州文獻叢書》第二輯，上海
社會科學院出版社 2005 年版，第 2 頁。

〔註32〕 孫鏘鳴：《〈鍾山書院課藝〉序》，胡珠生編注：《孫鏘鳴集》（上），《溫州文獻
叢書》第一輯，上海社會科學院出版社 2003 年 8 月版，第 31 頁。

〔註33〕 孫詒讓：《艮齋〈浪語集〉後敘》，張憲文輯：《孫詒讓遺文輯存》，《溫州文史
資料》第五輯，浙江人民出版社 1990 年版，第 33 頁。

〔註34〕 宋恕：《外舅夫子瑞安孫止菴先生八十壽詩序》，胡珠生主編：《宋恕集》（上），
中華書局 1993 年 2 月版，第 245 頁。

〔註35〕 繆荃孫：《清故侍郎銜翰林院侍讀學士孫先生墓碑》，《藝風堂文漫存》乙丁稿
卷二，第 1～2 頁。

　　饒有趣味的是，孫氏兄弟得以一睹顏李學之大概，乃是通過戴望引介。1864 年，「官軍復湖州，君（戴望，筆者按）來省其祖父之墓，復與相見。已而旅食蘇州。至江寧寓屋火猝發，牆圮，幸不死。曾文正公聞其名，憫之，始延之校所刻書」〔註 36〕。此後數年，戴望始終於書局任職，直至病故。時值孫衣言在金陵任職，其子孫詒讓亦隨父於此問學，遂與戴結識，並往來甚密〔註 37〕。這在《張文虎日記》中多有體現：

　　同治九年二月四日（1869 年 3 月 5 日）孫琴西招夜飲，同席唐端甫、劉叔俛、戴子高、汪仲儀、陳紹先。

　　十二月廿三日（1870 年 2 月 12 日）孫琴老、薛慰老以東坡生日詩來，用翁覃溪題像七律韻，因與端甫、季梅、子高同和之。

　　同治十一年正月廿日（1872 年 2 月 28 日）孫琴老招同汪梅岑、楊樸庵、趙季梅、吳莘農、薛叔芸、戴子高、唐端甫、莊守齋、劉恭

〔註 36〕　施補華：《戴君墓表》，戴望著，江西趙之謙輯：《謫麐堂遺集》，光緒元年（1875）刻本，第 2 頁。

〔註 37〕　據《孫衣言孫詒讓父子年譜》載，同治七年（1867）十一月，「詒讓由家鄉去金陵，隨侍乃父衣言。時江寧設有官書局，於冶城山之東北隅修葺『飛霞閣』，爲勘書之廬，與其事者皆四方碩彥之士，若張嘯山、戴子高、儀徵劉北山及其子恭甫、寶應劉叔俛、海寧唐端夫輩，朱墨之餘咸耽文詠。而周縵雲、莫子偲及武昌張濂亭亦來客金陵。江寧宿儒汪梅岑方自鄂歸，授徒講學。衣言官事之餘，偕詒讓從諸先生遊，相與議論爲文章，或宴飲歌詩爲笑樂，詒讓因得識諸先生。子高之學得其外祖鄭堂周先生之傳，又嘗請業於陳碩甫先生，從宋於庭先生受《公羊春秋》……」（孫延釗撰，徐和雍、周立人整理：《孫衣言孫詒讓父子年譜》，《溫州文獻叢書》第一輯，上海社會科學院出版社 2003 年 7 月版，第 84～85 頁）而另據宋恕所記，孫詒讓儼然爲金陵文人圈中之耀眼明星：「當是時，大學士曾公國藩以勳爵鎮金陵，雅好文學，甫息兵則設書局，羅海內名流，賦校刊之祿，士多歸之。遜學先生夙負重望，復出曾門，而同聲相應如歐陽、蘇氏，故士之願識曾公者皆兼識先生。居士弱齡馳斐然譽，故士之願識遜學先生者兼願兼識居士，居士因得廣識海內名流。當是時，海內治《詩》者有陳先生奐，治《禮》者有黃先生以周，治《春秋》者有戴先生望，治數術者有李先生善蘭……諸先生大抵與居士爲父執行，年長遠甚，其中一二爲夷行，然年亦皆長於居士。諸先生意氣皆不可一世，或不讀唐以後書，或惓惓於宋、明季之文獻，或兼嗜《內典》，或銳欲輸入西洋政法，其學派亦不甚同源，然多折節與居士爲忘年交。其一二未得識者往往自憾也。」（宋恕：《籀廎居士行年六十壽詩序》，胡珠生主編：《宋恕集》（上），中華書局 1993 年 2 月版，第 418～419 頁）以上二說是否有過譽之嫌，可拋開不談，至少孫氏父子同戴望的交往是不爭的事實。

甫集莫愁湖妙岩庵祝白太傅生日。〔註38〕

……

戴望畢生追求經世致用，自然對孫氏父子所宣揚的永嘉事功之學頗有好感。戴曾致信孫衣言，稱「望以爲南宋儒者，實推永嘉爲最，上不淆於心性之空言，下不雜以永康之功利，非建安、金溪所得而蓋之也。項先生傅霖云：『永嘉之學，超於宋而不爲空談，方之漢而少其附會。』知言哉！經述所聞，以質長者」〔註39〕。孫衣言自然將戴引爲知音，「子高極推重永嘉學人，大可感。某欲略考永嘉學派，苦於儉陋，幸屬子高爲一搜討，晚宋、元、明以來，有非永嘉學人而私淑鄭、陳、蔡、薛者，尤可貴也」〔註40〕。正因彼此旨趣相近，孫氏父子對戴望編輯《顏氏學記》一事亦頗爲關注。逮是書刻成後，戴將《學記》贈與二人應是在情理之中。後孫鏘鳴又於切磋辯難時從其兄處得窺該書，看後甚是服膺，於是顏李學在永嘉後學中的傳播由此展開。

較之孫衣言，孫鏘鳴傳播顏李學的力度頗大。他將《學記》作爲其開館授徒的必讀書目之一，詳加論說。「先生傷廢史之禍烈，慨然獨尋黃、萬、邵、章、全之墜緒，以永嘉往哲之旨爲歸，……其於群經諸子，亦以治史餘力兼治。……初，德清戴子高先生最好黃餘姚之《待訪錄》及北方顏李學說，先生亦最慕餘姚，曾求《待訪錄》槧本不可得，則多方轉假，手自精寫，置於家塾，《待訪錄》入溫自此始。又曾授恕以戴先生所編之《顏氏學記》。其他如吳顧氏絳、馮氏桂芬、湘王夫之、魏氏源等之著亦時時稱道……」〔註41〕在孫的教誨之下，其弟子宋恕、陳黻宸、陳虯諸輩頗受顏李學之浸染，成爲傳播該學說的生力軍。他們通過訪學、任教等途徑，使顏李學傳往他地，不再限於溫州一帶。如宋恕在滬上結識錢恂〔註42〕、孫寶瑄〔註43〕、貴林〔註44〕

〔註38〕張文虎著，陳大康整理：《張文虎日記》，上海書店出版社 2001 年版，第 212、243、269 頁。

〔註39〕孫延釗撰，徐和雍、周立人整理：《孫衣言孫詒讓父子年譜》，《溫州文獻叢書》第一輯，上海社會科學院出版社 2003 年 7 月版，第 64 頁。

〔註40〕孫延釗撰，徐和雍、周立人整理：《孫衣言孫詒讓父子年譜》，《溫州文獻叢書》第一輯，上海社會科學院出版社 2003 年 7 月版，第 64 頁。

〔註41〕宋恕：《外舅孫止菴師學行略述》，胡珠生主編：《宋恕集》（上），中華書局 1993 年 2 月版，第 326 頁。

〔註42〕宋恕曾致函錢恂，言「恕論國朝人著述，以黃梨洲《明夷待訪錄》爲最，顏習齋《四存編》次之。近德清戴子高極力表章顏氏，撰有《顏氏學記》刊行，惜坊間流傳不盛。顏氏之說未能搥碎三代，然其抉漢、宋陋儒禍民之弊，可謂痛切十分。原板聞在金陵，望先生力爲流傳，以繼鄉里前哲之志，至囑至

等人，向其極力推薦《顏氏學記》一書。孫讀後很是歎服，認爲顏氏之學「洞知本原」〔註45〕。1905 年（光緒三十一年），宋恕出任山東學務處議員，他不僅在當地表章顏李學，並擬重刻《顏氏學記》，他上書時任山東巡撫的楊士驤，「咨請兩江、四川督憲採送刊本來京，發局翻印多部，通飭全省官幕紳士及各學堂管理員、教員購閱，以廣流傳而郵粹化，則學界幸甚！中國幸甚！」〔註46〕而永嘉後學的另一代表人物陳黻宸則經常在外出講學時對顏李學大加讚揚。1908 年，黃節邀請陳黻宸講學於廣東南武公學，在此次講學期間，陳對顏李學作了重點評介，並向數百名聽眾號召「今之世倡顏氏之學尤亟」〔註47〕。此外，有「樸學殿軍」之稱的孫詒讓，也不忘於交遊之餘向同道推薦《學記》。如譚獻雖爲戴望生前友人，卻無緣拜讀顏李著作。1880 年暮春，「孫仲容同年以亡友戴子高所輯《顏氏學紀》見贈」〔註48〕。譚終於得以系統瞭解顏李學，發出「習齋先生命世大儒」〔註49〕的感慨。

在傳播內容上，宋恕等人也與孫鏘鳴有了明顯不同。他們將顏李學融入個人的學說主張之中，並利用所瞭解的西學知識來闡釋顏李學。如在批判宋明理學方面，永嘉後學對顏李學說多有借鑒。在宋恕看來，程、朱「好爲高論。夫精疲於虛，則慮疏於實，故治心之語，誠極淵微，而經世之談，率多窒礙。」惟有「習齋顏氏，援古深譏，雖或過當，良具特識」〔註50〕。陳黻

囑！」（宋恕：《致錢念劬書》，胡珠生主編：《宋恕集》（上），中華書局 1993 年 2 月版，第 536～537 頁。）

〔註43〕 據孫寶瑄回憶，「乙未之春，寶瑄自燕移家於吳濱海之春申浦，始獲與平陽宋先生相遇。」（孫寶瑄：《〈六齋有韻文集〉序》，胡珠生主編：《宋恕集》（下），中華書局 1993 年 2 月版，第 1078 頁）

〔註44〕 宋恕與貴林曾在書信中多次討論顏李學諸問題，如宋致函貴，稱「《萬國史記》、《顏氏學記》皆是極好書。閣下能不厭百回讀，見解自必日新月異矣！」（宋恕：《致貴翰香書》，胡珠生主編：《宋恕集》（上），中華書局 1993 年 2 月版，第 539 頁。）

〔註45〕 孫寶瑄：《忘山廬日記》上，上海古籍出版社 1983 年版，第 73 頁。

〔註46〕 宋恕：《表章〈潛書〉等先哲晦著稟》，胡珠生主編：《宋恕集》（上），中華書局 1993 年 2 月版，第 403 頁。

〔註47〕 陳黻宸：《南武書院講學錄》，陳德溥編：《陳黻宸集》（上），中華書局 1995 年 6 月版，第 641 頁。

〔註48〕 譚獻著，范旭侖、牟曉朋整理：《復堂日記》，河北教育出版社 2001 年 1 月版，第 89 頁。

〔註49〕 譚獻著，范旭侖、牟曉朋整理：《復堂日記》，河北教育出版社 2001 年 1 月版，第 91 頁。

〔註50〕 宋恕：《宋學章第八》，《六字課齋卑議（初稿）·才難篇》胡珠生主編：《宋

宸亦認爲「顏易直於程朱之學亦幾深惡痛疾，貶斥至無餘地矣」〔註51〕。由於他們對西學已有一定瞭解，故亦用西學來比附解釋顏李學。宋恕即認定「今西方諸國，競修政教，美舉時聞，新學日闢，遂使六書之用，讓廣於右行，三氏之化，避靈於天主，術士推其運隆，壯夫引爲己恥。然觀其學校之制，於顏先生之意爲近」〔註52〕。孫寶瑄亦感覺顏元之意「已窺見今日泰西學校之本」〔註53〕。由此可見，較之前輩，宋恕等人對顏李學的認識有了進一步的發展，顏李學的學術內涵亦隨之發生衍變與增值。

不過作爲永嘉後學，宋恕等人雖然推崇顏李學，但他們仍以復興永嘉學術、宣揚啓蒙思想爲己任，對顏李學的態度尚未如顏李及其門人那般信奉，他們更多是從研究的角度來考察顏李學，誠如宋恕所言：「宋恕年十九，受大儒顏習齋氏之書於外舅止菴先生。止菴先生兼治百氏，不專宗顏，宋恕亦兼治百氏，不專宗顏」〔註54〕。故他們能夠較爲客觀全面地看待顏李學說，並對其不足提出各自看法。宋恕便十分含蓄地指出顏元將漢宋學一併批倒的作法「或過當」〔註55〕，「未窺洙泗微言」〔註56〕。陳黻宸則一針見血地指出顏李學「弊在廢書」。並進而論道：「夫自今聖人不作，師門無口耳之傳，獨存此殘篇短幅以留於後，以遺諸人，而三代之下，有志之士往往格與當時之禁網，溫溫無所試於世，因託諸書以傳之。空谷荒江，古人可作，此豈得以空言無用爲其人咎歟？抑令世運代遷，人亡書絕，後死者不得聞其一言，今人不讀《虞書》，則不知古有六府三事之說，不讀《周禮》，則不知不知有鄉三物之教，抑不讀易直氏之書，並不知有爲唐虞六府三事、《周禮》鄉三物之說之有顏氏矣……讀書且未足爲學，況不讀書乎！」〔註57〕

恕集》（上），中華書局 1993 年 2 月版，第 10～11 頁。
〔註51〕 陳黻宸：《南武書院講學錄》，陳德溥編：《陳黻宸集》（上），中華書局 1995年 6 月版，第 644 頁。
〔註52〕 宋恕：《莫非師也齋六字課言》，胡珠生主編：《宋恕集》（上），中華書局 1993年 2 月版，第 186 頁。
〔註53〕 孫寶瑄：《忘山廬日記》上，上海古籍出版社 1983 年版，第 74 頁。
〔註54〕 宋恕：《自敍印行緣起》，《六字課齋卑議（印本）》，胡珠生主編：《宋恕集》（上），中華書局 1993 年 2 月版，第 117 頁。
〔註55〕 宋恕：《莫非師也齋六字課言》，胡珠生主編：《宋恕集》（上），中華書局 1993年 2 月版，第 186 頁。
〔註56〕 宋恕：《六字課齋津談·九流百氏類第十一》，胡珠生主編：《宋恕集》（上），中華書局 1993 年 2 月版，第 88～89 頁。
〔註57〕 陳黻宸：《南武書院講學錄》，陳德溥編：《陳黻宸集》（上），中華書局 1995年 6 月版，第 650～651 頁。

　　總體而言，永嘉後學對於顏李學之傳播，主要屬於人際傳播的類型。人際傳播是指「個人與個人之間互通信息、交流思想感情的社會行爲」〔註58〕。它主要借助面對面的交談、討論等直接途徑和一方寄給一方信函、著作等間接途徑來完成。人際傳播的優勢在於可用雙重手段使受眾的全部感官得到刺激，並且其信息交流性強，反饋也快速便捷；然而其劣勢亦很明顯，即單靠個人傳播的方式畢竟覆蓋面較窄，局限了學術傳播的廣度與深度。永嘉後學在傳播顏李學中便存在該問題，雖然宋恕、陳黻宸、孫詒讓等人將顏李學說帶到了上海、山東、廣東、福建等地，但畢竟影響力有限，只有同其當面接觸或有信牘往來者能瞭解到顏李學的情況，並不能對廣大知識階層產生太大影響。不過，永嘉後學的傳播行爲畢竟使得顏李學爲更多的士人所知，對今後的傳播提供了很好的條件。爲了更直觀地反映這一傳播過程，筆者特做一簡圖加以呈現：

圖一　永嘉後學傳播顏李學簡圖

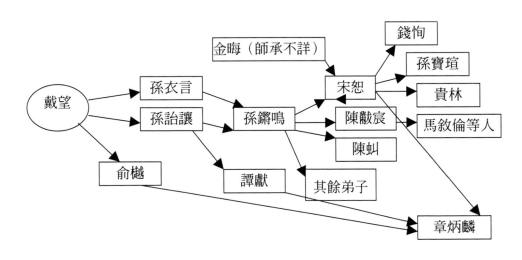

注1：戴望是傳播源頭。

注2：俞樾同戴望在金陵學術往還甚頻〔註59〕，其對戴所宣傳的顏李學當有瞭解。

〔註58〕戴元光、金冠軍主編：《傳播學通論》，上海交通大學出版社 2001 年 8 月版，第 66 頁。

〔註59〕在題記戴望《夢隱圖》時，俞樾曾提及「子高茂才博聞強識，古訓是式，余著《群經平議》，每與商定，甚有禆益」（《戴子高夢隱圖》，《神州國光社集外

注3：金晦，原名金明昌，字稚蓮，晚年改名晦，字遯齋。在宋恕師從孫鏘鳴之前，曾告知宋關於顏李學的內容。〔註60〕

注4：章炳麟則相對複雜一些。他先師從俞樾，後又曾赴譚獻處求學，在滬上與宋恕往來密切，故他對顏李學的瞭解應與這三人有關。

第二節　文獻整理與學術揚棄：河北地區的顏李學傳播

在南方永嘉後學逐漸將顏李學傳播開來的同時，作為其學說發源地的河北地區，有無學者也已開始倡揚此學呢？細數當今學界研究狀況，學人們大多沿用清末民初劉師培、梁啓超等人的結論，一致將復興顏李學的殊榮授予戴望及後來的一批南方學人，如張舜徽指出「戴氏本著闡幽表微的心意，將顏李遺言擇要摘抄一遍，介紹給全社會，這在當時，是一件極有意義的工作。後來學者知道重視顏李之學，大都是從戴氏書中受到啓示的」〔註61〕。陳居淵亦認為「戴望率先編撰《顏氏學記》，表彰清初學者顏元的學術思想，企圖為當時學者提供值得效法的前輩楷模」〔註62〕。是否真如學者所論，晚清北方學界對顏李之學依舊不聞不問？筆者曾於本章開篇提及宋恕的一首詩作注釋，其實並未引用完整，全文如下：

> 博野學說近惟吾浙東西有一線之傳。衡甫至歷下，即箋請開府泗州楊公力任表章，方以得請為斯道慶，不意賈子乃能尋其鄉先哲之墜緒，河朔於是復有人矣！〔註63〕

宋恕於此又提供一條線索：河北地區有「賈子」能承接絕學。此「賈子」便是近代著名方志學家賈恩紱。那賈恩紱所研讀的顏李著作又從何而來？這當

增刊》之三十二，上海神州國光社宣統元年（1909）己酉三月初五日出版），可見二人交情甚篤。

〔註60〕宋恕年值「十七，識同郡金遯齋先生，識知有所謂顏習齋氏、顧亭林氏之學。」（宋恕：《六字課齋卑議（初稿）自敍》，胡珠生主編：《宋恕集》（上），中華書局1993年2月版，第39頁。）

〔註61〕張舜徽：《清儒學記·自序》，華中師範大學出版社2005年12月版，第3頁。

〔註62〕陳居淵：《略論晚清學術界的尊顏與反顏之爭》，《河北學刊》1997年第1期，第93頁。

〔註63〕宋恕：《壽鹽山賈星垣八十生日》，胡珠生主編：《宋恕集》（下），中華書局1993年2月版，第881頁。詩作全文是：「百年博野師傳絕，河朔何圖復有人！白髮高堂樂奚似？佳兒著論足千春！」

從王灝的《畿輔叢書》談起。

一、王灝與《顏李遺書》

　　王灝（1820～1880），字文泉，號坦圃，河北定州西關人。他「軀幹魁梧，性英邁開敏，讀書不事章句，尤篤嗜宋元明清儒者之書，以身體力行為主。咸豐二年舉於鄉，一再赴禮部試，輒棄去，以時文帖括不足為世用，益研究明體達用之學，以宏濟生民為己任。灝故豪於貲，拯人之急，一如己事，全州之人倚若長城。三年粵匪出山西，逼近臨洺關，出家財治團練。賊東北踞深州，灝率驍卒御諸城之濠莊鎮，獲賊手刃之。直隸總督訥爾經額過定州，見之歎曰：『有灝在，冀南吾無慮也！』」〔註64〕王氏家境殷實，故「輕財好義，能為人所不能為，而尤喜收集書籍，已所無，必求之，不較值。人以異書至，酬之輒過當。聞有善本，使人齎重金，不遠千里必得而後已」〔註65〕。經過多年的辛勤搜輯，他所藏四部之書，「都萬二百十八種，悉標題板本及校刻年月注於各目之下。善本以錦為帙，其尤者製以篋笥置密室，餘則叢插架上，堂室皆滿。又搜輯名人字迹，金石拓本千餘種」〔註66〕。

　　幽冀地區自古為人文薈萃之地，然而「由秦漢迄今，代有作者而高文鴻冊往往散佚不傳」，「其書或佚或存，而見於四庫總目者，固班班可考，四庫未收及出於乾嘉以後者又屢見，顧以時局艱難，士溺科舉，習尚日靡，古籍淪亡，非有人焉薈萃而刊佈之，不惟前人述作漸至失傳，後有學者將何所資以見道？」〔註67〕於是王灝欲傚倣明清藏書名家汲古閣毛氏、知不足齋鮑氏，決心刊刻《畿輔叢書》。據《定縣志》載，王灝「窮搜境以內二千餘載名賢遺籍，博延方聞綴學之士，校讎編訂，彙為一編，其零篇碎牘，不能成書者，更為《畿輔文徵》，以附其後。歷十餘年，費金百萬，合肥相國李鴻章以『畿南文獻』榜其門，一時學者仰之如泰斗」〔註68〕。繆荃孫稱是叢書「實為有

〔註64〕徐世昌主纂：《王灝》，師儒第六，《大清畿輔先哲傳》第十五卷，天津徐氏刊印，國家圖書館館藏，第31～32頁。

〔註65〕徐世昌主纂：《王灝》，師儒第六，《大清畿輔先哲傳》第十五卷，天津徐氏刊印，國家圖書館館藏，第32～33頁。

〔註66〕徐世昌主纂：《王灝》，師儒第六，《大清畿輔先哲傳》第十五卷，天津徐氏刊印，國家圖書館館藏，第33頁。

〔註67〕黃彭年：《序》，王灝編：《畿輔叢書目錄》，清末刻本，國家圖書館館藏，第1頁。

〔註68〕《名績‧王灝》，《文獻志人物篇》卷十三，何其章修，賈恩綬主纂：《定縣志》，

功先賢，嘉惠後學」，「格既清朗，字少訛奪，與錢塘丁氏所刻武進掌故叢編，往哲遺書相□，北地更爲罕見矣！」〔註69〕

因王灝「好談義理，不喜詞章考據之學」〔註70〕，同時又「無門戶之見，嘗謂自漢宋之學既分，後世學者或專執一說，篤守而不易，而宋學之末，又分爲程朱陸王之學，入主出奴，互相庇詬，自博野顏習齋先生出，乃蔑棄一切，一返之躬行實踐，至蠡縣李恕谷益昌言之，直欲躋之尼山之次，然揆諸往者，數家之說厥弊維均，惟實事求是可以救末流之弊，亦吾鄉豪傑之士也」〔註71〕。所以他對顏李學派著作竭力搜討，精心編修，「故甄采其書獨多於他籍。蓋欲以挽當時學者空虛無用之弊而返之實行也」〔註72〕。綜合《畿輔叢書初編》和《畿輔叢書目錄》二書，王灝收集顏李學派著作共計二十種，詳目如下表：

書　名	作　者	卷　數	備　　　註
習齋紀餘	顏元	十卷	有目　乾隆十五年鍾錂序
存人編	顏元	四卷	
存性編	顏元	二卷	
存治編	顏元	一卷	蠡縣李塨序
存學編	顏元	四卷	有目　康熙丙子北平郭金城序
言行錄	顏元	二卷	鍾錂纂　有凡例敍略目錄
闢異錄	顏元	二卷	鍾錂纂　有序目
年譜	顏元	二卷	李塨纂王源訂　有凡例　康熙丁亥張　璋跋又鄭知芳跋
聖經學規纂	李塨	二卷	有自序目錄
論學	李塨	二卷	

民國二十三年（1934）版，第 24 頁。

〔註69〕 繆荃孫：《序》，王灝編：《畿輔叢書初編》，民國二年（1913）版，第 1 頁。

〔註70〕 王樹枬：《陶廬老人隨年錄》，近代史料筆記叢刊，中華書局 2007 年 6 月版，第 24 頁。不過由於王樹枬治學乃純粹乾嘉路徑，故對王灝的編纂方法頗有微詞，認爲「應刊之書若通州雷氏父子、河間苗先麓未刻諸作，皆束之高閣，而人所習見《春秋繁露》、《廣雅》、《大戴禮》諸書，既非古本而首先付梓，可謂不善擇矣。」

〔註71〕 徐世昌主纂：《王灝》，師儒第六，《大清畿輔先哲傳》第十五卷，天津徐氏刊印，國家圖書館館藏，第 33 頁。

〔註72〕 《名績‧王灝》，《文獻志人物篇》卷十三，何其章修，賈恩綬主纂：《定縣志》，民國二十三年（1934）版，第 25 頁。

小學稽業	李塨	五卷	有自序目錄
大學辨業	李塨	四卷	有自序題詞凡例目錄
學禮	李塨	五卷	
學射錄	李塨	二卷	
閱史郄視	李塨	四卷續一卷	德州孫勷跋　石門吳涵跋
擬太平策	李塨	七卷	有自序
恕谷後集	李塨	十三卷	雍正丙午閻鎬序有目　光緒七年王灝跋
評乙古文	李塨	一卷	有自序
平書訂	李塨	十四卷	有目錄
居業堂文集	王源	二十卷	敍傳一卷

《叢書》共收顏元著作八種二十卷，李塨著作十二種六十五卷，共計九十五卷。後來定州王氏又將顏李二人著作拿出，合為一書，單獨出版，即《顏李遺書》。

與《顏氏學記》學案體的編纂方式不同，王灝所編纂的《顏李遺書》規模宏大，搜羅齊全，對顏李著作幾無刪改，故保留了其學說之原貌。此舉應可視作近代以來第一次對顏李文獻的系統整理。並且從時間上來看，《遺書》編纂時間與《學記》大致同步，所以若將戴望視為南方整理顏李學著作之發起人，那北方的稱號非王灝莫屬。也正是這套大部頭的《顏李遺書》，使得彼時河北學人得以再次看到顏李事功之學的作品，為他們研究、闡發鄉賢之學提供了資料來源。同時亦為民國年間以徐世昌為首的四存學會諸人尊崇顏李學準備了文獻基礎。

二、賈恩紱與《定武學記》

王灝所編《顏李遺書》刊佈後，河北學人逐漸開始關注先賢顏元、李塨的學行，於是顏李學在畿輔地區傳播開來。由於史料所限，晚清顏李學在北方的傳播大貌尚不清楚，但確有一批學者已開始研究顏李學術，並擇其精華，納入己之學說當中。其中比較有代表性的學人與著作便屬賈恩紱和他的《定武學記》。

賈恩紱（1866～1948），字佩卿，號河北男子，河北鹽山人，近代著名方志學家。賈於1890年入保定蓮池書院讀書，師事桐城派學者吳汝倫。賈後於1893年中光緒癸巳恩科舉人。1898年康有為在京聯合各地舉子公車上書，賈

恩綬是簽名者之一。賈曾先後主講於梗陽書院、定武書院及貴冑學堂，並擔任過直隸通志局總纂、北京政府財政部鹽法志總纂、臨時政府顧問、東方文化事業總委員會委員等職。賈著述頗豐，已刊行者有《直隸通志》、《導河一得》、《鹽山新志》、《心靈探源》、《定縣志》、《定武學記》、《水經注糾謬》、《南宮縣志》等。另外賈尚有未刊詩集、文集、日記、年譜等著作 17 種，40 冊，名爲《思易草廬詩稿》、《思易草廬文稿》、《思易草廬日記》和《思易草廬年譜》，現存於河北省圖書館〔註 73〕。至於《定武學記》，其實是賈恩綬「於前清光緒壬寅年（1902）主講定武中學時之一部分講演詞也」〔註 74〕。由其弟子米逢吉整理，分上下兩篇，上篇題爲「說學」，共 17 節〔註 75〕，下篇題爲「說行」，共 9 節〔註 76〕。此書先於 1906 年由山東官印書局付印，後由米逢吉於 1928 年重刊，即本文所據版本。

　　細檢《定武學記》一書，賈恩綬在繼承前賢思想和吸收西學知識的基礎之上，融會貫通，形成了自己的一套經世學說〔註 77〕，主要包括四個方面。

〔註 73〕 關於賈恩綬生平更爲詳盡的介紹，可參看河北師範大學文學學院吳秀華的《賈恩綬〈年譜〉》一文。（吳秀華：《賈恩綬〈年譜〉》，安徽省桐城派研究會主辦：《桐城派研究》2007 年第 9、10 期合刊，第 107～112 頁。）

〔註 74〕 米逢吉：《〈定武學記〉跋》，《定武學記》，中華報社民國 17 年（1928）刻本。

〔註 75〕 「說學」各節具體名稱爲：一、亘古學問徑途不外經世，其餘盡爲枝葉；二、孔子爲修己以救世之教，曾子獨得修己一派，而救世之學迄今尚晦；三、本朝最尚之漢學多無用，專爲竊取聲聞之具；四、凡講性命之微者皆曾學，而非孔學，爲孔學之支流；五、漢學又爲理學之駢枝，而流派反與宋學爲對峙；六、戒懼愼獨爲曾學，非孔子所授，在孔門爲小乘；七、《論語》爲專重修己之書，後世儒家流弊多源此書；八、詞章之學爲世之寶玩，在學問中爲美術；九、漢學詞章學亦不宜抹殺，適用處當採；十、曾卜學術適爲秦漢後專制政體利用之資，故其傳彌盛；十一、四子六經號爲道理淵海而不能綜貫，若爲教科而設，似宜另爲編訂；十二、中史無利用善本；十三、學問除求知外別無工夫；十四、進化哲理不可不通；十五、計學爲興國第一智慧；十六、西學以物質諸科學爲最亟，政治學次之；十七、初學以節錄類輯各手冊爲入門根柢。

〔註 76〕 「說行」各節具體名稱爲：一、人生除利己利人外別無他道；二、利己爲人人分內應爲之事，修己家分利義爲對待，令人莫敢言利，而風俗益偷，是爲大謬；三、修己家以黃老無爲之道爲儒教正宗，是爲大謬；四、益世之外無聖賢；五、獨善其身是人生第一大罪惡；六、窮達皆足益世，有大小之判耳；七、希望冒險進取爲萬事根基，無之必殃及君國；八、讀書者在生計學中爲分利之人，當求益世以贖分利蠹世之咎；九、欲爲聖賢豪傑，當以破除習染爲下手工夫。

〔註 77〕 宋恕並認爲賈恩綬《學記》中的不少觀點「實多得前哲深處」。（賈恩綬：《賈

第一，「即學即行，即行即學，二者未嘗分途」。知行關係一直是儒家學者們關注的重點。宋明以來，程朱理學主張知先於行，其結果便是不務躬行；王陽明則強調知行合一，但其學說易導致混知爲行，故王門後學多流於袖手空談。知行之辯到顏元時有了新的發展，他提出了「見理於事」、「寓知於行」的知行觀，強調實踐的重要性，指出「見理已明而不能處事者多矣，有宋諸先生便謂還是見理不明，只教人明理。孔子則只教人習事，迨見理於事，則已徹上徹下矣。此孔子之學與程、朱之學所由分也」〔註78〕。雖然顏氏的知行觀不免有經驗主義的傾向，但對人們認識宋明理學之弊端起到很好的指示作用。賈恩紱正是深感顏李學在知行觀上的積極意義，在開篇緒言中即對學界「學行分途」的現象提出尖銳批評：

> 吾人讀書不外學行兩端，此盡人所知也。雖然古之所爲學行實與今異，古人即學即行，即行即學，二者未嘗分途，觀《周禮》以三物爲賓興，六藝即其學，六德六行即其行，不接一物安所得仁義中和之名？不任萬事安得有睦姻任恤之號？所謂禮樂非德育乎？所謂射御非體育乎？所謂書數非智育乎？捨此三物安得更有讀書乎？吾鄉顏習齋、李剛主之徒獨標三物之説，一掃宋儒靜敬等説，眞千年一見之豪傑也。斯文不幸，爲方望溪等所摧鋤淨盡……蓋自曾卜傳統而學行分途之風以基，宋儒出而自了漢之道德愈倡而愈尊，其致用遂愈狹而愈謬，馴至今日，其説已深漬於人心，以辦事爲非分，以不辦事爲高尚，遇有慷慨自任者出，不惟莫慰其勞，反爲世所訕笑。勞而受謗，其孰不奉爲殷鑒，趨避恐後，然則凡世之號爲君子者，皆畏事矣。天下事將安歸乎？其捨小人而他無可歸，無疑也。……噫！學術沿爲風俗，至養成此不公不群之世界，已可哀己。而又不幸與講公講群者遇，相形見絀，至不得不爲之牛馬，爲之奴隸，其可哀更何如也？深究其故，實以學行分途爲受禍之始。夫學本爲行而設，行而未能故先學焉，一而二，二而一者也，故欲正今日之人心風俗，必先正夫學術，欲正學術先破學行分途之謬見……〔註79〕

恩紱來書》，胡珠生主編：《宋恕集》（上），中華書局1993年2月版，第626頁）

〔註78〕顏元著，王星賢、張芥塵、郭徵點校：《存學編》卷二，《顏元集》（上），中華書局1987年6月版，第71頁。

〔註79〕賈恩紱：《緒言》，《定武學記》，中華報社民國17年（1928）刻本，第1～2頁。

賈把「學行分途」、「不求致用」的後果提升到風俗窳敗、學術虛浮以致國家衰亡的境地，這是顏李學派所未曾達到的。這反映出身處清末民族危亡、更叠頻仍的大變局中，賈恩紱所面臨的現實較之顏李更爲嚴峻，故他的看法因之愈加深刻。

那如何才能糾正「學行分途」的謬誤？這就涉及到賈的第二個學術主張：「利人外別無利己」。在賈恩紱看來，宋明理學諸多謬誤中，最巨者莫過於「諱言利己是也」〔註 80〕。追求利益本是人之天性，然而儒家的那一套說教卻迫使人們諱言利，「卒使人人不敢以眞利己自居，至群趨於作僞之一途，故率天下而爲小人者，皆此諱言利己之說階之屬也」〔註 81〕。此說大行其道的結局便是儒者「陽爲夷齊而陰爲盜蹠」。深究下去，人們之所以諱言逐利，其根源還在於對義利關係的認識上。賈指出，「中國學術之誤，誤於義利分途，以故世人皆視義爲害利之事，利爲害義之端，二者爲反比例」〔註 82〕。追求事功，獲取利益本無可厚非，畢竟「人也者，原爲求生而生，非爲求義而生者也，不利則害生，不義則害名，名虛而生實，孰肯騖虛名而受實禍哉？……藉令義利不使分途，而以義爲利，以不義爲害，號召天下後世，至理名言，家喻戶曉，久之風俗可成，必能與今日所見效果爲相反，此凡有識者所公認不疑者也」〔註 83〕。然而那些所謂的「聖賢」們卻見不及此，大倡逐利害義、義利分途，賈恩紱對此深惡痛絕：

> 不曰利在義中，而曰義利相反。夫欲其爲義而先不以利懼之，豈非北其轍而令適越乎？董生云：正其誼不謀其利，明其道不計其功。此二語在吾國幾於婦孺皆知，範圍人之思想勢力亦最大。然吾謂最害事者即此語也。人人誦其語，則人人知義利不並容矣。不惟小人不肯爲道誼，即中人亦畏難而苟安，縱諄諄告誡，孰肯爲無利無功

〔註 80〕賈恩紱：《一、人生除利己利人外別無他道》（下篇），《定武學記》，中華報社民國 17 年（1928）刻本，第 16 頁。

〔註 81〕賈恩紱：《一、人生除利己利人外別無他道》（下篇），《定武學記》，中華報社民國 17 年（1928）刻本，第 16 頁。

〔註 82〕賈恩紱：《二、利己爲人人分內應爲之事，修己家分利義爲對待，令人莫敢言利，而風俗益偷，是爲大謬》（下篇），《定武學記》，中華報社民國 17 年（1928）刻本，第 18 頁。

〔註 83〕賈恩紱：《二、利己爲人人分內應爲之事，修己家分利義爲對待，令人莫敢言利，而風俗益偷，是爲大謬》（下篇），《定武學記》，中華報社民國 17 年（1928）刻本，第 19 頁。

之道誼哉？今爲正之曰：非正誼不能謀利，非明道不能計功。誼道
爲功利之原因，而功利乃誼利之結果，如是言之，人縱不樂爲義，
獨不爲利計乎？則天下安有小人哉？〔註84〕

「非正誼不能謀利，非明道不能計功」，這與顏元的「正其誼以謀其利，明其
道而計其功」何其相似！由此可知賈恩紱之義利觀具有強烈的事功色彩。其
「利在義中」與顏李學派「義利合一」的內在相似性，說明該觀點乃晚清時
期河北學人對顏李學派義利觀的承繼與發展。

　　既然強調學行合一、義在利中，那作爲學者，自當「以專務經世爲宗」，
按照賈恩紱的話講，即「亙古學問徑途不外經世」，這亦是他的第三個主張。
其實早在戊戌維新時期，賈的經世思想便有所展現。當時他致書康有爲，對
其所創辦的保國會提出個人看法。在他看來，康有爲設立保國會，「縱極剴痛，
亦猶之空言耳。」因爲「聰穎者自能取中西之書而博通之，無待會講，而庸
流無識者，縱聞言欣悅，亦不堪世用，況訕譏笑罵徒取其辱，又何爲哉？」〔註
85〕這實際上既無補於國家危亡，亦不能實現保國保種保教之初衷。賈的建議
是：「莫若闇淡其聲華，變保國會爲學會，並立農商格致等公司，實事求是，
日進一日，將來推行漸廣，則國教種不求保而自保。以察秋毫者導人明，以
正六律者導人聰，其與夫斤斤於聲馨之場以自炫者，必有閒矣」〔註 86〕。在
《學記》裏，賈的經世主張愈加成熟。回顧三代時期，「學問所學即所用，
以六藝爲應世課程，以六德六行爲修身課程，與今日德育、智育、體育之論
若合符節（體育即該六藝中），且不惟學用一貫更能知行並進，禮於古所該
最廣，一切事功均括其中，吉凶軍賓嘉典章制度文爲凡應世之端悉屬之，即
今日之政治法律哲學等目是也。」而今日之人以「讀書爲學」，「以讀書爲學
之全功是由實入虛之大關鍵，今驟語人以讀書不爲實學，在今日幾視爲奇
談，然試問讀書之與經世與六藝之與經世，其距離孰爲遠近？有識者當不辨
而自明」〔註87〕。當然賈所處時代，西學大量湧入，新的學科、知識的引介

〔註84〕　賈恩紱：《二、利己爲人人分內應爲之事，修己家分利義爲對待，令人莫敢言
　　　　　利，而風俗益偷，是爲大謬》（下篇），《定武學記》，中華報社民國 17 年（1928）
　　　　　刻本，第 19 頁。
〔註85〕　賈恩紱：《與康有爲書》，吳闓生編：《吳門弟子集》卷五，河北保定蓮池書院
　　　　　民國十九年（1930）刊本，第 14 頁。
〔註86〕　賈恩紱：《與康有爲書》，吳闓生編：《吳門弟子集》卷五，河北保定蓮池書院
　　　　　民國十九年（1930）刊本，第 15 頁。
〔註87〕　賈恩紱：《一、亙古學問徑途不外經世，其餘盡爲枝葉》（上篇），《定武學記》，

使他認識到單靠所謂的「三事三物」之學不足以挽救中國之現狀，必須向西方學習，爲我所用。首先當引進的就是計學。計學亦即經濟學，晚清嚴復翻譯西方經濟學著作時將經濟學譯爲「計學」，賈恩紱當是受嚴之影響，將經濟學視作一國興衰之命脈。計學之可貴，在於「其所見者遠，所利者溥」，故賈認爲「他種西學猶可從緩，而計學則興國之第一智慧也」〔註88〕。其次，對於大多人而言，應該以「動植、理化諸普通科學爲一切應用根基」。因爲「物質科學中所具智慧淺者，皆人生日用所需，深者皆營業勤學所必備，故不明政治學，不過不足以治人，不明物質諸科學，並不足被治於人」〔註89〕。賈認爲由於自古我國就未能建立一套完整的自然科學學科體系，所以文明不得不遲於西方。好在「西人於各種科學皆日精一日，編入教科，條理秩然，於以助成文明之發達，斯不謂食西哲之賜不可得也」〔註90〕。可見賈恩紱對西學頗有涉獵。賈雖然提倡事功，認爲「吾國多一讀書人，反多一蟊賊」〔註91〕。但他在對待讀書的態度上，並非像顏元那般偏激絕對，將讀書視爲無用，「誦說中度一日，便習行中錯一日；紙墨上多一分，便身世上少一分」〔註92〕。賈恩紱所反對的讀書態度，是以讀書爲學問，而忽略了實踐的重要性，故他並不否定讀書乃求知的渠道。因此他對於書本知識持較爲開明的態度。如當有人「藐視詞章之學爲不值一錢」時，賈沒有同聲附和，而是爲詞章之學辯護道：詞章「雖不足盡中學之大要，自是中國第一美術，在我國文明發生界實國粹可寶之一端。今學校中見外人有音樂科，相與仿傚寶重之，詞章之益及學術者獨不在音樂上乎？」〔註93〕不過，賈將詞章之學比作「中國第一美術」，則似有拔高之嫌，這或與他的知識背景有關。賈曾師從桐城派名宿吳汝綸，「治《儀禮》，有家法」〔註94〕。

中華報社民國 17 年（1928）刻本，第 2 頁。

〔註88〕 賈恩紱：《十五、計學爲興國第一智慧》（上篇），《定武學記》，中華報社民國 17 年（1928）刻本，第 13～14 頁。

〔註89〕 賈恩紱：《十六、西學以物質諸科學爲最亟，政治學次之》（上篇），《定武學記》，中華報社民國 17 年（1928）刻本，第 14 頁。

〔註90〕 賈恩紱：《十六、西學以物質諸科學爲最亟，政治學次之》（上篇），《定武學記》，中華報社民國 17 年（1928）刻本，第 14 頁。

〔註91〕 賈恩紱：《八、讀書者在生計學中爲分利之人，當求益世以贖分利蠹世之咎》（下篇），《定武學記》，中華報社民國 17 年（1928）刻本，第 24 頁。

〔註92〕 顏元著，王星賢、張芥塵、郭徵點校：《總論諸儒講學》，《存學編》卷一，《顏元集》（上），中華書局 1987 年 6 月版，第 42 頁。

〔註93〕 賈恩紱：《八、詞章之學爲世之寶玩，在學問中爲美術》（上篇），《定武學記》，中華報社民國 17 年（1928）刻本，第 8 頁。

〔註94〕 吳汝綸：《鹽山賈先生八十壽序》，施培毅、徐壽凱校點：《吳汝綸全集》第一

故賈亦被視爲晚清桐城派在北方的代表人物之一〔註95〕。若從此層關係上來考察，便易於理解他爲何看重詞章之學。

　　除卻倡導事功之學外，賈對儒家經典的質疑和評騭漢宋學也頗具特色。對於被歷代儒生奉爲經典的《論語》，賈認爲該書「其書多失聖人之眞，於悲憫救世之大端，幾付闕如，但於容貌、辭氣、謹言、愼行諸事，詳之又詳，藉令綜合全書之精神以爲孔子寫眞，一學究足以當之而無愧，安見其爲生民未有之大聖哉？世之人顧以此爲孔道之眞，是眞不信孔子而信《論語》也」〔註96〕。經過賈之考證，他斷定《論語》必成於後世眾窮儒之手，「流弊直與孔道相反」。所以他主張「寧信孔子而不盡信《論語》」，「吾之不信《論語》，適將以尊孔也」〔註97〕。賈的觀點招來了嚴復的商榷〔註98〕。嚴在回信中認爲《論語》「博施濟眾」章「似可補前義之未足」，並就賈對《論語》的批判略作辯解，指出「《論語》自今日觀之，誠有一二不合用者，然言各有當，安知其說行於孔子之世非無以易者乎？」〔註99〕賈恩紱對四子六經亦不甚滿意：

> 總之，六經不足覽孔子道之全，《禮記》、《周易》差勝矣，而亦非本末綜貫、源流詳該之體裁，《春秋》雖專明政見，而其道已古，此六經之大旨也。四子中《大學》、《中庸》出自《禮記》，又純爲曾子之緒餘，無論矣。《論語》與《禮記》上下相距不出數十年，亦曾卜門徒傳信傳疑之作。此外獨《孟子》爲佳，以其多出己手也。而體例事理並載，有似日記，與他子篇題亦不類衰周諸子多標篇目類載，孟子則否，亦非綜貫條理之作。以故四子六經雖成道理淵海，求其

冊，黃山書社 2002 年 9 月版，第 172 頁。

〔註95〕　參見吳秀華：《燕地賈恩紱手稿中所見桐城派學者資料》，《文獻》2003 年第 4
　　　　期；吳秀華：《略談桐城派在北方的傳播》，《燕趙學術》，2007 年春之卷。
〔註96〕　賈恩紱：《〈論語〉爲專重修己之書，後世儒家流弊多源此書》，《定武學記》，
　　　　中華報社民國 17 年（1928）刻本，第 6～7 頁。
〔註97〕　賈恩紱：《七、〈論語〉爲專重修己之書，後世儒家流弊多源此書》，《定武學
　　　　記》，中華報社民國 17 年（1928）刻本，第 7 頁。
〔註98〕　嚴復收到賈恩紱寄來的《定武學記》後，曾回信一封，對賈著略作點評。賈
　　　　恩紱將此信命名爲《嚴幾道先生來書》，置於《定武學記》正文之前，以作爲
　　　　該書序言，可見賈對嚴復來信頗爲看重。另據筆者考證，此信當爲嚴復的一
　　　　篇佚文，頗有研究之價值。參見拙文：《嚴復致賈恩紱函一通》，《文獻》2011
　　　　年第 2 期。
〔註99〕　嚴復：《嚴幾道先生來書》，《定武學記》，中華報社民國 17 年（1928）刻本。

　　由根而幹而枝而葉，本末完全者，竟無一也。〔註100〕

是故賈希望學習西方學科編排模式，將四子六經「分別部居，囊括眾說而條理之，亦大觀也」〔註101〕。這種主張學術分科的見解，在清末還是頗具有遠見的。「桐城尊宋學」，「好治文辭」〔註102〕，賈師承桐城殿軍吳汝倫，自然在評價漢宋學術時有其傾向性。對於乾嘉漢學，賈恩紱之評價頗低。在其看來，漢學有兩大謬誤：「訓詁以託體六經而始尊。而六經之所以足尊者，在不可磨滅之道理，道理無事於訓詁也。其有事訓詁者，惟名物典制六經之粗迹耳。以研求粗迹代身心之學，其誤一。又進而求之三代普通之學守之，學官者為六藝，禮樂射御書數是也，決非後世學官之六經，以六經冒六藝，實始於漢儒。六經雖尊而但就切近人事論之，實遠遜於古之六藝，專窮經猶未必致用，況專窮經之粗迹乎？其誤二」〔註103〕。其結果便是「勾論古今」卻「無當於經世」。對於理學，賈恩紱之態度明顯有所保留。他認為漢學僅是理學的一個分支，「當世學人不曰宋，即曰漢，且互相主奴，宋學往往為漢學所凌駕。而不知沿流溯源，則漢儒所據地位去宋儒尚隔一級，理學雖腐而究為正幹，漢學雖博而終屬旁支，學者所當嚴其流別，勿徒為耳食之論也」〔註104〕。賈畢竟深受理學熏染，其不能完全跳出學派觀念來看待漢宋學術，故有些觀點未必精確。

　　劉師培曾於《幽薊顏門學案序》中對北學特徵有過經典總結：

　　燕趙之地……地土墝瘠，民風重厚而樸質，故士之產其間者，率
　　治趨實之學，與南學浮華無根者迥殊。顏學之興，亦其地勢使然
　　歟。〔註105〕

自然地理環境對學術風格之塑造的影響究竟多大，可姑且不論。至少說明實

〔註100〕賈恩紱：《十一、四子六經號為道理淵海而不能綜貫，若為教科而設，似宜另
　　　　為編訂》，《定武學記》，中華報社民國17年（1928）刻本，第10～11頁。
〔註101〕賈恩紱：《十一、四子六經號為道理淵海而不能綜貫，若為教科而設，似宜另
　　　　為編訂》（上），《定武學記》，中華報社民國17年（1928）刻本，第11頁。
〔註102〕鄧實：《國學今論》，《國粹學報》1905年第五期，廣陵書社2006年3月版，
　　　　第71頁。
〔註103〕賈恩紱：《三、本朝最尚之漢學多無用，專為竊取聲聞之具》（上），《定武學
　　　　記》，中華報社民國17年（1928）刻本，第4頁。
〔註104〕賈恩紱：《五、漢學又為理學之駢枝，而流派反與宋學為對峙》（上），《定武
　　　　學記》，中華報社民國17年（1928）刻本，第6頁。
〔註105〕劉師培：《幽薊顏門學案序》，《劉師培全集》第三冊，中共中央黨校出版社
　　　　1997年版，第562頁。

學思想當爲北學之主流。顏李學即其傑出代表。時值風雲激蕩的晚清，河北雖非全國學術之核心區域，但當地學人並未放棄對事功實學的追求。賈恩紱的經世學說便是例證。他在對顏李學進行揚棄的基礎上，倡導「學行合一」、「義在利中」等主張，體現出燕趙地區實學思想在晚清發展的新階段。當然，顏李學派雖爲賈之鄉賢前輩，但賈並未過分尊崇，而是取其精華、棄其糟粕，「顏李之說不興無足惜」〔註106〕，但其經世精神當代代相傳。故他對顏李學持較爲客觀的態度。由於賈恩紱於晚清民國學界聲名不彰，且學術話語權一直掌握在南方學者手中，故總體而言，北方地區顏李學之傳播主要限於河北一域，影響亦不及永嘉後學。

第三節　書刊宣傳與近代闡釋

一、20 世紀初葉顏李學傳播之大貌

　　無論是永嘉後學對顏李學的吸取與倡揚，還是河北學人對鄉賢學術著作的整理與揚棄，其對顏李學的傳播都囿於人際傳播類型，受眾面窄，輻射區域因之較小，故效果並不理想。20 世紀初葉，報刊業日趨繁榮，其中不少報刊探研中國傳統學術，以期能借古學來挽救危局，從而推動了學術史研究於清末民初的勃興〔註107〕，這亦爲顏李學朝更深層的傳播提供了重要契機。

　　較之人際傳播，以書籍、雜誌和報紙爲組成部分的文字傳播有其得天獨厚的優勢。它借助印刷媒介，可以「大規模地複製和傳遞信息」，從而「高效率地傳播文化」〔註108〕。而作爲大眾傳播媒介的報紙，其特點愈加突出：第一，報紙「成本低廉，製作方便」，該種優勢，是書刊所無法比擬的；第二，報紙「承載的信息量大，且能傳遞深度信息」；第三，報紙「信息獲取的選擇性強，且易於保存」，就受眾而言，報紙由於印刷在紙上，故讀者可以據個人需要控制閱讀速度，選擇閱讀時間、地點和內容，人人可以本著自己的習慣、興趣和能力去加以選擇〔註109〕。因此，一種學說若想迅速傳播、讓大眾瞭解

〔註106〕賈恩紱：《緒言》，《定武學記》，中華報社民國 17 年（1928）刻本，第 1 頁。
〔註107〕詳見李帆：《清末民初學術史勃興潮流述論》，《吉林大學學報》（社會科學版），2005 年第 5 期。
〔註108〕戴元光、金冠軍主編：《傳播學通論》，上海交通大學出版社 2000 年 8 月版，第 312 頁。
〔註109〕戴元光、金冠軍主編：《傳播學通論》，上海交通大學出版社 2000 年 8 月版，

其內容主旨，報紙無疑是最佳的一種途徑。顏李學在清末的傳播過程中，正借報刊業興盛之東風，故其學說宣傳較為便利，進入更多人的視野當中。筆者參考《中國近代期刊編目彙錄》、《國粹學報》、《民報》等材料，對 20 世紀初年（截止辛亥年）書刊文章中涉及顏李學的篇目做一初步統計，詳表如下：

編號	書 名 或 篇 名	作 者	書籍或期刊	日 期 或 卷 號
1	《中國理學大家顏習齋先生的學說》	光漢	《中國白話報》	1904 年 2 月 16 日第五期，學說，
2	《中國民約精義》	劉光漢、林獬	不詳	1904 年 5 月〔註110〕
3	《兵制》	無署名	《中國白話報》	1904 年 5 月 15 日第十一期，歷史，
4	《〈習齋學案〉序》	光漢	《政藝通報》	1904 年第 21 號
5	《幽薊顏門學案序》	光漢	《政藝通報》	1904 年第 21 號
6	《並青雍豫顏門學案序》	光漢	《政藝通報》	1904 年第 21 號
7	《顏學》	章炳麟	《訄書》重訂本	日本東京翔鸞社 1904 年鉛印本
8	《國學今論》	鄧實	《國粹學報》	1905 年 5 月 23 日第四期，社說
9	《詠明末四大儒》	劉光漢	《國粹學報》	1905 年 5 月 23 日第四期，文篇
10	《顏李二先生傳》	劉光漢	《國粹學報》	1906 年 1 月 14 日第十二期，史篇
11	《戴望傳》	劉光漢	《國粹學報》	1906 年 3 月 14 日第十四期，史篇
12	《明末四先生學說》	鄧實	《國粹學報》	1906 年 4 月 13 日第十五期，社說
13	《王昆繩劉處士墓表》附識	鄧實	《國粹學報》	1906 年 7 月 11 日第十八期，撰錄
14	《李恕谷〈瘳忘編〉自序》、《惲鶴生〈李恕谷先生年譜〉題辭》附識	鄧實	《國粹學報》	1907 年 2 月 2 日第二十五期，撰錄

第 311〜312 頁。

〔註110〕參見李帆：《劉師培與中西學術——以其中西交融之學和學術史研究為核心》，北京師範大學出版社，2003 年 3 月版，第 204 頁。

15	《李恕谷顏先生存學編序》、《李恕谷顏先生存性編序》、《李恕谷顏先生存治編序》、《李恕谷顏先生存治編書後》、《李恕谷顏先生存人編序》、《李恕谷大學辨業自序》、《王昆繩平書自序》、《王昆繩大學辨業序》附識	鄧實	《國粹學報》	1907 年 3 月 4 日第二十六期，撰錄
16	《悲前戴》、《哀後戴》	太炎	《民報》	1906 年 11 月 15 日第九號
17	《近儒學術統系論》	劉師培	《國粹學報》	1907 年 4 月 2 日第二十七期，社說
18	《戴子高汪仲伊握奇圖解序》、《戴子高記明地山人琴》、《戴子高陳先生行狀》、《戴子高顧職方畫贊》、《戴子高國朝師儒表序》附識	鄧實	《國粹學報》	1907 年 4 月 2 日第二十七期，撰錄
19	《明遺民錄敘》	陳去病	《國粹學報》	1907 年 5 月 2 日第二十八期，史篇
20	《明遺民錄・刁王顏先生傳第二》	陳去病	《國粹學報》	1907 年 6 月 30 日第三十期，史篇
21	《顏元斥土地不均之害》	叔時	《天義報》	1907 年 6 月 25 日第二卷，雜記
22	《非六子論》	申叔	《天義報》	1907 年 10 月 30 日第八至十卷合冊，論說
23	《論欲救中國當表章顏習齋學說》	不詳	《東方雜誌》轉載《神州日報》	1908 年 1 月 23 日第十二期
24	《顏氏學派重藝學考》	劉師培	《政藝通報》	1908 年 3 月 17 日第七年戊申第二號，上編・政學文編
25	《顏氏學記》跋	黃節	《國粹學報》	1908 年 7 月 18 日第四十三期，紹介遺書
26	《李恕谷年譜》跋	黃節	《國粹學報》	1908 年 9 月 15 日第四十五期，紹介遺書
27	《王昆繩廖柴舟墓誌銘》	無	《國粹學報》	1908 年 10 月 14 日第四十六期，撰錄
28	《與王鶴鳴書》	章絳	《國粹學報》	1910 年 3 月 1 日第六十三期，通論

二、國粹派學人的顏李學研究

由上表可知，20 世紀初年，學界對顏李學之關注並未降溫，且呈現日漸深入之勢。同時細考以上文章作者，不難發現絕大多數乃國粹派學人〔註111〕，他們對顏李學的檢討研究，頗能代表當時新式學人的看法，故本節擬以國粹派學人對顏李學的探研爲例，來探討其在清末的發展態勢。

首先，國粹派搜輯、刊刻顏李著作。這在《國粹學報》上體現得尤爲明顯。鄧實、黃節、劉師培諸同仁皆爲搜集顏李學派著作出力良多。如劉師培對顏元高足王源之學行頗爲推崇，但因王氏著作流傳不廣，故劉「求其遺書已久未之得。聞《平書》原本尚存，惟主者秘藏之，不願公於世」〔註112〕。其友鄧實亦「深恐其學術將歸漂沒，擬撰《顏習齋先生學說》之後附載昆繩先生傳略學說一二。而於明末四先生學說撰成時當另撰《劉繼莊先生學說》一篇……劉王二先生之學術行誼庶可考見云」〔註113〕。同時，鄧還於《國粹學報》上公開徵集明末學者著作，希望社會賢達惠賜藏書。不久，鄧實便從杭州丁氏善本書屋抄得劉繼莊的《廣陽雜記》一書，又從豐順丁叔雅處覓得其藏《瘳忘編》、《李恕谷年譜》二書。此外，鄧「久聞楊氏藏有王昆繩《平書》，今又得張君書，云有《平書》、《顏習齋年譜》二書，寄贈國學保存會，得此而顏氏之學當益昌矣」〔註114〕。王氏之《平書》亦由此重見天日。搜輯遺書之目的並非個人把玩，孤芳自賞，而是儘量使其廣爲流播，以資世用。故國粹派同仁主要通過三種方式達此目的。一是專闢「撰錄」一門，「搜羅

〔註111〕關於「晚清國粹派」，鄭師渠有過精闢的定義：「國粹派是革命派隊伍中的一個派別。他們多是一些具有傳統學術根柢的資産階級小資産階級知識份子，不僅主張從中國的歷史與文化中汲取精靈，以增強排滿革命宣傳的魅力；而且強調在效法西方改革中國政治的同時，必須立足於復興中國固有文化。所以，他們一身二任：既是激烈的排滿革命派，又是熱衷於重新整理和研究傳統學術、推動其近代化著名的國學大家。他們追求中國社會的民主化，但更關切傳統文化的命運，孜孜以復興中國文化自任，也惟其如此，他們倡言的國粹思潮不是獨立的思潮，而是民主革命思潮的一部分；只是因經受中國歷史文化更多的折光，而呈現出古色古香獨異的色彩罷了。」（鄭師渠：《晚清國粹派文化思想研究》，北京師範大學出版社 1997 年版，第 8～9 頁）

〔註112〕鄧實：《〈王昆繩劉處士墓表〉附識》，《國粹學報》1906 年 7 月 11 日第十八期，撰錄。

〔註113〕鄧實：《〈王昆繩劉處士墓表〉附識》，《國粹學報》1906 年 7 月 11 日第十八期，撰錄。

〔註114〕鄧實：《〈李恕谷瘳忘編自序〉、〈惲鶴生李恕谷先生年譜題辭〉附識》，《國粹學報》，1907 年 2 月 2 日第二十五期，撰錄。

我國佚書遺籍，徵採海內名儒偉著皆得之家藏手抄未曾刊行者」〔註 115〕。
鄧實等人把收集而來的散見於各類典籍中的顏李及其後學佚文整理刊佈於
「撰錄」當中，具體篇章詳見上表。二是將卷帙較大的著作單獨編輯成書，
「刊爲《國粹叢書》，以發揚幽微」〔註 116〕。國學保存會先後出版了《顏氏
學記》、《顏習齋年譜》、《李剛主年譜》、《李剛主瘳忘編》、《王昆繩平書》五
種顏李遺著〔註 117〕，並設立「紹介遺書」專欄，對其中的一些作品進行點評。
如黃節就先後爲《顏氏學記》和《顏習齋年譜》撰寫跋語，對顏元、李塨二
人的學術旨趣做一論述。希望「慕顏氏者人鏤一版焉。則其傳廣矣」〔註 118〕。
三是開設藏書樓〔註 119〕，將顏李著作供人借閱。正是通過以上三方面之努
力，顏李學被更多的人所熟知。

　　其次，國粹派肯定顏李學在清學史中的位置，對其學術特色進行研討。對
於顏元在明末清初學術界中之地位，國粹派給予了充分肯定，這在諸儒排位中
頗有體現。鄧實在《國學今論》一文中，將明末清初的學界代表性人物總結爲
六人：「黃梨洲、顧亭林、王船山三先生興於南，孫夏峰、李二曲、顏習齋三先
生興於北。梨洲集王學之大成，亭林以關學爲依歸，船山奉關學爲標準，夏峰、
二曲融合朱陸，習齋則上追周孔，此六先生學術之派別也」〔註 120〕。雖然六先
生學派不同，但「其以經世有用實學爲宗則同，其讀書通大義，不分漢宋則同，
其懷抱國仇，痛心種族，至死不悔則同」〔註 121〕。可見顏氏在鄧實心中之地位。
無獨有偶，劉師培也將顏元推爲明末四大儒之殿軍，其餘三位便是今人耳熟能
詳的顧、黃、王三人，劉氏還賦詩一首，表達對此四人的崇敬之情：

　　　壯懷久慕祖士雅，田牧甘隨馬伏波。

　　　精衛非無填海志，也應巧避北山羅。（顧亭林）

〔註 115〕《國粹學報略例》，《國粹學報》第 1 年第一期。
〔註 116〕《1906 年國學保存會第五號報告》，《國粹學報》，附錄。
〔註 117〕1906 年國學保存會第五號報告，附錄。
〔註 118〕黃節：《〈顏氏學記〉跋》，《國粹學報》，1908 年 7 月 18 日第四十三期，紹介
　　　　遺書。
〔註 119〕鄧實在國學保存會藏書志前言中寫道：「獨念其中孤本、鈔本，□□而有爲海
　　　　内所未見者，遠方同志不克登樓以觀，僅讀目錄則語焉不詳，故復爲本會藏書
　　　　志，仿郡齋讀書志、直齋書錄解題例，條其源流篇目，間錄原書序跋，另成一
　　　　編，使異書佳帙，不必人人得讀，而人人無不知有是書，或因是編之紹介，而
　　　　益以搜求而遍讀焉。」（《國學保存會藏書志》，《國粹學報》第 4 年第 2 期）
〔註 120〕鄧實：《國學今論》，《國粹學報》，1905 年第四期，社說。
〔註 121〕鄧實：《國學今論》，《國粹學報》，1905 年第四期，社說。

　　精心西浙非王土，伺籍東林作黨人。

　　畢竟堅貞成大節，晦明無復九疇陳。（黃梨洲）

　　井中心史鄭思肖，澤畔哀吟屈大夫。

　　甄別華戎垂信史，麟經大義昭天衢。（王船山）

　　自古儒文嗤武俠，紛紛經術惜迂疏。

　　先生教法師周孔，六藝昭垂恥著書。（顏習齋）

　　先生以格物即周禮，三物乃六藝也。〔註122〕

　　而作爲國粹派的主帥人物，章太炎雖未對諸位大儒之先後座次加以論列，但其對顏元的評價相當之高。在他看來，揆諸儒學之發展，「自荀卿而後，顏氏則可謂大儒矣」〔註123〕。其對顏元之推崇可見一斑〔註124〕。

　　國粹派學人並未僅僅停留在讚賞顏氏學行的層面之上，而是本著求眞的態度就顏李學的諸多問題展開研討。顏李學究係如何產生，其後傳播大勢怎樣？這自然是學術史研究首當解決的問題。國粹派學人從各自角度對該問題

〔註122〕劉光漢：《詠明末四大儒》，《國粹學報》，1905 年第第四期，文篇。當然，同樣於《國粹學報》中，也有人對明末諸儒的排位給出了另外的看法，如署名「憲子」的作者則在《詠明末諸儒》中認爲六大儒當爲黃、顧、孫、王、李、傅，其詩如下：

　　手挽神州起陸沉，少年原自逞雄心。

　　天教老去成名士，一卷明夷直到今。（黃梨洲）

　　生平足迹半天下，著述餘閒且力耕。

　　風雨故陵經十謁，孤城涕淚自縱橫。（顧亭林）

　　修堞完城禦外兵，高風亮節最知名。

　　平生得力多憂患，晚近蘇門善證成。（孫夏峰）

　　竄伏窮山未許知，飴茶席棘老鬚眉。

　　孤臣無限傷心事，晚出遺書晚更悲。（王船山）

　　生我名兮殺我軀，關中轉恨有名儒。

　　悲涼土室今何世？理學羞稱魏象樞。（李二曲）

　　沉淪俠骨意凄然，草履黃冠老蘗禪。

　　埋血千年碧不滅，霜紅龕裏傲霜天。（傅青主）

　　（憲子：《詠明末諸儒》，《國粹學報》，1905 年第十期，文篇。）

〔註123〕章太炎：《顏學》，《訄書》重訂本第十一，《章太炎全集》第三冊，上海人民出版社 1984 年 7 月版，第 153 頁。

〔註124〕此外，梁啓超在 1904 年發表的《論中國學術思想變遷之大勢》一文有關《近世之學術》部分中，亦將明末清初「開新舊學派之過渡者」列爲五人：顏、黃、王、顏、劉（獻廷）。說明顏氏在梁氏的學術大儒名單中亦占重要一席。至於梁啓超對顏李學的研究，本文於第四章將有專門篇幅加以探討，故暫於此略去不表。

進行了解釋。鄧實指出，「二千年來神州之學術，其最盛者有三期：一曰周秦諸子，一曰永嘉諸子，一曰明末四先生（黃顧王顏）。三期之學其學風相似，其規模盛大相似，而永嘉一期之學派，則固上繼周秦（周秦諸子之書均言實用），下開明末四先生之學統者也（顧炎武《日知錄》多採葉適語，顏元倡事物之實用，與永嘉學派合，黃宗羲浙人於浙學有淵源）」〔註125〕。這說明鄧實認為顏李學與永嘉學術之間有著淵源關聯。劉師培則側重地理環境同學術發展之間的關係，他寫道：「燕趙之地，古稱多感慨悲歌之士，讀高達夫《燕歌行》，振武之風自昔已著。又地土墝瘠，民風重厚而樸質，故士之產其間者，率治趨實之學，與南學浮華無根者迥殊。顏學之興，亦其地勢使然歟……燕、薊素無學術，北學之興始自習齋……」〔註126〕把一種學術的出現完全歸因於地理環境，自然有失偏頗，不過劉師培這種將「地勢」與學術結合起來考察的思路，在當時堪稱耳目一新，頗值借鑒。與鄧、劉二人略有不同，章太炎更強調明末學風之弊對顏氏的刺激作用，在他看來，「明之衰，為程、朱者痿弛而不用，為陸、王者奇觚而不恒。誦數冥坐與致良知者既不可任，故顏元返道於地官」〔註127〕。綜上而言，鄧、劉、章三人的看法皆有可取之處，若合而觀之，似乎便可較為全面地瞭解顏李學於清初興起的緣由。對於顏李學的流衍與中衰的過程，國粹派諸人的看法則趨於一致。顏李學雖盛極一時，但知名弟子並不多，「惟李剛主、王昆繩為著」，故至清中葉便急速衰落，幾成絕學。「後二百年，顏學始由北而南。德清戴望，承其絕學，編《顏氏學記》，而餘姚章氏亦推為荀卿後之大儒。蓋顏學與王（船山）學，皆及今而大顯云」〔註128〕。鄧實對顏李學於有清一代興衰歷程的勾勒大體不差，只是其認為直到戴望編纂《顏氏學記》時，顏李學方才流播於南方，此說法有待商榷。其實顏之弟子李塨已多次南遊傳播，並收惲鶴生、程廷祚諸人於門下，故早在李塨之時，南方學人對顏李學已頗有聽聞。只是其影響不及北方顯著，誠如劉師培所言：「即江浙之士，亦間宗其學。然一傳以後其學驟衰，惟江寧程廷祚私淑顏李，近人德清戴望亦表彰顏李之書，捨其傳其學者鮮矣」〔註129〕。

〔註125〕鄧實：《永嘉學派述》，《國粹學報》，1905 年第十一期，社說。

〔註126〕劉師培：《幽薊顏門學案序》，《劉師培全集》第三冊，中央黨校出版社 1997年版，第 562 頁。

〔註127〕章太炎：《顏學》，《訄書》重訂本第十一，《章太炎全集》第三冊，上海人民出版社 1984 年 7 月版，第 151 頁。

〔註128〕鄧實：《國學今論》，《國粹學報》，1905 年第四期，社說。

〔註129〕劉師培：《近儒學術統系論》，《國粹學報》，1907 年第二十七期，社說。

此外，劉氏還特意撰寫《習齋學案序》、《幽薊顏門學案序》、《並青雍豫顏門學案序》三文，對顏李學於清初的發展形勢做一論述，尤其對顏李二人傳播學說過程的考察，甚是細緻：

> 及顏先生南遊許、汴，李先生西入秦關，雍、豫儒生造門請業，旁及齊、晉，士多興起，各探其性之所近，以一藝自鳴，由是次亭（上蔡王延祐）、穎生（鄢陵劉從先）肄習禮經，聖居（鄒縣魯登閣）、介石（深澤李柱）登歌合樂，瑞生（西安蔡麟）、心衡（山東劉心衡）潛心射御，以及季榮（華州古葵）肄書，野臣（河南謝在修）通數，而代州馮氏敬南精諳眾數，飾材辨器媲美白民，是豈可以奇技淫巧目之者哉？蓋南學蹈虛，北學崇實，蹈虛者多浮詞，崇實者多實效。觀南人肄顏學者，捨義理而外，惟知掇拾禮經，而六藝正傳必歸北人。豈非北人學術導緒西書，固與南人所學不同與？〔註 130〕

透過劉氏這段文字，不僅可以瞭解顏李二人傳播學說的範圍及弟子所習六藝之分工，同時亦可知顏李學之所以在南方不甚發達，在於南方學人受考据學興起的影響，對顏李學的采擇多集中於經學層面，故劉氏認爲他們「惟知掇拾禮經」，未得顏李學之眞。這恰恰反映出南北學風之不同和學術趨嚮之嬗變。

當然，最爲國粹派所矚目和倡揚的當是顏李學追求實用的學術宗旨。顏元講學，主張「復堯、舜、周孔、六府、三事、三物、四教之舊，以事物爲歸，以躬行爲主，不尚空言。其教學者習禮、樂、射、御、書、數、兵、農、水、火諸學，倡教漳南，於文事、經史外，兼習武備、藝能各科」，故鄧實指出：「蓋先生之學，以用爲體，即以用爲學。實學實用，即體即用者也。此習齋之學也」〔註 131〕。劉師培亦認爲「惟習齋先生以用爲體，力追三代，教學成法，冠、婚、喪、祭必遵古制，從遊之士，肄力六藝，旁及水、火、兵、農諸學，倡教漳南，於文事、經史外兼習武備、藝能各科，較之安定橫渠固有進矣……蓋先生以用爲體，即以用爲學，身體力行，一矯講學空虛之習」〔註 132〕。不過，劉比鄧實認識更深刻之處，在於他看到顏李提倡實學背後蘊含的經世精神。有些學者認爲顏李學與程朱理學有別之處是因爲它以

〔註 130〕劉師培：《並青雍豫顏門學案序》，《劉師培全集》第三冊，中央黨校出版社 1997 年版，第 563 頁。

〔註 131〕鄧實：《國學今論》，《國粹學報》，1905 年第四期，社說。

〔註 132〕劉師培：《習齋學案序》，《劉師培全集》第三冊，中央黨校出版社 1997 年版，第 562 頁。

「習藝備用爲餘力」，劉則批評這種看法是本末倒置。顏李之學「本旨在於用時，時不可爲，乃以遏欲勤身自見，是備用爲本，守身特其末耳」〔註133〕。可見顏李提倡實學之目的是爲了經世致用，只是因爲生不逢時，所以才不得已強調個人修煉。歸根結底，顏李學的本質「總在那經世上面。除了經世，便沒有別的事情了」〔註134〕。劉對這種主次關係的闡釋對人們理解顏李學之實質十分有益。章太炎亦讚歎顏李學這種實用精神「輔世則小大可用，不用而氣志亦日以奘駆，安用冥求哉？」〔註135〕

與以上諸人不同，對於這種追求事功的學問，黃節提出了一絲隱憂。在他看來，「習齋之學，以事物爲歸，原其所爲教，則仕學合一，此古訓也，非自習齋創之。《說文》仕學也，若膺云：訓仕爲入官，今義也；古義宦訓仕，仕訓學，毛詩傳五言士事也。而文王有聲傳亦言仕事也。是仕與士皆事其事之謂。學者覺悟也，世其事擇日就於覺悟也。」顏氏之學以事物爲歸，實際上所爲「仕事也」。一言以蔽之，「原其所爲教，則仕學合一」。觀其弟子李恕谷所著《瘳忘篇》，王昆繩所著《平書》及張文升的《存治異編》，「大抵切於事功者爲之。再傳而有楊愼修、葉維一，以吏治聞。蓋其所爲教，收效若此已。」故黃節所擔心的就在於「習齋教人以事，而未嘗教人以仕，雖然原其所爲教，吾懼不爲之別，必有以事功爲急，而事於仕者。則讀是書者所不可不思也」〔註136〕。顏李學教人追求事功，卻未嘗教人爲官之道，若不加辨識，往往會使人誤入歧途，淪爲權力場的犧牲品。黃節對功利主義流弊的認識可謂勝同儕一籌。

在研討顏李學中所蘊含的古學意蘊的同時，國粹派還努力挖掘其中的西學因素，認爲顏李「默契西法」，對西方學術多有借鑒。持該觀點者以劉師培最爲典型。明清之際是我國史上一次思想大解放時期，梁啓超曾譽之爲「啓蒙運動」，「其動機及其內容，皆與歐洲之『文藝復興』絕相類」〔註137〕。明

<hr />

〔註133〕劉師培：《習齋學案序》，《劉師培全集》第三冊，中央黨校出版社1997年版，第562頁。

〔註134〕光漢：《中國理學大家顏習齋先生的學說》，《中國白話報》第五期，學說，一九零四年二月十六日，萬仕國輯校：《劉申叔遺書補遺》，廣陵書社2008年12月版，第107頁。

〔註135〕章太炎：《顏學》，《訄書》重訂本第十一，《章太炎全集》第三冊，上海人民出版社1984年7月版，第151頁。

〔註136〕黃節：《〈顏氏學記〉跋》，《國粹學報》，1908年7月18日第四十三期，紹介遺書。

〔註137〕梁啓超：《清代學術概論》，《飲冰室合集》專集之三十四，中華書局1989年

末清初的思想家們在反思宋明理學之弊端的同時，亦表現出對西方文明的嚮往與認可，顏李概莫能外。他們崇尚藝能，追求事功，在導源三代之學的基礎之上，也對西方自然科學知識有所汲取。如顏元 11 歲時就曾向鄉賢文輔學習天文、六壬數〔註138〕。43 歲那年，顏元結識計公，其人「安平諸生，知兵，能技擊，精西洋數學」〔註 139〕。5 年後，顏元又在弟子國公玉之引介下，與衡水魏純嘏相交，從他處學得天文之學〔註 140〕。李塨更進一步，主張古今融合，中西貫通。他曾寫道：「吾之翻閱，亦爲學也。與先生所見微有不同。吾人行習六藝，必考古準今。禮殘樂闕，當考古而準今者也。射、御、書有其彷彿，宜準今而稽之古者也。數本於古，而可參以近日西洋諸法者也」〔註 141〕。他又在天文曆象方面有所實踐，對西方日食、月食成果頗爲肯定：

> 西洋人曰日食必朔，以日高月下合，朔而同度同道，則月掩日光，掩一分，食一分；掩一分，食二分。月食必望，以月借日以爲光，望而東西相望，若同道同度，中間之地遮之，遮一分，食一分；遮二分，食二分。其言勝於古之推日、月食者。〔註 142〕

劉師培敏銳地觀察到顏李學中的西學因素，指出「習齋先生生長博野，地邇燕京，吾意先生壯年必親炙西士之門，備聞緒論，事雖失傳，然證以先生所學，則禮、樂、射、御、書、數外，並及水、火、工、虞。夫水、火、工、虞取名雖本於虞廷，引緒實基於晳種」〔註 143〕。不過，劉在「發現」顏李學中西學成分的同時，又開始對其學說多有「發明」，出現過度闡釋之嫌。首先劉認爲「習齋居近輩轂，必曾問業於西人」〔註 144〕。此爲劉氏頗爲武斷

版，第 3 頁。

〔註138〕顏元著，王星賢、張芥塵、郭徵點校：《顏習齋先生年譜》卷上，《顏元集》（下），中華書局 1987 年 6 月版，第 722 頁。

〔註139〕顏元著，王星賢、張芥塵、郭徵點校：《顏習齋先生年譜》卷上，《顏元集》（下），中華書局 1987 年 6 月版，第 747 頁。

〔註140〕顏元著，王星賢、張芥塵、郭徵點校：《顏習齋先生年譜》卷上，《顏元集》（下），中華書局 1987 年 6 月版，第 754 頁。

〔註141〕馮辰、劉調贊撰，陳祖武點校：《李塨年譜》，中華書局 1988 年 9 月版，第 96 頁。

〔註142〕李塨：《天道偶測》，《顏李叢書》，四存學會 1923 年鉛印本。

〔註143〕劉師培：《並青雍豫顏門學案序》，《劉師培全集》第三冊，中央黨校出版社 1997 年版，第 563 頁。

〔註144〕劉師培：《顏氏學派重藝學考》，《政藝通報》，第七年戊申第二號，上編·政學文編，一九零八年三月十七日，萬仕國輯校：《劉申叔遺書補遺》，廣陵書社 2008 年 12 月版，第 567 頁。

的一種推測。畢竟翻檢現有史料，沒有直接證據說明顏元曾與西人接觸。且顏元身處較爲偏僻的博野，加之其一生出遊次數不多，故很難結識西方人士。其次，劉氏將六藝同西方科學強加比附，如他認爲「六藝之旨所該甚博，今新學亦不能出六藝之範圍。知禮之當學，即知睦鄰交際，從宜從俗，實爲新王之禮制；知樂之當學，即知音樂設科，琴歌互答，不背古代之樂經；知射之當學，即知操演武器，崇尚兵操，爲當今之急務；知御之當學，即知駕駛舟車，諳明汽學，爲致用之實功；知書之當學，則佉廬之字、大秦之書，在所不廢矣；知數之當學，則測量之法、代數之術，在所不遺矣」〔註145〕。應當說該種作法並不可取。再次，在劉氏看來，「夫水火、工虞，於中土久爲絕學。」所以他徑直斷定「今習齋以之施教，蓋用西人之學，而飾以中土之名」〔註146〕。顏李學乃產於中國本土的一種崇尚事功的學術思想體系，西學因素在其中所佔比例十分有限。劉師培有意誇大顏李學的西學色彩，當有其宣傳中西學術交融的目的，不過此做法畢竟有失求眞的學術準則，頗不足取。

　　此外，劉師培與章太炎在顏李學的學術特徵問題上存有分歧。晚清以降，墨學復興，許多學者投身於墨子研究。在研究過程中，不少人發現顏李學遏欲勤身，崇尚工藝，同墨學多有近似之處，孫詒讓即持該觀點。劉師培對此頗爲認同：「近儒瑞安孫氏謂顏學近於墨子，其說頗得。」劉氏進而詳加論述，提出了顏李學「近墨遠儒」說：

　　　　考《莊子·天下篇》謂墨翟、禽滑釐以繩墨自矯，備世之急，宋鈃、尹文願天下安寧，以活民命，人我之養畢足，而止以此白心，(《荀子·非十二子》篇謂：陳仲、史鰌忍情性，綦谿利跂亦墨學之派)。大抵皆墨學派別，顏李學行多與之符，而《墨子》《備城門》《經說》諸篇，多言工學兵學，與習齋趨重武事技能者相符合，謂顏學近於墨家，要亦近是。然顏氏生當明清之交，士鮮特立，非緣飾經說無由自立，故又特託成周教學成法，以自隆其書。然即顏學之立說觀之，殆古人所謂成一家言，言之成理者歟。合於儒術不足爲益，即背於儒術亦不足爲輕。明於此義，庶可以讀先生之書矣。〔註147〕

〔註145〕劉師培：《並青雍豫顏門學案序》，《劉師培全集》第三冊，中央黨校出版社1997年版，第563頁。

〔註146〕劉師培：《顏氏學派重藝學考》，《政藝通報》，第七年戊申第二號，上編·政學文編，一九零八年三月十七日，萬仕國輯校：《劉申叔遺書補遺》，廣陵書社2008年12月版，第567頁。

〔註147〕劉師培：《習齋學案序》，《劉師培全集》第三冊，中央黨校出版社1997年版，

古代之學，其有道藝並重者，厥惟墨翟。自明季，歐西藝學，輸入
中邦，若徐光啟、王徵之流，漸殫精象數，旁及製器之學。厥後，
孫蘭，梅文鼎之徒，咸深造有得。然捨道而言藝，未嘗道藝並崇。
若道藝並崇，則自顏氏學派始。習齋謂：《大學》所格之物，即《周
禮》之三物。其徒李塨、王源，又謂：孔門弟子通六藝者七十二人，
係指禮、樂、射、御、書、數言。立說均前無所承，未免強經就己。
然其樹實學以為標，使人人不以藝事為輕，則固自顏門始也。吾嘗
謂：顏氏之學，近墨遠儒。〔註 148〕

將以上兩段論述合而觀之，可知劉氏不僅認為顏李學與墨學在講求工藝兵法
上面趨於一致，而且指出二者皆是「道藝並重」，亦即二者學說都內含更為宏
大的抱負與關懷。顏李學之所以體現出近墨遠儒的特徵，在劉氏看來，是由
於顏李所處的時代，單憑儒學既不能挽救時弊，亦不能自成一派，故顏李緣
飾經說，「託成周教學成法以自隆」，「立說均前無所承，未免強經就己」。是
故顏李學亦不能僅以儒學所範圍之。

與劉師培看法相左，章太炎則認為顏李學始終未脫儒學底色。從修養方
式上看，顏李及其弟子們「然外勑九容、九思，持之一跬步而不敢墮《曲禮》；
自記言行，不欺晦冥」〔註 149〕，完全按照儒家的那套方法約束自身；從所講
求藝能而言，顏李學與墨學亦有不同，「苦形為藝，以紓民難；其至孝惻愴，
至奔走保塞，求亡父丘墓以歸；講室列弦匏弓矢，肆樂而不與眾為戲；斯所
以異於墨子也」〔註 150〕。應當說章氏這一點把握甚準，因為墨家是不主張練
習、欣賞音樂的，章認為墨家「戾於王度者，非樂為大。彼苦身勞形以憂天
下，以若自戕，終以自墮者，亦非樂為大」〔註 151〕。而顏李學是提倡學習音
樂的。顏元所主張的六藝中，即包括樂，其在主持漳南書院時，設立「文事」

第 562 頁。

〔註 148〕劉師培：《顏氏學派重藝學考》，《政藝通報》，第七年戊申第二號，上編‧政
學文編，一九零八年三月十七日，萬仕國輯校：《劉申叔遺書補遺》，廣陵書
社 2008 年 12 月版，第 567 頁。

〔註 149〕章太炎：《顏學》，《訄書》重訂本第十一，《章太炎全集》第三冊，上海人民
出版社 1984 年 7 月版，第 151 頁。

〔註 150〕章太炎：《顏學》，《訄書》重訂本第十一，《章太炎全集》第三冊，上海人民
出版社 1984 年 7 月版，第 151 頁。

〔註 151〕章太炎：《顏學》，《訄書》重訂本第三，《章太炎全集》第三冊，上海人民出
版社 1984 年 7 月版，第 136 頁。

齋，「課禮、樂、書、數、天文、地理等科」〔註152〕，故他鼓勵弟子學習音樂，以恢復三代時之《樂經》。李塨拜師毛奇齡學樂，進步神速，毛奇齡都讚歎曰：「以講求古樂一事，千里命駕，已堪駭世。況兩日而業已卒，豈漢、唐後豎儒小生所能到者？直千秋一人而已！」〔註153〕可見顏李對習樂之重視，這恰是其與墨家相異之所在。另外，顏元對墨家素無好感，因他始終以儒家正宗自居，故將非儒學派視爲異端，一併排斥，曾曰：「自聖學不明，邪說肆行，周末之楊、墨，今日之仙、佛，及愚民之焚香聚會，各色門頭，皆世道之蟊蠹，聖教之罪人也」〔註154〕。由上可知，顏李學雖然在某些主張和習行方面與墨家類似，但其本質上仍屬於儒家一支，故章氏之論斷較劉氏更符合事實。

再次，揆諸國粹派對顏李學的研究，其重點強調的是其教育思想和軍事思想。顏李學中蘊含著獨具一格的教育思想，在教育方法上他們批判宋明以來的習靜教育、書本教育，倡導習動教育、習行教育；在教育內容方面他們反對經書訓詁、背誦語錄，主張代之以「六藝」爲核心的實學；在培養目標上，他們指出以往那些只會讀聖賢書的白面書生誤國殃民，應當培養經世人才。這些主張自然引起了國粹派同仁的重視。唯有培養眞正的人才，方可挽救清末危局，使民族走向復興，於是顏李學有關教育的內容被國粹派拿來借鑒。如劉師培特別贊同顏元在漳南書院所推行的那一套門類齊全的「學堂」制度：

> 學校就是學堂。中國讀書人，除了做八股外，沒有一件學問曉得的。顏先生是頂恨八股不過的，但他的意思，即使要廢八股，也不是學著現在這樣廢法：把八股改了策論，不過換換名目，其實也是一個樣子的了。他想的法子，是要在學校裏面，設六個的講堂：一個叫做文事齋，所教的，就是禮、樂、書、數、天文、地理等件；一個叫做武備齋，所教的，就是兵法共各種武藝；一個叫做經史齋，所教的，就是《十三經》共歷代的史書，以及各種文章；一個叫做藝能齋，所教的，就是算學及格致的學問；一個叫做理學齋，所教的，

〔註152〕顏元著，王星賢、張芥塵、郭徵點校：《漳南書院記》，《習齋記餘》卷二，《顏元集》（下），中華書局1987年6月版，第413頁。

〔註153〕馮辰、劉調贊撰，陳祖武點校：《李塨年譜》，中華書局1988年9月版，第66頁。

〔註154〕顏元著，王星賢、張芥塵、郭徵點校：《顏習齋先生年譜》卷上，《顏元集》（下），中華書局1987年6月版，第742頁。

就是程、朱、陸、王各家學派;一個叫做帖括齋,所教的,方才輪
到八股。由這樣看起來,他所想的法子,共現在外國的學堂制度,
也差不多了。〔註155〕

鄧實更是打算仿傚顏元在漳南書院的辦學模式,「增益學科,設立國粹學
堂,以教授國學。」以期達到「凡薄海之民,均從事於實學,使學術文章浸
復乎古,則二十世紀爲中國古學復興時代」〔註156〕的目的。鄧實所列學科,
涵蓋經學、文字學、倫理學、心性學、哲學、宗教學、政法學、實業學、社
會學、史學、典制學、考古學、地輿學、歷數學、博物學、文章學、音樂學、
圖畫學、書法學、譯學、武事學等諸領域,實乃顏元分科教育策略的承繼與
發展。

顏李對軍事亦特別重視,他們反思前代重文輕武的偏見,主張兵農合一,
寓兵於農,「間論王道,見古聖人之精意良法,萬善皆備。一學校也,教文即
以教武,一井田也,治農即以治兵」〔註157〕。同時,顏李等人還親力親爲,
帶領弟子學習兵法知識,並曾頗爲自信地宣稱:「今使予治兵三年而後戰,則
孫、吳之術可黜,節制之兵可有勝而無敗。若一旦命吾爲帥,遽促之戰,則
詭道實中庸也」〔註158〕。可見其在軍事上頗有造詣。這爲倡導軍國民教育的
劉師培提供了豐富的資源。劉氏指出顏元提倡軍事,該作法在歷來崇尙文治
的中國彌足珍貴,「宋儒不主用兵,並以勇德爲克己,致國勢日衰,惟博野顏
先生以尙武爲國本,力闢宋儒之謬說,厥功甚大。非參考古代兵家之學,何
以奠國家於磐石之安哉?」〔註159〕因此若想完成排滿革命大業,必須從軍事
入手,「除了叫百姓們個個當兵,別的都靠不住。就是那做官的,也要人人知
兵,把武事看得極重,才能夠保存國土。你看顏先生這話,說的錯不錯?現
在的外國,也是人人當兵,把兵事看得很要緊。小孩子幾歲時候,就叫他練
體操。到了長大,就叫他學那兵式的操。如今外國,能夠這樣強橫,無非因

〔註155〕光漢:《中國理學大家顏習齋先生的學說》,《中國白話報》第五期,學說,一
　　　　九零四年二月十六日,萬仕國輯校:《劉申叔遺書補遺》,廣陵書社 2008 年
　　　　12 月版,第 108 頁。

〔註156〕鄧實:《擬設國粹學堂啓》,《國粹學報》,1907 年第二十六期,社說。

〔註157〕顏元著,王星賢、張芥塵、郭徵點校:《存治編》,《顏元集》(上),中華書局
　　　　1987 年 6 月版,第 107 頁。

〔註158〕顏元著,王星賢、張芥塵、郭徵點校:《不爲》第十八,《顏習齋先生言行錄》
　　　　卷下,《顏元集》(下),中華書局 1987 年 6 月版,第 689 頁。

〔註159〕劉光漢:《周末學術史序・兵學史序》,《國粹學派》,1905 年第二期,學篇。

爲那兵實在強得很啊！但外國知道這個法子，也不過在幾十年前；他的百姓練習兵法，也不過練習幾十年，他那國度，居然就強得了不得。我們顏先生想出這法子的時候，還在幾百年前。唉！我們中國人，倘使早聽顏先生的說話，何至如今被人家這樣欺負呢？」〔註160〕落實到具體操作層面，劉氏認爲「我們現在要光復，都要從練兵起手。這種兵制，又都是要採全國皆兵制度的。從前顏習齋先生說道：『人皆兵，官皆將。』我們要重定兵制，都要依這個法子行。依這個法子行，又要從軍國民教育入手」〔註161〕。由此，顏李學中有關軍事方面的內容成爲劉師培推行軍國民教育主張的一種學理基礎。

復次，國粹派對顏李學的闡釋不免渲染上一層濃厚的民族主義色彩。劉師培曾言：「學術之界可以泯，種族之界不可忘也」〔註162〕，這成爲國粹派共同的論學原則。他們如此推崇顏李學，一個重要原因便是顏元、李塨「睠懷舊都，形於言表」〔註163〕，絕不與清廷妥協。職是之故，他們在表章顏李學術時，難免會帶有一種民族主義情結。鄧實便認爲顏元「懷抱國仇，痛心種族，至死不悔」〔註164〕，其「生當鼎革，不欲曲學以進身，乃以望之百世以後之王者，其志亦可悲矣」〔註165〕。劉師培亦指出顏元「雖以高隱終，然身際鼎革，目擊□禍，光□之念時蓄於懷」〔註166〕，「又以建夷宅夏非尚武、不克樹勳，思以武健之風轉易民俗，其旨與晳種藉民爲兵同」〔註167〕。爲了凸顯顏元的遺民色彩，劉氏不惜改變顏元出生時間，將其說成是明神宗時期的大儒〔註168〕，其實劉未必不知此做法有悖事實〔註169〕，這僅是其宣傳排滿革

〔註160〕光漢：《中國理學大家顏習齋先生的學說》，《中國白話報》第五期，學說，一九零四年二月十六日，萬仕國輯校：《劉申叔遺書補遺》，廣陵書社 2008 年 12 月版，第 107～108 頁。

〔註161〕無署名：《兵制》，《中國白話報》第十一期，歷史，一九零四年五月十五日，萬仕國輯校：《劉申叔遺書補遺》，廣陵書社 2008 年 12 月版，第 212 頁。

〔註162〕劉光漢：《孫蘭傳》，《國粹學報》，1905 年第九期，史篇。

〔註163〕劉光漢：《孫蘭傳》，《國粹學報》，1905 年第九期，史篇。

〔註164〕鄧實：《國學今論》，《國粹學報》，1905 年第四期，社說。

〔註165〕鄧實：《明末四先生學說》，《國粹學報》，1906 年第十五期，社說。

〔註166〕劉光漢：《顏李二先生傳》，《國粹學報》，1906 年 1 月 14 日第十二期，史篇。

〔註167〕劉師培：《習齋學案序》，《劉師培全集》第三冊，中央黨校出版社 1997 年版，第 561 頁。

〔註168〕光漢：《中國理學大家顏習齋先生的學說》，《中國白話報》第五期，學說，一九零四年二月十六日，萬仕國輯校：《劉申叔遺書補遺》，廣陵書社 2008 年 12 月版，第 105 頁。

〔註169〕在《顏李二先生傳》中，劉師培明確指出顏元生於崇禎八年。

命的策略而已。無獨有偶,章太炎亦努力開掘顏元身上的反滿因素,在他看來,顏元之所以勤於習武,崇尙兵法,其原因在於「當明室顛覆,東胡入帝,而不仕宦,蓋不忘乎光復者。藉在軼近,則騎馹而動旛也」〔註170〕。觀顏元之平生,他的確未事清廷,高隱終生,但認爲他胸懷光復之志則查無實據,頗爲牽強,故國粹派諸人所塑造的顏元「遺民」形象距其眞實情形尙有一段距離。

　　第五,除卻對顏李學的推崇與詮釋,國粹派亦對其學說的部分內容提出商榷。一是質疑顏李對「格物」的解釋。對於「格物」的含義,歷來眾說紛紜。朱熹訓「格」爲「至」,即窮盡事物的本然之理,但他又不贊同接觸實際事物,「格物之論,伊川意雖謂眼前無非是物,然其格之也,亦須有緩急先後之序,豈遽以爲存心於一草一木器用之間而忽然是懸悟也哉?且如今爲此學而不窮天理、明人倫、講聖言、通世故,乃兀然存心於一草一木、器用之間,此是何學問?如此而望有所得,是炊沙而欲成其飯也」〔註171〕。王守仁則另關蹊徑,訓「格」爲「正」,「格者,正也,正其不正以歸於正之謂也。正其不正者,去惡之謂也。歸於正者,爲善之謂也」〔註172〕。「格物」就是去掉心中惡念,作存天理、滅人欲的修養工夫。故朱、王二人皆把「格物」的歸宿置於內在的道德領域之中。顏元則強調外在踐履,實用實行,所以他對「格物」的解釋與理學家迥然有別:

> 按「格物」之「格」,王門訓「正」,朱門訓「至」,漢儒訓「來」。似皆未穩。竊聞未窺聖人之行者,宜證之聖人之言,未解聖人之言者,宜證諸聖人之行。但觀聖門如何用功,便定「格物」之訓矣。元謂當如史書「手格猛獸」之「格」,「手格殺之」之「格」,乃犯手捶打搓弄之意,即孔門六藝之教是也。〔註173〕

簡言之,顏元主張人們動手去做實際的事情。唯有如此,才能在具體事物中

〔註170〕章太炎:《顏學》,《訄書》重訂本第十一,《章太炎全集》第三冊,上海人民出版社 1984 年 7 月版,第 151 頁。

〔註171〕朱熹:《答陳齊仲》,《晦庵先生朱文公文集》卷三十九,《朱子全書》第 22 冊,上海古籍出版社、安徽教育出版社 2002 年版,第 1756 頁。

〔註172〕王守仁:《大學問》,《王陽明全集》(下)卷二十六,上海古籍出版社 1992 年 12 月版,第 972 頁。

〔註173〕顏元著,王星賢、張芥塵、郭徵點校:《習齋記餘》卷六,《顏元集》(下),中華書局 1987 年 6 月版,第 491 頁。

認識其間的道理，亦即「手格其物而後至」〔註174〕。李塨則對師說進行了一定程度的修正。他在《大學辨業序》中寫道：「丁丑（康熙三十六年），重如浙，戊寅端月，至杭州旅次，晨興，忽解『物』即《大學》中之『物』，『格』即可如程朱訓爲『至』，即學也……返證之六經、《語》、《孟》，歷歷可據，而向未之見及也」〔註175〕。按照李的思路，「物即身心、家國、天下之物也。格，至也，學習其事也」〔註176〕。可知李塨一方面認同了程朱有關「格物」之解，另一方面其將「格物」訓爲「學習其事」，又是對顏元說法的繼承，故李塨實折中於程朱與顏元之間，反映出他力圖從經典中覓求依據以支撐顏李學說的嘗試。當然，顏李對「格物」的訓解雖對傳統知行觀有所突破，但畢竟又有失片面，這也成爲國粹派進行商榷的依據。劉師培就特意用較大篇幅對顏李的「格物」解做一評述：

> 博野顏元之解格物也，謂物即周禮鄉三物之物，六德六行六藝是也。於三物之中，尤偏崇六藝，惟於格字無確詁，其弟子李塨作《大學辨業》，謂大學一書，是教人成法，其法維何？即所謂物也。其物維何？即周禮三物也。又以造其至訓格字，其言曰三物既造其至則物無不致與紫陽訓格爲致，其失略同。夫周禮名言鄉三物，則三物爲鄉學之教，非大學之教。又六德六行，已該於齊家修身正心之中，不必另屬於格物，且李氏既以物爲三物，又於三物之中，獨取六藝，顏氏《存學編》曰：古人之教惟禮樂射御六藝之事，李氏本之，故《大學辨業》序曰：格物者，學習禮樂射御書數，六藝之物也。又《辨業》曰：大學六藝，是禮樂射御書數，而辨業一書均以格物爲六藝。復謂格物之物，即意心身家國天下之物，立說互歧，移經文以就己意。毛奇齡作《逸講箋》攻之，非無以也。蓋顏李以六藝垂教，法匪不良，惟附會大學，則爲失詞，況古籍之言物者多矣。若師顏李之例，則《左傳》昭七年言六物不同，言天文曆法者，亦可解格物即六物，以大學爲測天之書矣。周官校人職，有辨六馬

〔註174〕顏元著，王星賢、張芥塵、郭徵點校：《四書正誤》卷一，《顏元集》（上），中華書局 1987 年 6 月版，第 159 頁。

〔註175〕李塨：《大學辨業序》，《大學辨業》，陳山榜、鄧子平主編：《顏李學派文庫》第 3 卷，河北教育出版社 2009 年 9 月版，第 979 頁。

〔註176〕李塨：《給陳秉之學院書》，《恕谷後集》卷五，陳山榜、鄧子平主編：《顏李學派文庫》第 3 卷，河北教育出版社 2009 年 9 月版，第 758 頁。

之屬一節，侈博物者，亦可解格物即六馬，以大學爲相馬之書矣。
〔註177〕

可見劉氏覺察出顏李附會大學以訓解「格物」，學理上難以講通。顏李雖然「解釋格物，援據《周官》，又以三物教民，推崇六藝，則立說未免稍偏」〔註178〕，但他們之所以運用緣飾經說的手法，是欲圖達到倡言經世致用的目的，所以在劉看來，其作法雖不足取，畢竟目的純正，「合於儒術不足爲益，即背於儒術亦不足爲輕，明於此義，庶可以讀先生之書矣」〔註179〕。

二是對顏李學偏重實物、缺乏理論構建的傾向提出批評。這以章太炎爲代表。章氏認爲輕視哲學思辨並非顏李學所獨有，中國自古便缺乏這方面的理論建設，歷代學人「皆蒐瑣於百物之杪枝，又舉其杪枝以爲大素，則道術自此裂矣。故曰滯於有形，而概念抽象之用少也」〔註180〕。他以相馬和射箭爲例，「古者更世促淺，不煩爲通論。漸漬二三千歲，不推其終始，審其流衍，則維綱不舉，故學有無已而湊於虛。且御者必辨於駿良玄黃，遠知馬性，而近人性之不知；射者必謹於往鏃擬的，外知物埤，而內識埤之不知；此其業不火馳乎？其學術不已憔悴乎？」〔註181〕況且「今顏李所治六藝云何？射御猶昔，禮樂即已疏陋，其言書數，非六書九章也。點畫乘除，以爲盡矣。販夫販婦，以是鈎校計簿，何藝之可說？」〔註182〕因此顏李輕視抽象概念的做法難免流於「以事代理」，否定哲學思維的存在，並不能促使中國傳統學術走向眞正繁榮。章氏可謂一語點中顏李學說體系的最大偏弊。1907 年後，劉師培倒向無政府主義，對曾經十分推崇的顏元也大加批駁。劉認爲顏元的那套學說，「用之教育，則捨普通知識外，鮮事窮理，術存而學亡。惟以體育、智育之名，相競於眾，實則承其學者，莫不殫精於實際，以自錮其心，障其靈府，汩其天才，無復自然之樂。其去程朱之主敬幾何？若用其術以馭民，則與教育陸軍之法，約略相符，輔之以訓練，梏之以繁文，使之不識不知，處

〔註177〕劉師培：《格物解》，《國粹學報》，1907 年第三十五期，博物篇。

〔註178〕劉師培：《習齋學案序》，《劉師培全集》第三冊，中央黨校出版社 1997 年版，第 561 頁。

〔註179〕劉師培：《習齋學案序》，《劉師培全集》第三冊，中央黨校出版社 1997 年版，第 562 頁。

〔註180〕章太炎：《顏學》，《訄書》重訂本第十一，《章太炎全集》第三冊，上海人民出版社 1984 年 7 月版，第 152 頁。

〔註181〕章太炎：《顏學》，《訄書》重訂本第十一，《章太炎全集》第三冊，上海人民出版社 1984 年 7 月版，第 152～153 頁。

〔註182〕章絳：《與王鶴鳴書》，《國粹學報》，1910 年第六十三期，通論。

混沌之中，順上之則，罔敢或違。惟健其身軀，嫻於小技，多能鄙事，以備在上方有力者之需，勢必靈智愈塞，鄙劣性成，習於服從，囿於淺狹。即使民眾日進，然民性亦益趨頑鈍矣。顏說若行，必至盡人而爲上海之印捕。今清國政府其於人民者，不越於茲策。然工業盛，則政府仰其供；民力強，則政府趨之戰；使爲之民者，處於非智非愚之一境，以仰其指揮。是則顏氏之說，乃政府之便於利用者也。即使行之果善，亦不過使舉國人民，蹈獨逸日本人民之苦，以逞帝國之光榮。否則，外強中乾，勢等非洲之突厥。土耳其。顏說之善，果安在耶？」〔註 183〕應當說，劉對顏李學「鮮事窮理」的批評比較到位，不過認爲顏李學「乃政府之便於利用者」則頗顯武斷，有失公允。畢竟此時劉乃無政府主義的狂熱信奉者，故其部分言論不能以純學術研究視之。

綜上，國粹派學人對顏李學的研究，既有對其學說本身的挖掘與「發現」，又有基於政治訴求的闡釋與「發明」，在這種古今溝通、中西交融之下，近代意義上的顏李學之雛形已初具規模。

小　結

行文至此，實有必要將清前中期與晚清兩個時期顏李學傳播的情形做一對比，以期更深入地把握顏李學於清代發展的脈絡。總體而言，在清前中期與晚清，顏李學在傳播過程中存在著較大的差異，歸納起來，大致有如下四個方面：

第一，在傳播者身份上，兩個時期迥然不同。清前中期，顏李學處於初創階段，顏李學的傳播活動皆由顏元、李塨本人及其門下弟子完成。如顏元遊歷中州，李塨盤桓京師、南下江浙、遊幕中州、西歷關中，惲鶴生回歸故里，都不是一般的學術交遊，而是肩負著傳播顏李學的重任。他們通過交談、辯論、勸說、講學、書信等多種形式來擴大影響，傳播學說。如顏元在南遊中州時，曾與當地學者張仲誠展開激烈的辯論，「八月，先生與仲誠及其門人明辨婉引，幾一月。」後臨行前顏元希望張「進習行，以惠蒼生」，張「拜手許諾」〔註 184〕。李塨亦然，當其路過揚州，「拜蔡瞻治岷，與言習齋《存學》

〔註 183〕申叔：《非六子論》，《天義報》，第八至十卷合冊，論說，一九零七年十月三十日，萬仕國輯校：《劉申叔遺書補遺》，廣陵書社 2008 年 12 月版，第 815～816 頁。

〔註 184〕顏元著，王星賢、張芥塵、郭徵點校：《顏習齋先生年譜》卷下，《顏元集》

大旨，治岷擊節稱是」〔註185〕。惲鶴生自不待言，正如本文第一章所述，他晚年返鄉常州，除卻養老之外，更多的打算恐怕還是傳播顏李之學。不過除去本身信奉顏李學說的學派成員之外，時人雖不乏贊同者，但他們卻極少宣傳顏李學。李塨一生播揚顏李學，晚年曾歎曰：「塨孱弱無能為役，而粗解其巔末，於是推明顏先生學，以告當世。海內之有學問者，或信或疑，亦率竊竊然謂今世有顏李之學，遠宗周孔者也。即來執經下問者，亦不乏其人，然求其凝於心，行於身，實可經濟於天下者，鮮見，豈無德之躬，不足以振起之耶？忽忽焉塨亦遂六十有九矣」〔註186〕。於此可見，雖然顏李學在清初烜赫一時，但自始至終，真正傳播學說者仍僅限於顏李學派成員。反觀晚清，情形則大不一樣。不管是開啓顏李學復興肇端的戴望，還是後來的永嘉後學、河北學人、國粹學派同仁，他們並非如顏李弟子們持信奉態度，而是以研究者的身份和立場來審視這門清初實學，故彼之評論既有贊同，又有批評，能夠正視學說之利弊所在。可以這麼講，晚清傳播顏李學的學者既有傳統士人，也包括新式知識份子，但並不存在所謂的「顏李後學」，這也意味著作為學術實體的顏李學派於晚清已經消亡，餘下的是該派學說的流衍與遞嬗。

　　第二，既然傳播者的身份發生轉換，其傳播目的因之判然有別。清前中期，顏李等人傳播自身學說的目的無非批判宋明理學及其他非儒學派之流弊，擴大學術影響，吸納本派門人。對於本學派主旨，顏元曾不止一次地加以申明，即：

> 僕妄論宋儒，謂是集漢、晉、釋、老之大成者則可，謂是堯、舜、周、孔之正派則不可。……某為此懼，著《存學》一編，申明堯、舜、周、孔三事、六府、六德、六行、六藝之道，大旨明道不在《詩書》章句，學不在穎悟誦讀，而期如孔門博文、約禮、身實學之，身實習之，終身不懈者。著《存性》一編，大旨明理、氣俱是天道，性、形俱是天命，人之性命、氣質雖各有差等，而俱是此善；氣質正性命之作用，而不可謂有惡，其所謂惡者，乃由「引、蔽、習、染」四字為之祟也。期使人知為絲毫之惡，皆自玷其光瑩之本體，

（下），中華書局 1987 年 6 月版，第 771～772 頁。

〔註185〕馮辰、劉調贊撰，陳祖武點校：《李塨年譜》，中華書局 1988 年 9 月版，第 53 頁。

〔註186〕馮辰、劉調贊撰，陳祖武點校：《李塨年譜》，中華書局 1988 年 9 月版，第 192 頁。

極神聖之善，始自充其固有之形骸。〔註187〕

　　既然認爲自己所傳乃「周孔正學」，那顏李學派就當努力躋身主流學術圈內，博得更多的學術話語權，而其途徑便是宣傳學說和招收門生，是故清前中期顏李學派所進行的諸多活動皆圍繞這兩方面展開。對於此二目的，顏李學派亦不諱言，如南遊中州後，顏元就曾道出其擴大自己學說影響的意圖：

> 僕嘗有言，訓詁、清談、禪宗、鄉愿，有一皆足以惑世誣民，而宋人兼之，烏得不晦聖道，誤蒼生至此也！僕竊謂其禍甚於楊、墨，烈於嬴秦；輒爲太息流涕，甚則痛哭！友人中惟李剛主、張文升差可共學，而禮、樂、兵、農、水、火、工、虞八者，粗做一二；然爲衣食所迫，各去張皇世務，不得聚首，恐亦終不能勁豎脊梁，擔荷此道也。乾坤中將如斯而已乎？天下果無一人於此道乎？辛未之歲，不惜衰羸，決計出遊，欲自中豫繞雍、揚轉青、徐而求師、尋友，庶幾有如伊、孟、文忠者肩此一任，僕可以反盧安老以待斃矣。乃盤桓中州八閱月，二千餘里，所見如張起庵師弟、孫徵君、周鐵邱、雲骨子諸翁之門人，所聞如耿逸庵、李中孚、俞春山，大抵皆宋人之學，而更不及，仁義充塞矣。非疲口敝舌，辯開一分宋學，孔道一分不入。〔註188〕

　　同時，顏元對學派後繼無人的擔憂也於其著作的字裏行間多有流露，如在給陳端伯的信中，顏寫道：「先人血嗣未立，一隙承序無人，自蠡歸博又十五年矣，鬱鬱寒窗，便如此以死哉！近遷祁城，妄希或得一二人才，可承一隙者」〔註189〕。而時至晚清，由於顏李學派已經中絕，所以學者們提倡顏李學，便不再負有接續聖道與吸納門生的責任。他們之所以推崇顏李學，主要是吸取其中有資經世、利於變革的內容，爲其學術主張和政治訴求提供資源。戴望撰寫《顏氏學記》，一主要意圖便是借顏李批判程朱理學，以博得學術話語權；同時秉著「大旨期於有用」的目標來發揮顏李學中追求實用的內容，以期能挽救社會危機。永嘉後學孫鏘鳴、宋恕、陳黻宸等人亦是如此，一方

〔註187〕顏元著，王星賢、張芥塵、郭徵點校：《上太倉陸桴亭先生書》，《存學編》卷一，《顏元集》（上），中華書局 1987 年 6 月版，第 48～49 頁。

〔註188〕顏元著，王星賢、張芥塵、郭徵點校：《寄桐鄉錢生曉城》，《習齋記餘》卷三，《顏元集》（下），中華書局 1987 年 6 月版，第 439～440 頁。

〔註189〕顏元著，王星賢、張芥塵、郭徵點校：《答陳端伯中書》，《習齋記餘》卷四，《顏元集》（下），中華書局 1987 年 6 月版，第 461 頁。

面爲復興永嘉之學尋求奧援，一方面爲宣傳改良主張覓取論據。國粹派鄧實、劉師培、章太炎甚至在開掘顏李學說本身特色的同時，改塑其說，爲我所用，給其塗抹上厚厚一層「默契西法」與「仇滿革命」的色彩，實距顏李學之本意漸行漸遠。

第三，相異的時代環境和不同的傳播目的，體現在傳播方法與區域上，自然是互有差別。顏李所生活的時代，印刷出版業尙不發達，尤其並未出現象報紙、雜誌之類的近代傳媒工具，因而他們傳播自身學說，主要依靠交談、辯論、規勸、講學、書信、結社等方式，尙處於人際傳播的階段。這種單純依靠人際關係構建傳播網路的方法必然局限了受眾的數目、傳播的區域。顏李學之所以多流播於北方，而在南方學界影響不大，一個重要原因便是地域因素。顏李弟子多爲北人，且他們赴南方傳播的次數不多〔註190〕，其學說於這些地域自然少人問津。故考察顏李學覆蓋區域與影響程度，大致可分爲三個層次，一是以博野、蠡縣、京師、肥鄉（漳南書院）爲中心的河北傳播區，顏李學派主要在此區域內活動，顏李學於其中廣爲倡揚，且弟子甚眾，故影響力最大，堪稱核心區域。二是由以安陽、湯陰、開封爲中心的中州地區和以西安、富平、商州爲中心的關中地區所構成的中西部傳播區。顏元、李塨皆曾南遊中州，李塨後來又西歷關中，他們將顏李學傳至該地。由於北方學風近似，加之顏李師徒於中州、關中地區結識了不少友人，招收了一些門生，故顏李學在該區域頗有影響，難怪陶甄夫在《秦關稿序》中稱：「顏李之學，數十年來，海內之士，靡然從風」〔註191〕。三是杭州、桐鄉、嘉興、南京、淮安、常州爲中心的江浙傳播區。這些地方，主要是顏元的幾位弟子即李塨、王源、惲鶴生等人曾經進行過學術活動，向當地學者、官吏引介顏李學說。應當說，他們的學術交流一度產生了良好效果。李塨六十歲時，曾懷疑自己在南方傳播的效果，在日譜中記道：「豈南方信此道者已眾乎？」〔註192〕通過一年與南方學人的書信往還，李塨自感顏門弟子的傳播努力確有成效，「南方

〔註190〕顏李學派中，顏元未涉足長江以南地區，李塨曾赴浙江、江蘇等地交遊講學，王源在淮安、惲鶴生於常州曾進行傳播，但效果並不十分理想。

〔註191〕〔清〕馮辰、劉調贊撰、陳祖武點校：《李塨年譜》，中華書局 1988 年 9 月版，第 162 頁。

〔註192〕〔清〕馮辰、劉調贊撰、陳祖武點校：《李塨年譜》，中華書局 1988 年 9 月版，第 162 頁。

學者，多有興起，當往觀之」〔註193〕。於是決定趁熱打鐵，遷居南京，「時先
生欲南遷，而靈皋爲戴田有事入旗，將北居，因以其南方田宅贈先生，先生
即以北方田宅易之，故將往江南相宅」〔註194〕。應當說，若李能南遷定居，
憑藉他在當時學界地位與個人學術造詣，自然能使顏李學於南方學界傳播中
打開局面，佔有一席之地。孰料，其長子習仁於途中病逝，李塨哭曰：「天意
不使南也，已矣！」〔註195〕其南遷之舉遂作罷。而顏李學向南方學界滲透的
契機亦因之無果而終。此時僅有惲鶴生一人於常州地區孤軍奮戰，深陷漢學
家包圍之中，自然收效甚微。

　　顏李學於晚清復興之初，其傳播方式依然是採取傳統的人際傳播，故戴
望、永嘉後學、王灝、賈恩綬等人的努力尚不足以令顏李學爲學界所熟知，「捨
其傳其學者鮮矣」〔註196〕。近代以來，報刊、雜誌等新式傳媒興起，顏李學
借助這些載體逐漸進入廣大學人的視野，其傳播模式亦升格爲媒體傳播階
段。傳媒的進步自然促進傳播區域的擴大，報刊所到之處，顏李學便爲讀者
所瞭解，加之其著作的不斷重刻，顏李學的影響已覆蓋全國大部分地區，且
在日本亦有流傳〔註197〕。

　　另外，由於清前中期顏李學者肩負傳播學說與發展弟子兩層重任，故他
們在傳播途徑上還存在橫向與縱向兩個維度，即廣交至友同道和延攬培養後
學。由於到了晚清，顏李學派已成爲歷史名詞，所以其傳播僅剩橫向一個方
面。這一點亦當注意。

　　第四，正因爲以上三個方面的不同，故在傳播效果上顯現出很大的差異。
清前中期顏李以倡導實學獨樹一幟，的確給彼時學界一大轟動，「余少聞燕南
耆舊：一爲博野顏習齋，……平日皆尚質行，稽經道古。習齋無子，其《論
性》、《論學》、《論治》之說，賴其徒李塨、王源，發揚震動於時」〔註198〕。

〔註193〕〔清〕馮辰、劉調贊撰、陳祖武點校：《李塨年譜》，中華書局 1988 年 9 月版，
　　　　 第 167 頁。

〔註194〕〔清〕馮辰、劉調贊撰、陳祖武點校：《李塨年譜》，中華書局 1988 年 9 月版，
　　　　 第 174 頁。

〔註195〕〔清〕馮辰、劉調贊撰、陳祖武點校：《李塨年譜》，中華書局 1988 年 9 月版，
　　　　 第 177 頁。

〔註196〕劉師培：《近儒學術統系論》，《國粹學報》，1907 年第二十七期，社說。

〔註197〕1906 年，日本墨學會於東京刊刻二卷本《顏元學記》，即是明證。

〔註198〕方苞：《刁贈君墓表》，《方苞集》（上）卷十三，上海古籍出版社 2008 年 3
　　　　 月版，第 375 頁。

特別是自顏元南遊中州（1691年）始，至李塨西歷關中（1711年）歸來，這二十餘年間，顏李學在學界之影響迅速擴大，一時成爲顯學。當然，表象上的廣爲關注不代表顏李學已擁有堅實的信徒隊伍。即使在其學說傳播的黃金時期，眞正信奉顏李學者亦並不太多，「即來執經下問者，亦不乏其人，然求其凝於心，行於身，始可經濟天下者，鮮見」〔註199〕。故顏李學走向中衰，其後繼乏人應是要因之一。

較之清前中期，晚清的顏李學傳播雖無「震動一時」的效果，但在社會危機的刺激之下，顏李學中的經世因素引起廣大士人與新式知識份子的關注，經過前後幾代人的倡揚、開掘、詮釋與修正，顏李學逐漸成爲追求實學精神的重要代表。在沒有後學信奉與傳播的情況下，顏李學反而「老樹新花別樣紅」，不僅再度復興，並開始完成由傳統向近代的蛻變。

傅斯年在批判中國傳統學術之弊端時，首先就對家學模式大加撻伐，「以人爲單位之學術，人存學舉，人亡學息」，「數傳之後，必至黯然寡色，枯槁以死」〔註200〕。其言論雖不無偏激，但確也點中了傳統學術在傳衍當中存在的嚴重不足。顏李學的傳播即是如此，清前中期雖顯赫一時，終走向中絕，「山重水複」；晚清其逐漸復興，在經過近代意義的改塑後，始撥雲見日，「柳暗花明」。故我們可以認爲，在清前中期，顏李學是有「學」有「派」，而時至晚清，則有「學」無「派」，僅剩下學說的傳播與研討。

當然顏李學於晚清的復興，並不能以顯學視之，與同時期顧、黃、王「明末大三家」相比，無論是其學說受歡迎程度，還是社會對其地位的認可而言〔註201〕，顏元、李塨皆遜於三大家不少，故顏李學之傳播與闡釋尚處於上陸階段。其學說受人追捧，以至烜赫一時，當是進入民國之後的事情。

〔註199〕馮辰、劉調贊撰，陳祖武點校：《李塨年譜》，中華書局1988年9月版，第192頁。

〔註200〕傅斯年：《中國學術思想之基本誤謬》，《傅斯年全集》第一卷，長沙：湖南教育出版社，2003年，第22頁。

〔註201〕晚清「明末三大家」從祀事件便是最佳佐證。其相關研究成果已頗豐富，代表作如：夏曉虹《明末「三大家」之由來》，《瞭望》，1992年第35期；陳勇勤《光緒間關於王夫之從祀文廟的爭論》，《船山學刊》1997年第1期；戶華爲《船山崇祀與近代湖湘地方文化建構》，《湖南大學學報》（社會科學版），2003年第6期；戶華爲《晚清社會思想變遷與聖廡的最後演出——顏、黃、王三大儒從祀風波探析》，《社會科學研究》，2005年第2期；秦燕春《從江湖到廟堂：晚清的「晚明三大家」》，《清末民初的晚明想像》第一章，北京大學出版社2008年12月版。

第三章　中經波折：民初徐世昌對
　　　　　顏李學之推崇

　　甫入民國，顏李學研究並未隨著現代知識與制度的轉型而愈加走向深入，反而出現一段波折甚或是倒退，其肇因即在於政治力量的介入。天津籍政治人物徐世昌借身爲總統之便，曾在民初大爲推崇顏李之學，印遺著、辦學會、出雜誌、建學校，出力頗多；顏元、李塨亦驟享生前未有之殊榮，得以從祀孔廟。徐世昌緣何如此擡高顏李之學？其歷史淵源與現實境遇各是什麼？其運作過程具體又是怎樣？同時此舉對顏李學於晚清民國的命運又會產生怎樣的影響？揆諸學界現狀，以上問題多未得到完滿之解答，這恰是本章所要著力探討之處。

第一節　尊崇顏李之緣由

一、「尊顏李即尊天津」：解讀「顏李從祀事件」的另一視角

　　1919 年 1 月 3 日，身爲民國大總統的徐世昌發佈《崇祀先儒令》，將清代初年的顏元、李塨從祀孔廟，令稱：

> 孔子道贊化育，陶鑄群倫，自漢以降，代致崇典。後之儒哲，被服
> 古訓，紬譯道義，或尊德性，或闡知能，覺世牖民，廉頑立懦。兩
> 廡祀位，亦復代有增列，所以重儒修明正學也。方今世界，文化日
> 益昌明，孔子之至德要道，著在六經，傳譯鄰邦，交相傾仰。況我
> 國人，涵濡德化，既深且久，欲開來以繼往，宜尊聞而行知。至於

升學入室之序，尤以躬行實踐爲歸，不有表章，焉知道率，先儒顏
元、李塨，清初名碩，生平著書立說，本原仁孝，歸功實用，深得
孔子垂教之旨。曩當製禮之初，曾有從祀之議，頻歲棼泯，因仍未
舉。茲據內務部以顏、李兩儒，有功聖學，呈請從祀兩廡，位湯斌、
顧炎武之次。事關祀典，諮度僉同，應予照行，用昭茂矩，風徽所
在，肝響攸隆，入德即在，彝常導世，先端教化，永資矜式，以示
來茲。此令。〔註1〕

徐增加文廟從祀人員，這是民國史上唯一的一次，也是中國歷史上的最後一
次。經過這次增祀，文廟兩廡從祀的先賢先儒達到 156 人。從祀孔廟之制，
啓於東漢，後歷代沿革不絕，遂演化成官方祭祀大典。誠如黃進興所論：

歷代孔廟從祀制無疑均是一部欽定官修儒學史，十足體現歷史上儒
學的正統觀。由於儒生強調「道統於一，祀典亦當定於一」，使得歷
代從祀制與道統思想彼此對應，而不同時代的從祀制恰好代表不同
的聖門系譜，其中包涵了豐富多變的學術訊息，值得我們細心解讀。
〔註2〕

具體到顏李從祀事件，按照黃的說法，亦當反映出以徐世昌爲首的知識群
體對顏李學所代表的聖門系譜的認同與崇信，其間的學術意蘊頗值深究。不過，
目前學界對該事件的看法，卻仍將其視爲一場政治鬧劇和文化倒退。如姜廣輝
認爲「徐世昌便利用顏李之學在當時的影響來維繫『世道人心』，企圖以此阻遏
新思想的發展。實際上，他尊顏李不過是尊孔孟的變相形式」〔註3〕。而解成
對該事件的評價更低。在他看來，徐世昌捧出顏李，「是在現實的社會政治生活
中對顏元又一次加以別有用心的利用。在他上臺之前，風起雲湧的新文化運動
已經席卷全國……一些封建殘渣餘孽爲了對抗這種攻擊，便大肆鼓譟尊孔讀經
來維護他們心目中的封建偶像。徐世昌的尊顏，本質上便是這股尊孔逆流的一
個組成部分」〔註4〕。如果因以上結論成說較早，或許尚受時代觀念局限，那
麼朱義祿在其近作《顏元、李塨評傳》中依然認爲徐「以倡導顏李之學的名義
去重光孔聖人，其保守意義是不言而喻的」〔註5〕。可見學界對於徐之尊崇顏

〔註1〕 徐世昌：《一月三日大總統令》，《申報》1919 年 1 月 6 日。
〔註2〕 黃進興：《學術與信仰：論孔廟從祀制與儒家道統意識》，《優入聖域——權力、
信仰與正當性》，臺灣允晨文化實業股份有限公司 1995 年版，第 298 頁。
〔註3〕 姜廣輝：《顏李學派》，中國社會科學出版社 1987 年 12 月版，第 203 頁。
〔註4〕 解成：《近代中國對顏元形象的兩次改造》，《河北學刊》1988 年第 1 期。
〔註5〕 朱義祿：《顏元、李塨評傳》，南京大學出版社 2006 年 7 月版，第 331 頁。

李的舉動整體評價不高。

　　揆諸三家之說，皆著眼於徐世昌從祀顏李的政治目的與文化保守立場，將該事件詮釋爲一場徐氏借復興顏李學之名行強化意識形態控制、抵禦新文化運動的政治運作〔註6〕，這當是徐題中應有之意，然而，這是否就能概括徐初衷之全貌？況且，立足於政治目的和文化立場，這種視角仍是從外在因素上下功夫，未能從顏李學自身發展的內在理路來考慮，不免有失片面。更耐人尋味的是，他們於文中立論所據材料多爲四存學會代會長李見荃的一段演講詞，其文如下：

> 民國以來，邪説橫行，生靈塗炭，生心害政，曾無砥柱中流起而救
> 之者。前總統徐東海先生牖民覺世，正本清源，倡立四存學會，以
> 顏李爲標準，實以孔孟爲依歸，使朝野上下群趨於德行道義之一途，
> 斂之爲孝子悌弟之常，擴之即緯地經天之業。迄今三年，時局雖變，
> 歷久不渝，其識量力量均有大過人者，非徒博文治之虛名也。〔註7〕

　　僅從字面研讀，徐世昌從祀顏李、創辦四存學會似乎就是爲了抵禦新說，「使朝野上下群趨於德行道義之一途」。不過，若將李氏的這番話置於其時的具體背景之中考察，則不免仍存兩點疑竇。一是李氏此論乃是其在四存學會上的演說詞。公開演講，李氏自然會以冠冕堂皇的理由來證明四存學會創設之合理性，似不能全然信之；二是此演說發表時間是 1923 年底。前一年 6 月2 日，徐世昌已於內外交困之情形下宣佈辭職下野〔註8〕。徐政壇失勢意味著四存學會所依託的政治後臺轟然崩塌，加上學會內部的人事糾葛〔註9〕，學會

〔註6〕　與姜、解、朱三位看法略有不同，陳山榜指出「直隸歷史上並不乏名儒，如
　　　　荀況、董仲舒以及差不多與顏元同時代的孫奇逢等，而徐世昌爲什麼不選他
　　　　人，惟選顏元呢？其實是民國初年的中國社會，已經初具顏元實學思想生存
　　　　和發展的土壤了」。（陳山榜：《顏元評傳》，人民教育出版社 2004 年 10 月版，
　　　　第 4 頁）

〔註7〕　李見荃：《四存學會三週年紀念演說詞》，《四存月刊》第 18 期，1923 年 12
　　　　月。

〔註8〕　詳見徐世昌《韜養齋日記》民國十一年（1922）五月初七日（西曆 6 月 2 日）
　　　　所記：「（徐世昌）午刻到居仁堂，約顧維鈞及國務員孫慕韓、錢幹臣、汪伯
　　　　棠諸君約計十數人宴集久談，宣佈去職之意。因昨日天津集合舊國會一百數
　　　　十人，宣佈請黎黃陂復職，南北統一。余今日依據約法因病不能行使職權，
　　　　將印信移交國務院攝行職務，依法辦理，余即宣告辭職。發命令後即登車赴
　　　　津，軍政各界文武職官在車站送行者甚眾。抵津，軍警政治各界及鄉人來車
　　　　站迎迓者甚眾。」（天津圖書館影印本）

〔註9〕　該問題將於後面章節中詳論，此處從略。

於 1924 年初宣告解散。而李見荃於 1923 年底的這篇演說,其意味十分明顯,即號召同仁團結一致,維持學會之存在。故這種類似注射「強心劑」的思想動員,自然不可能將徐崇信顏李、創辦學會的意圖合盤托出。

反倒是對四存學會素來不滿的桐城學者劉聲木,在其一段看似無意的評論中,卻道出徐世昌崇信顏李的另一層深蘊:

> 當□□□□之間,當局為天津某君,一時盛傳顏李二氏學說,尊之者幾欲躋孔孟而上之。復又有配享孔子廟廷,位次當在十哲之上等說。天下靡然從風,以為鑽營地步。……當時所以盛行顏李學說者亦有故。顏名元,字渾然,號習齋,博野人。李名塨,字剛主,號恕谷,蠡縣人。皆直隸省人,與天津某君為同省,尊顏李,即所以尊天津。……〔註10〕

限於識見,劉氏未能參透徐於該運作背後所隱含的政治用意,不過其「尊顏李即尊天津」的說法卻不啻給人提供了另一種考察「顏李從祀事件」的視角:即從區域文化建構的層面來審視,徐世昌諸人憑藉政治資源崇祀顏李,使其從「一地學」升格為「天下學」,其結果便是令有清一代並不十分彰著的北學能夠獲取更多的學術話語。

這讓人不禁回想起晚清的「船山崇祀」運動。與顧炎武、黃宗羲並稱「明末三大家」的王夫之雖於今日無人不曉,其實不僅他生前毫無風光可言,即使身後很長一段時間亦聲名寂寥。「當是時,海內碩儒,北有容城,西有盩厔,東南有昆山、餘姚。先生(王夫之)刻苦似二曲,貞晦過夏峰,多聞博學,志節皎然,不愧顧、黃先生。顧諸君子肥遯自甘,聲名亦炳,雖隱逸之薦,鴻博之征,皆以死拒,而公卿交口,天下動容,其志易白,其書易行。先生竄身瑤峒,絕迹人間,席棘飴茶,聲影不出林莽。門人故舊,又無一有氣力者,為之推挽。歿後遺書散佚。……後生小子,至不能舉其姓名,可哀也已」〔註11〕。道光年間,湘人鄧顯鶴開始整理船山遺作。後隨著以曾國藩為首的湘軍集團之崛起,湖南士紳借助其權勢資源刊刻《船山遺書》,並大力倡言船山學說,於書院、鄉祠廣為崇祀。在多次請祀文廟未果之後,1908 年 9 月 27

〔註10〕 劉聲木:《顏李學說》,《萇楚齋隨筆續筆三筆四筆五筆》上冊,中華書局 1998 年 3 月版,第 129 頁。

〔註11〕 鄧顯鶴:《船山著述目錄》,《船山全書》第 16 冊,嶽麓書社 1996 年版,第 411 頁。

日，上諭終於正式批准王夫之從祀文廟〔註12〕。至此，湖湘官紳長達近 70 年的「船山崇祀」運動告一段落。

崇祀王夫之絕非僅僅單純地弘揚鄉賢，它實與近代湖湘地區的地方文化建構策略密切相關。作爲可資利用的地方先賢與學術偶像，王夫之受到湘人的極大關注和推崇，從搜輯遺書、講求船山之學，到於書院之中廣爲崇祀，並終登文廟祀典，可以說，近代湖湘地方文化建構很大程度上以憑藉崇祀船山這一獨特形式來開展的〔註13〕。

反觀徐世昌等人的「顏李從祀事件」，其初衷和舉措與船山崇祀頗有異曲同工之妙。而令人疑惑的是：徐世昌爲何於此時崇祀顏李？其背後所依據又意欲提倡的是何種地域文化資源？眾所周知，顏李學產於河北，河北古稱燕趙，其地文化常作燕趙文化。從學術範疇而言，燕趙之學即「北學」。既然徐世昌「尊顏李即尊天津」，除卻其中所蘊含的維護自身政治統治的因素外，若從更爲宏大的地域之學來把握，那徐所依據並欲倡揚的學術形態即北學，這亦成爲本章解讀「顏李從祀事件」的一種視角。

二、蓮池書院與北學重振：尊崇顏李的歷史因緣

筆者前於緒論中已言及，清初北學經歷了由興至衰的過程。到清中葉，北學已呈晦而不彰之態。晚清民初，久處低谷的北學曾有過些許短暫復興的迹象，爲之後徐世昌尊崇顏李學提供了相應的學術資源和人才儲備，這可視爲其一系列政學運作的歷史淵源。

而引發這股北學重振潮流的學術中心，正是清代著名省級書院——保定蓮池書院。本節內容既無意於對蓮池書院的培養模式與發展歷程多做分疏，亦不打算就其之於晚清直隸乃至中國教育史的意義進行研析〔註14〕。筆者僅

〔註12〕 朱壽彭：《光緒朝東華錄》第五冊，光緒三十四年（1908）九月，中華書局 1958 年 12 月版，總第 5993～5994 頁。

〔註13〕 尸華爲：《船山崇祀與近代湖湘地方文化建構》，《湖南大學學報》（社會科學版），2003 年第 6 期。

〔註14〕 近年來，有關蓮池書院在晚清河北社會文化變遷、教育近代化中的地位與作用的研究漸成熱點，相關成果有：尤文遠、陳美健：《論蓮池書院的辦學特色》，《文物春秋》1996 年第 3 期；彭小舟、周曉麗：《曾國藩與蓮池書院》，《貴州社會科學》2006 年第 3 期；柳春蕊：《蓮池書院與以吳汝綸爲中心的古文圈子的形成》，《東方論壇》2008 年第 1 期；吳洪成、李占萍：《傳統向現代的失落——保定蓮池書院個案研究》，《保定學院學報》2008 年第 4 期；靳志朋：《從

基於學術史研究的角度，試探討在以蓮池書院為核心的這一學術場域中，直隸官紳群體是如何於晚清變局中聚攏內外人材，融納中西學術，因創相濟，最終實現北學再振的。

晚清河北籍士人劉春堂曾於 1895 年作《蓮池書院碑銘》一文，對晚清蓮池書院與北學復興的關係詳加論述：

> 蓮池書院者，北學盛衰一大關會也。……至國朝雍正十一年，始於其西間壁別立書院，後設聖殿三楹，河北名儒皆從祀焉。其前講堂學舍俱備。自道光初年，蔣礪堂節相、屠可如方伯、陶鳧薌、李竹醉兩觀察先後籌資修葺，然其時專以制藝課士，於經史經世之學猶未備也。同治初年，合肥相國節臨是邦，置書二萬餘卷於萬卷樓，以備諸生服習，後漸增至三萬餘卷。聘貴築黃子壽先生主講。先生立學古堂，增課經古。光緒七年，推廣學舍，由是北方學者莫不擔簦負笈，輻輳名山，燕趙儒風為之一變。先生既開風氣之先，張廉卿、吳摯甫兩先生聯袂接軫，皆以古文經濟提倡後學，數年以來，北地士風蒸然日上，三輔英傑多出其中。夫直隸為自古名區，瑰奇磊落之才，後先繼起，名臣如楊忠愍、趙忠毅、孫文正、鹿忠節諸公，名儒如孫夏峰、刁蒙吉、顏習齋、李剛主諸先生，他如紀文達之博及群書，翁覃溪之殫心著述，傑人達士，史不絕書，無如後生晚學不能上紹前徽，類皆逐末遺本，專務科舉之學，一切經史百家，天算地輿、海國圖書，當代掌故，闕焉不講，甚至問以歷朝載籍，而不能舉其名，固陋相安，風氣日下，如是國家安望得真才？斯世安望有真儒哉？此有心世道者所深悼也。然自書院學古堂之設，學者雲集回應，皆知以空疏為恥，數十年來，儒風賴以大進，由是當事諸公獎勵振興，期諸久遠，吾知必有如楊忠愍、孫夏峰諸先正者接踵而起也。則書院之關於北學，豈淺鮮哉？〔註15〕

誠如劉氏所言，北學之所以於晚清再振，蓮池書院實乃其間之一大關會。

經世致用到融合中西——晚清蓮池書院研究》，《河北經貿大學學報》(綜合版) 2008 年第 4 期；靳志朋：《蓮池書院與晚清直隸文化》，《燕山大學學報》(哲學社會科學版) 2009 年第 1 期。另有南開大學靳志朋 2007 屆碩士畢業論文《從經世致用到融合中西：近代蓮池書院的研究》一篇。

〔註15〕 劉春堂：《蓮池書院碑銘》，吳闓生編《吳門弟子集》卷五，民國十八年（1929）蓮池書社刻本，第47～49頁。

同治七年，曾國藩出任直隸總督，他從改革蓮池書院教學模式入手，以期振興全省之文教事業，引入湘學，改化北學，實開啓直隸一地之士風、學風與文風轉變之端緒。其後主持書院的三位山長，身體力行，倡揚古文與經濟之學，終促使「燕趙儒風爲之一變」。

光緒四年（1878）春，黃彭年〔註16〕應李鴻章之邀，出任蓮池書院山長。黃氏雖主要從事經史之學，但其治學宗旨仍歸於致用，「學以言乎道也，期於實踐而已」〔註17〕。故他對北學中的經世傳統頗爲推崇：

> 夫聖人之道，昭著於六經，經師之傳，導源於北學。其在漢時，京氏言易，盧氏言禮，董氏言春秋，毛韓言詩，至於隋唐，二劉、熊、李疏注於前，孔賈諸儒正義於後，譬諸淵海，宏納眾流，大矣！廣矣！自是以來，二程、康節、元城、河間倡道於宋，文靖、子聲、伯修、敬仲傳業於元，迄於有明之孫鹿，國初之顏李，莫不敦崇大節，焜耀儒林，即以新城一邑而論，遠則道遠之博，許茂之精，近則五公山人懷文武之才、抱忠孝之節，隱居樂道，確乎不移。……士之有志於聖人者，聞諸賢之風，其亦知所興起乎？求之六經，驗之五倫，推之萬事，嚴義利之辨，大名教之防，於以紹鄉賢之遺徽，靳至乎聖人之大道，則北學之興，將於是乎，在庶幾吾夫子垂教來世之本意。〔註18〕

也正出於復興北學的考慮，黃彭年反思課藝之學，認爲廣大士子「取前人之文，日夜誦之，仿而傚之，迨其成也，足以弋取科第，馴至於公卿，則是教者竭其聰明才力授人以揣摩迎合之術，鏗鏘無用之文，壞人才而害國家，學者之誤，教者之罪也」〔註19〕。他先於講舍開設學古堂，增加經史之學的比

〔註16〕黃彭年（1823～1890），字子壽，晚號更生，貴築人（今貴州貴陽市）。他知識淵博，閱歷極廣，著述頗豐，曾主持纂修《畿輔通志》300卷，堪稱晚清地方志之佳構。他對地輿學也有很深的造詣，著有《東三省邊防考略》、《金沙江考略》、《歷代關隘津梁考存》、《銅運考略》等，均有較高的學術價值。還擅長詩文，著有《陶樓詩文集》和《紫泥日記》等。
〔註17〕黃彭年：《息爭書楊湘筠敘交篇後》，章鈺等編《陶樓文鈔》卷十，民國12年（1923年）江蘇書局刻本。
〔註18〕黃彭年：《新城縣重修聖廟碑記》（代），章鈺等編《陶樓文鈔》卷三，民國12年（1923年）江蘇書局刻本。
〔註19〕黃彭年：《蓮池課藝序》，章鈺等編《陶樓文鈔》卷九，民國12年（1923年）江蘇書局刻本。

重。同時他又請李鴻章出資購置圖書三萬餘卷,「區其類曰經學,曰史學,曰論文,置司書,立齋長,使諸生得縱觀」〔註 20〕。於是在黃彭年的苦心經營下,書院內吹進一股講求經史之清風,直隸學風由之更趨多元化。

黃氏之後,張裕釗〔註 21〕繼之主掌蓮池。入主蓮池書院,張氏在延續前任黃彭年教育理念的基礎之上,又引入新的內容。首先,「裕釗惟天下之治在人才,而人才必出於學」〔註 22〕。因而他十分注重引導學生拓寬知識面,接觸西學知識,這在《策蓮池書院諸生》〔註 23〕中頗有體現。其次,身為「曾門四弟子」之一,張氏秉承恩師遺訓,向書院士子講授桐城義法,培養古文人才,「廉卿博綜經史,治古文宗桐城家法,而益神明變化之,以是負文譽。主蓮池書院最久,畿輔治古文者踵起,皆廉卿開之」〔註 24〕。

晚清蓮池書院最後亦是最富盛名的一位山長即是「桐城後勁」吳汝綸〔註 25〕。吳氏來到蓮池時,此地學風已日趨篤實,文風也愈發透露出桐城韻味,這為吳進行一系列的教育革新提供了良好的條件。在執掌書院十三年時間內〔註 26〕,吳汝綸放寬招生條件,增加經費投入,強化激勵機制,改革考試辦法,從而為廣大直隸學子創造了較為優裕的求學氛圍。同時,吳對西學的重視程度較張裕釗有過之而無不及。首先他積極購置西學書籍和時政報刊供學生閱讀,並詳加指導,「洋務,國之大事,諸生不可不講。今新出之書,有《泰西新史攬要》,西人李提摩太所編,而華人為之潤色者。其書皆百年以來各國轉弱為強之事迹,最為有益於中國。又有《自西徂東》一書,所分子目甚多,每篇皆歷道中國盛衰,而結以外國制度,以甚可觀。至若《中東戰

〔註20〕 黃彭年:《蓮池日記序》,章鈺等編《陶樓文鈔》卷九,民國 12 年(1923 年)江蘇書局刻本。

〔註21〕 張裕釗(1823～1894),字方侯,又自廉卿,初號圓孫,又號濂亭,湖北武昌人。他為學以宋學為歸,亦不廢漢學,作文宗桐城義法,深得曾國藩之真傳。主要著作有《濂亭文集》8 卷,《濂亭遺文》5 卷,《濂亭遺詩》2 卷。1916 年,其後人重刻文集,與遺文、遺詩,合為《濂亭集》。

〔註22〕 張裕釗:《重修南宮縣學記》,《張裕釗詩文集》,上海古籍出版社 2007 年 10 月版,第 279 頁。

〔註23〕 張裕釗:《策蓮池書院諸生》,《張裕釗詩文集》,上海古籍出版社 2007 年 10 月版,第 235～244 頁。

〔註24〕 徐世昌:《晚晴簃詩彙》卷一四七,民國十八年(1919)天津徐世昌退耕堂刊本,第 23 頁。

〔註25〕 吳汝綸(1840～1903),字摯甫,又字至父,安徽桐城人。晚清著名文學家、教育家和學者。生前享有「海內大師」和「古文宗匠」之盛名。

〔註26〕 從光緒十五年(1889)至光緒二十八年(1902)。

紀》，西人亦歸入藍皮書中。藍皮書者，西人掌故書也。然所記頗乖事實，亦少敘記之法，蓋非佳製。其餘則同文館及上海廣方言館所譯諸書，皆可考覽，而尤以閱《萬國公報》為總持要領。近來京城官書局有報，而上海又有《時務報》，皆可購而閱之」〔註27〕。其次，吳汝綸還於蓮池書院設立西文學堂和東文學堂，保證學生不再單純依賴中文譯本，直接能夠閱讀外文書籍。對於此舉，吳汝綸不無自豪地稱：「書院中兼習西文，亦恐止蓮池一處也」〔註28〕。

當然，作為清末桐城文派魁首，吳汝綸在直隸地區為推播古文出力尤多。吳氏之提倡古文，確同其師曾國藩有一脈相承之處，他亦欲圖以桐城古文為載體，融傳統文化與近代新學於一爐，以期達到經世致用之效。

綜上，經過黃、張、吳兩代學人前後相繼的教化啟迪之功，「燕趙儒風為之一變」，一批青年俊彥奔湧而出，遍佈直隸地區，吳闓生對這一盛況有過詳細描述：

> 嗚呼！一代風俗之盛衰，夫豈一日之故哉？當前清同治中，曾文正、李文忠先後來督畿甸，咸殷然有振興文教之意，其時先大夫實刺深州，修孔廟，興樂舞，括義學廢田，大開書院，州人士忻忻向化，如百穀之沐膏雨焉。武強賀松坡先生濤、安平閻鶴泉太史志廉崛起於此。……及罷官，主講蓮池書院，於是教化大行，一時風氣為之轉移。蓋河北自古敦尚質樸，學術人文視東南不逮遠甚，自廉卿先生來蓮池，士始知有學問。先公繼之，日以高文典冊磨礪多士，一時才俊之士奮起雲興，標英聲而騰茂實者先後相望不絕也。己丑以後，風會大開，士既相競以文詞，而尤重中外大勢，東西國政法有用之學。畿輔人才之盛，甲於天下。取巍科，登顯仕，大率蓮池高第，江浙川粵各省望風斂避，莫敢抗衡，其聲勢可謂盛哉！……要之，近五十年間，北方風化之轉移，人文之勃興，自先公知深冀、守天津，啟其端，及蓮池十載而極其大成，馴致有後來今日之盛，此天下所共見也。〔註29〕

〔註27〕 吳汝綸：《答賀松坡》，《吳汝綸全集》第三冊，黃山書社2002年9月版，第121頁。

〔註28〕 吳汝綸：《與李季皋》，《吳汝綸全集》第三冊，黃山書社2002年9月版，第255頁。

〔註29〕 吳闓生：《吳門弟子集序》，《吳門弟子集》，民國十八年（1929）蓮池書社刊

晚清北學之興盛是否眞如吳闓生所言能夠令「江浙川粤各省望風斂避，莫敢抗衡」，可暫且不論。至少後起的這些河北籍學人「亦各乘時有所建樹，或仕宦有聲績，或客遊各省佐行新政，或用新學開導鄉里，或游學外國歸而提倡風氣，或以鴻儒碩彥爲後生所依歸。凡先公當時所獎識拔擢，一皆嶄然有以自見，無一人□寂無所聞者。顚覆帝制，建立民國，多與有力焉。國體既更，諸君大抵居議院爲代議士，或綢繆政學，馳聘用力於上下，而後進之士熏陶漸染，聞風繼起者多至不可勝數」〔註30〕。他們的確在日後的直隸乃至全國的政學諸領域產生了廣泛的影響，一定程度上踐履了北學經世的傳統。故筆者將這一批於直隸蓮池書院求學、深受黃彭年、張裕釗和吳汝綸等名師教導、并在清末民國政治、經濟、文化諸領域頗有建樹的晚清河北籍學人稱之爲「蓮池諸子」〔註31〕。其主要代表人物詳見下表：

姓　名	字型大小	生　卒　年	籍　貫	政　學　業　績
賀濤	字松坡	1849～1912	河北武強	光緒十二年（1886）進士，官至刑部主事，深得桐城義法眞傳，有《賀先生文集》四卷。
王樹楠	字晉卿	1851～1936	保定新城	光緒十二年（1886）進士，官至新疆布政使，精於史學和方志學，著有《陶廬文集》、《新疆圖志》等。
劉若曾	字仲魯	待考	待考	光緒二十四年（1898）進士，官至直隸布政使。進入民國先後任直隸民政長、北洋政府參政院參政等職。
劉春霖	字潤琴，號石雲	1872～1944	河北肅寧	清光緒三十年（1904）甲辰科狀元，歷任直隸法政學校提調、總統府秘書幫辦兼代秘書廳廳長、直隸省教育廳廳長等職。

行本。

〔註30〕吳闓生：《吳門弟子集序》，《吳門弟子集》，民國十八年（1929）蓮池書社刊行本。

〔註31〕對於由蓮池書院培養而成的這批晚清知識群體，就筆者目力所及，尚無確切定義。王樹楠曾將這批學人稱爲「河北文派」（王樹楠：《故舊文存》，《陶廬叢刻》第三十三，民國十六年（1927）刊），王達敏先生更徑直定義爲「蓮池派」（王達敏：《前言》，《張裕釗詩文集》，上海古籍出版社2007年10月版，第21頁）。二者皆是著眼於這批學人聚攏在張、吳二人周圍，形成了桐城派於河北的一個新支脈，故尚不能概括該群體的全部學術宗旨和成就。

谷鍾秀	字九峰	1874～1949	河北定縣	1912 年為南京臨時政府參議院議員。次年為憲法起草委員。1914 年在上海和歐陽振聲創辦泰東書書局，任總編輯。
李景濂	待考	待考	待考	光緒三十年（1904）進士，歷任直隸文學館副館長、北洋大學幫辦、北洋政府眾議院議員、清史館協修、北京大學文科左傳門教員等職。
梁建章	待考	待考	待考	先後任陸軍部秘書、直隸警務司長、國民政府監察院監察委員。
馮國璋	字華甫	1859～1919	河北河間	北洋軍閥直系首領，曾任中華民國代總統。
賈恩紱	字佩卿，號河北男子	1866～1948	河北鹽山	近代著名方志學家，任過直隸通志局總纂、北京政府財政部鹽法志總纂、臨時政府顧問、東方文化事業總委員會委員等職。賈著述頗豐，有《直隸通志》、《導河一得》、《鹽山新志》、《心靈探源》、《定縣志》、《定武學記》、《水經注糾謬》、《南宮縣志》等。
高步瀛	字閬仙	1873～1940	河北霸縣	著名古文學家，曾任學部侍郎，辛亥後先後任教育部僉事、教育部編審處主任、教育部社會司司長、北京師範大學教授等職。
趙衡	字湘帆	待考	待考	徐世昌幕府重要成員。
劉春堂	字治琴	待考	河北肅寧	清末進士，出任甘肅知縣，江蘇高淳縣知事。

由上表可知，這批由蓮池書院培養的知識群體，雖然深受桐城義法薰染，於古文創作頗有造詣，但他們日後的學術成就、社會影響絕不僅限於此。而且待「蓮池諸子」學術功底日漸成熟之時，他們開始意識到北學不振的尷尬現狀，於是嘗試著加以改變。如成名甚早的王樹楠「讀魏蓮陸、尹元孚《北學正續》諸編，歎其取材太狹，且不無入主出奴門戶之私識者病焉。光緒初元，樹楠嘗輯直隸人物，依聖門四科之目分類纂錄，曰德行科，性理之學屬之；曰言語科，詞章之學屬之；曰政事科，經濟之學屬之；曰文學科，考據之學屬之，總名之曰《北學師承記》。惜其時搜討未備，迄未成書」〔註32〕。另一位師從吳汝綸門下的深澤舉人趙銕卿亦希望蓮池書院諸君能夠復振北學，「與

〔註32〕王樹楠：《序》，《大清畿輔先哲傳》，北京古籍出版社 1993 年 8 月版，第 1 頁。

江浙湖湘競盛，而爲國家挺有用之才」〔註33〕。「蓮池諸子」自然成爲振興北
學的有生力量，他們逐漸形成學術共同體，採取多種方式力求恢復和提高北
學的聲望，以使其躋身學術主流行列，獲得更多話語權，《大清畿輔先哲傳》
的纂修和「顏李從祀事件」即是明證。故「蓮池書院者，北學盛衰一大關會
也」殆非虛言。

綜觀晚清蓮池書院與北學之間的關係，不難發現其間的一種獨特現象：
即在地方大吏的扶植下，外籍學者於此興學重教，政治與學術資源的聯合爲
北學復振提供了較爲優越的條件。不過，由於幾任山長並非本地學人，他們
引入的更多是經史、古文、性理之學以及西學知識，故直隸一地學風呈現出
多種流派雜糅並存的態勢，北學的近代轉型也隨之展開。直隸青年士子們在
此種獨特的學術氛圍中問學求道，其對北學的認同感依然日趨增強，最終形
成揚播北學的生力軍。這批學者其中不少成爲日後徐世昌尊崇顏李學的堅定
擁護者。

三、「畿輔自有之學派」：徐世昌諸人推崇顏李學之肇端

進入民國，「蓮池諸子」雖然或從政，或任教，或出國，或隱居，星散各
地，分任其職，但他們並未放棄對北學的傳播與倡揚。《大清畿輔先哲傳》即
是他們欲圖復興北學的一次嘗試。於這次編纂過程中，顏李學被徐世昌等人
視爲「畿輔自有之學派」，從而一躍躋身爲北學之最佳代表，這也就爲後來「顏
李從祀事件」和創辦四存學會埋下伏筆。

《大清畿輔先哲傳》之編纂，其動因在於 1914 年北京政府出資設館纂修
《清史》，時任國務卿的徐世昌基於清初纂修《明史》之教訓，「編輯諸公多
係南人，北方名彥遺漏頗多，萬季野曾痛切言之。今值創修清史之時，竊恐
二百數十年文獻，僅憑官家採訪，不無遺漏，因設局搜集」〔註34〕，以備清
史館采擇。另外，徐世昌等人編纂此書，恐怕也是苦於以往尚無較爲理想的
梳理與表彰北學人物的著作。對於魏一鰲及後來尹會一等人續寫的《北學
編》，徐世昌等人認爲該書「專取理學一門，規模稍狹，後之再續三續，依形
就範，又有語焉不詳之憾。學問之道無盡，識大識小皆爲聖人所師，不可以

〔註33〕趙銥卿：《修理蓮池水道記》，《吳門弟子集》卷一，民國十八年（1929）蓮池
書社刊行本。
〔註34〕《例言》，《大清畿輔先哲傳》，北京古籍出版社 1993 年 8 月版，第 4 頁。

一格拘也。是編義在表彰賢者，博采宏搜，苟可信徵，不嫌詞費」〔註35〕。
是故全面搜集畿輔文獻和大力表彰清代畿輔名宦碩儒便自然成爲該書之主旨
〔註36〕。

　　據徐世昌《韜養齋日記》所載，編纂一事，起於 1914 年歲末。是年 12
月 26 日，「晚宴同鄉紀香聰、王晉卿諸人，商辦畿輔文獻纂輯各事」〔註37〕。
不久成立畿輔文獻局，組織學者搜集資料，編寫書稿，「所有經費，公獨任之」
〔註38〕。細檢徐所延請學者名單，其中不少乃蓮池舊人〔註39〕。限於篇幅，
筆者僅以實際主持相關事宜的五位編輯爲例。除去廣西籍的黃甫間和湖北籍
的李心地之外，其餘三人皆是直隸人，都與蓮池書院淵源甚深，且同徐世昌
之關係亦不一般。王樹楠幼年就讀於蓮池書院，少有文名，時任直隸總督的
曾國藩對其讚賞有加。且他與徐世昌有同年之誼〔註40〕，私交甚篤。趙衡「乃
吳先生（吳汝綸）暨松坡（賀濤）課冀州所得士，而並及余（徐世昌）門從

〔註35〕《例言》，《大清畿輔先哲傳》，北京古籍出版社 1993 年 8 月版，第 1 頁。
〔註36〕對於《大清畿輔先哲傳》的編纂緣起、人員構成、纂修經過、學術價值等方
　　　　面，學界目前尚無專文論析。其實若從易代之初的文化動向和清末民初北學
　　　　復興的大背景下來考察此叢書，則會發現其間隱含著多層意蘊，頗值探討。
　　　　由於本選題僅限於考察顏李學在《大清畿輔先哲傳》中學術地位的升格過程，
　　　　故對以上問題暫不具論。
〔註37〕徐世昌：《韜養齋日記》，天津圖書館影印本，民國三年十一月初十日。
〔註38〕賀培新編：《徐世昌年譜》，中國社會科學院近代史研究所編輯：《近代史資料》
　　　　總 70 號，中國社會科學出版社 1998 年版，第 21 頁。
〔註39〕參與《大清畿輔先哲傳》編纂的人員名單如下：
　　　　編輯：新城王晉卿樹楠、冀州趙湘帆衡、臨桂黃則甫間、沔陽李平存心地、
　　　　武強賀性存葆眞
　　　　校勘：容城曹雲程海鵬、屏山吳摯卿桐林、新城王法生孟戌、淶水趙石塵慶
　　　　壎、故城王蔭南在棠、清苑許清卓育璠、開封朱鐵林寶仁、束鹿牛伯
　　　　魯增奎
　　　　採訪：天津李嗣香士銘、天津嚴范孫修、高陽李符曾焜瀛、鹽山劉仲魯若曾、
　　　　天津華弼臣世奎、樂亭史康侯履晉、天津徐友梅世光、玉田蔣星甫式
　　　　惺、大興孟玉雙錫珏、大興馮公度恕、安肅袁齋雲廷彥、獻縣紀泊居
　　　　鉅維、定州王合之延綸、清苑賀昆凡嗣盛、大城劉友石林立、東安馬
　　　　著義鍾琇
　　　　書記：新城王叔仁輔之、屏山吳問秋鎏、岳楊李紹甫觀杜、高陽李子壽鶴樓、
　　　　霸州韓澤南書城、宛平榮厚丞深、冀州趙子平錫剛、新城王茂萱樹森、
　　　　新城王馥園維茳、束鹿錢化南興棠、宛平白與九恩錫、新城王季茂世
　　　　忠、定興張銘閣炤麟、冀州劉重光貴斌
〔註40〕詳見潘榮勝主編：《明清進士錄》，中華書局 2006 年 3 月版，第 1139 頁。

松坡遊尤久，受教亦最深」〔註41〕。因此趙屬於徐世昌的後輩，不過徐對其古文功底頗爲看重，「晚至京師，與余過從甚密，文酒之宴蓋無役不從，爲餘撰述文字亦最多，一若吳賀逝後，惟余爲可質疑問業者，余甚愧之」〔註42〕。《大清畿輔先哲傳》中有關顏李部分，實由趙衡執筆〔註43〕。至於賀葆眞，則是徐好友賀濤之子。賀濤乃吳汝綸高足，「其文章導源盛漢，泛濫周秦諸子，唐以後不屑也。其規模藩域一仿曾、張、吳三公，宏偉幾與相埒，而矜練生，創意境自成，不蹈襲前輩蹊徑，獨樹一宗，不爲三先生所掩蓋。繼吳先生後卓然爲一大家，非餘人所能及也」〔註44〕。徐世昌與賀亦是科考同年，「相交最篤以久」〔註45〕。賀濤去世後，賀葆眞在吳闓生的引薦下，拜訪徐世昌，請徐資助其父賀濤文集的整理與刊刻。後賀懷感恩之心，進入徐之幕府，爲其處理日常事務〔註46〕。可知，編輯諸人多爲徐之友人或幕僚，相近的學緣紐帶使他們對於北學有著獨特的認同感。

　　《大清畿輔先哲傳》中設有儒林傳一門，意在表彰清代北地所謂傳承聖學之道的學者。其將當時學術流派大致分爲三類：

> 學問派別，暗區門類，孫夏峰一派，爲陸王之學者屬之；刁蒙吉一派，爲程朱之學者屬之；顏李一派，爲蠡吾博野之學者屬之。學雖殊途，其揆則一，依次編錄，以示景行。〔註47〕

以孫奇逢爲魁首的宗陸王一派，以刁包爲代表的程朱學者，以及產自於直隸本地的顏李學派，依照徐世昌等人的表述，清代直隸的學術格局當呈現陸王、程朱、顏李三足鼎立之勢。不過，細閱後面具體內容，則會發現編纂者對於三派的篇幅安排並不均衡。孫奇逢一派占兩卷內容，一卷爲孫及其師友，一

〔註41〕徐世昌：《序》，《序異齋文集》，民國二十一年（1932）天津徐氏刻本。
〔註42〕徐世昌：《序》，《序異齋文集》，民國二十一年（1932）天津徐氏刻本。
〔註43〕據賀葆眞《收愚齋日記》載，「閱晉卿先生改訂湘帆所撰顏元及王源傳。《顏元傳》改訂尤多。湘帆在編書局撰顏李派諸儒一年而未畢，故未嘗一出示晉卿。晉卿促之急，乃將撰就者錄出，晉卿未審訂，湘帆先自呈閱相國也。」（賀葆眞：《收愚齋日記》第二十七，民國年間抄本，中國國家圖書館館藏，民國五年四月七日。）可知《師儒傳》中有關顏李及其門人之文字，多出自趙衡之手。
〔註44〕徐世昌：《賀先生文集敘》，《賀先生文集》，民國三年（1914）天津徐氏刻本。
〔註45〕徐世昌：《賀先生文集敘》，《賀先生文集》，民國三年（1914）天津徐氏刻本。
〔註46〕有關賀於徐世昌幕府中所做具體事務，詳見拙作《〈徐世昌年譜〉補正——兼論〈韜養齋日記〉的價值》，《民國檔案》2009年第4期。
〔註47〕《例言》，《大清畿輔先哲傳》，北京古籍出版社1993年8月版，第3頁。

卷為夏峰弟子。不過對夏峰弟子，編纂者並未詳加紹介，而是以「竊觀夏峰年譜所述，及他載籍所稱道，可謂盛矣。乃不數世，而徵文考獻，傳之者甚稀。李塨論士嘗言南北華樸之異，北方好學之士，往往閉戶暗修，不希聲於時，而時亦無稱述之者，斯亦樸者之弊也」〔註48〕為由，有迹可考者僅得 18人，其餘便只載其名。刁包更是少得可憐，僅以一節篇幅敘其學行。反觀顏李學派，不僅獨佔三卷內容，且每卷篇幅皆頗長。一卷用以論述顏元、李塨、王源三人學行，一卷對顏李師友多加紹介，一卷則將顏李所收的直隸籍門人一一詳述。孫、刁、顏李同為清初直隸有名學人，編纂者卻予以不同待遇，可見其中必隱含有其特殊的考慮。

　　徐世昌等人緣何單單對顏李學派情有獨鍾，詳加評述？這當從徐世昌學術旨趣的變化談起。登科之前，因忙於應付應試，故徐讀書重點多集中於程朱等人的著作上，並將讀後心得寫於日記當中。比如在研讀朱熹《近思錄》的過程中，徐世昌便留下了大量的筆記。當讀至「慎言語以養其德，節飲食以養其體」時，徐感歎「二語最為切要，然人每易忽其所以招凶致疾者多在是也，可不懍諸」〔註49〕。同時，徐對程朱所主張的靜坐持敬的修養工夫十分贊同，認為「程子嘗教人靜坐，此是初學第一要處，蓋靜坐始能收斂此心不使外馳，則所學亦才能專精，定靜慮得由此可會，然亦是持敬之功，非釋子坐禪也。張子以戲謔不惟害事，志亦為氣所流，不戲謔亦是持氣之一端，朱子亦嘗引以示人，不可不戒」〔註50〕。可見此時的徐世昌，大體上還是一個飽讀程朱著述的理學中人。辛亥之後，由於退居多暇，徐世昌得以有充足時間鑽研學問。自 1916 年初，由於編纂《大清畿輔先哲傳》之故，徐開始系統而深入地鑽研顏李著作，「日讀《顏李遺書》而圈識其精闢者」〔註51〕，並在日記中大量摘抄顏元、李塨二人的學術觀點，如：

　　（1916 年 2 月 10 日）李恕谷曰：紙上之閱歷多則世事之閱歷少，筆墨之精神多則經濟之精神少。〔註52〕

〔註48〕《夏峰弟子》，《師儒傳二》，《大清畿輔先哲傳》第十一，北京古籍出版社 1993 年 8 月版，第 347 頁。

〔註49〕 徐世昌：《韜養齋日記》，天津圖書館影印本，光緒十一年正月廿四日。

〔註50〕 徐世昌：《韜養齋日記》，天津圖書館影印本，光緒十一年二月初六日。

〔註51〕 賀葆真：《收愚齋日記》第二十七，民國年間抄本，中國國家圖書館館藏，民國五年八月十九日。

〔註52〕 徐世昌：《韜養齋日記》，天津圖書館影印本，民國五年正月初八日。

⋯⋯

（1916 年 2 月 14 日）李恕谷曰：志大才小，識大器小，言大行小，無用也。

心過多於口過，口過多於身過，身過多於行過。

聖賢之心用而不動，庸眾之心動而無用。見人褊思寬，見人暴思緩，見人勤思謙。

去浮而靜，去隘而宏，去冷而和。

世無全局負荷之人，則分口道者必不可少。

學者經濟天下，欲窺其大尤欲切於時。〔註53〕

⋯⋯

（1916 年 6 月 2 日）顏習齋云：千萬人中不見有己，千萬人中不忘有己。

李恕谷云：士之貢也必首以孝，官之陞也必首以廉。

官日有事，無事即冗員，去其人，除其職。

天下處處皆糧則天下富，天下人人習兵則天下強。〔註54〕

⋯⋯

諸如此類摘錄在其 1916、1917 兩年的日記裏不勝枚舉。研讀兩年有餘，徐對顏李學愈加推重，認為「自宋、元、明以迄我朝，理學家多輕視仕宦，所以治國少人才，與大學所言『修齊平治』亦尚欠缺。習齋、恕谷論學，體用貫徹，上接周孔，尤於今日之世為切要」〔註55〕。其個人學術興趣也逐漸完成從篤信宋明理學向推崇顏李實學的明顯轉變。

徐世昌學術旨趣之嬗變自然會影響到《大清畿輔先哲傳》中《儒林傳》部分的寫作。徐在同諸位同仁商議編纂事宜時，總不忘與之就顏李學術研討一番。這在賀葆真的《收愚齋日記》中頗有體現：

（徐）又言及新編《畿輔傳》曰：顏李為吾畿輔自有之學派，吾於程朱陸王諸儒學派之取諸他省者，尚為之分別立傳。夫程朱陸王各

〔註53〕徐世昌：《韜養齋日記》，天津圖書館影印本，民國五年正月十二日。
〔註54〕徐世昌：《韜養齋日記》，天津圖書館影印本，民國五年四月初二日。
〔註55〕徐世昌：《韜養齋日記》，天津圖書館影印本，民國六年十一月二十日。

派吾皆重之，然究不若顏李爲吾畿輔自有之學派，尤宜特著之也。
顏李之傳，無論其及門及同時講學諸君，或傳其學行，或列舉其名，
以附見可也。〔註56〕

相國因大論顏李之學。又曰：李、王不可共爲一傳。蓋二人雖學術
同而李之學尤大，且顏爲李所推大，撰著尤多，非特立傳不足以顯
其學。又曰：顏李門徒屬直隸者既皆錄以爲傳矣。其在他省者亦可
搜集之，以備他日作淵源錄另成一書也。〔註57〕

又相國曾以顏習齋門人鍾峻其家藏有顏李遺書，問余已訪求否？余
以未求得對，相國曰：天津有蠡縣齊君者知之。〔註58〕

（徐）又曰：余欲選顏李書之精闢者爲一編，以便改良教育。〔註59〕

揆諸徐之以上言論，可知在他看來，程朱陸王之學雖在畿輔地區名家輩出，
甚爲興盛，但這並非「畿輔自有之學派」，唯有顏李之學稱得上是本土原創。
申言之，徐世昌認爲若想復興北學，必須推崇最具北學特質的學術流派，以
其作爲爭奪民初學術話語權的有力武器，顏李學無疑是最佳選擇。是故他們
於《大清畿輔先哲傳》中特意闢出較大篇幅來倡揚顏李學則顯得合情入理。

那麼徐世昌究竟認準了顏李學中的哪種特質，爲何稱其「尤於今日之世
爲切要」？徐之意圖其實於《師儒傳》中已有所展現。按照《例言》中所述，
「是編意在網路往哲，闡發幽潛，間有論斷，皆本前人成說，以守述而不作
之旨」〔註60〕。故編纂者撰文時當秉持述而不作之旨，不妄加評騭，即使偶
有論斷，亦應是綜合前人成說，不帶個人主觀色彩。然而在談及顏李學時，
編纂者卻並未謹遵宗旨，而是罕見地大發議論：

塨以顏元崛起閭巷，學初不顯，塨爲傳其說於京師，與四方知名士
正言婉喻，轉相傳佈，聲斐風流，不數年遂被天下。然其時，學者
狃於二千年之錮習，相率詆爲立異，其與者亦疑信參半。至於今西

〔註56〕賀葆眞：《收愚齋日記》第二十七，民國年間抄本，中國國家圖書館館藏，民
　　　　國五年二月十六日。
〔註57〕賀葆眞：《收愚齋日記》第二十七，民國年間抄本，中國國家圖書館館藏，民
　　　　國五年二月二十六日。
〔註58〕賀葆眞：《收愚齋日記》第二十七，民國年間抄本，中國國家圖書館館藏，民
　　　　國五年六月八日。
〔註59〕賀葆眞：《收愚齋日記》第二十七，民國年間抄本，中國國家圖書館館藏，民
　　　　國五年八月二日。
〔註60〕《例言》，《大清畿輔先哲傳》，北京古籍出版社1993年8月版，第4頁。

學東漸，凡其國之政治藝能，一切皆出自學，而其爲學之次第科目，
亦與我古昔教人之法，大概相同。貧富強弱，國與國既已相形見絀，
學士大夫乃易視移聽，革其心志，痛我學之不足以立事，不惜盡捨
棄之，而一變於夷。而不知我古昔之學，固一一可施諸實事，數百
年前早有人見及此，且其爲學之次第科目，固至詳備。至於今門弟
子私相傳授者固不絕，其書固具在也，他書且不論，元年譜記躬行
實踐，塙年譜詳經濟作用。後有興者，踐迹而入，由元、塙以上，
尋孔孟之教，堯舜禹湯文周之治時，會既至用以康濟民艱，塵求上
理，育萬物，位天地，二帝三王，古昔郅治之隆，庶幾其不遠人，
而西人所謂烏托邦，亦庶幾其於吾國見之也。〔註61〕

依照其意，顏李學之研習方式和學科內容皆與今日之西學相通，若清初學人
虛心接受顏李之學，則中國之學術定當同西人並駕齊驅，難分高下。故今日
要振興學術，其正途並非一味西化，而應從研討顏李學入手，「尋孔孟之教，
堯舜禹湯文周之治時，會既至用以康濟民艱，塵求上理，育萬物，位天地，
二帝三王，古昔郅治之隆，庶幾其不遠人，而西人所謂烏托邦，亦庶幾其於
吾國見之也。」這反映出徐世昌諸人一種較爲保守的文化立場。時已民初，
其對西學的態度依然頗爲曖昧：一面承認西學有其優越性，一面又堅持顏李
學中有與現代性近似的因素，故其結論仍歸於以復興古學來挽救危亡。其目
的還是在於以傳統排拒西學，抵抗西學對傳統的衝擊與蠶食。此舉亦爲後來
的四存學會活動定下了思想基調。

綜上，通過編纂《大清畿輔先哲傳》，徐世昌諸人已將顏李學升格爲「北
學之魁首」，然而若想使「一地學」躍升爲「天下學」，使顏李二人躋身孔門
聖賢的行列，從而博取更多的學術話語權，則必須依靠強大的政治資源方可
實現。於是待徐世昌當選民國大總統後，更宏大的推崇顏李學風潮由之興起。

第二節　從祀絕唱：顏李躋身孔廟及相關運作

一、顏李二人「由凡入聖」的塑造歷程

在傳統社會，中央政府爲了強化其國家意志，往往與地方爭奪象徵體系

〔註61〕《李塙》，《師儒傳七》，《大清畿輔先哲傳》第十六，北京古籍出版社1993年
8月版，第518～519頁。

內的主導權。在拓展自己象徵體系的同時，政府亦注重鞏固傳統價值觀念，包括對儒學正統權威的維護，對傳統仁義禮觀念的強化。其實這兩者就是一個從上到下和從下到上的結合。一方面將民間信仰的神靈象徵儀式正規化，納入國家體系；另一方面，把代表國家意志和正統觀念的儒學傳統意識形態灌輸給地方民眾。在象徵層面通過不斷完善從正統中心——文廟到鄉賢祠、名宦祠以及眾多的昭忠祠、貞節祠等組成的象徵系統，由它來教化民眾，傳達、灌輸國家意志，樹立正統典範。在一定意義上，這一套體系還起著對民間信仰尤其是所謂淫祀對抗，以爭奪象徵資源的作用。而孔廟作爲數千年來統治意志的最莊嚴的陣地，尤爲統治者所關注〔註62〕。

孔廟從祀制度自東漢開創，至唐貞觀年間遂成定制，此後歷代沿襲，宋元以降，其價值愈發凸顯。「這個制度的重要性，不獨在於向天下昭示了它所認可、支持和鼓勵的學術和信仰的方向和內容。這制度關係所及的，不只是身後或者毀譽不一的個別儒者的歷史地位，也不只是所有生存著的從學待仕的讀書人的學術和價值取向，還有所謂『天下後世』無數未來的知識份子的思想形式和理想行爲規範」〔註63〕。滿族統治者入關之後，更將該制度發揮到登峰造極的地步。順治初年，對孔子定稱「大成至聖文宣先師」，承舊例以顏淵、曾參、子思、孟軻配祀廟堂，兩廡祀十哲，從祀的「先賢」、「先儒」，分別爲 69 人和 28 人；康熙曾經親赴曲阜拜祭孔廟並三跪九拜，將御用的曲柄黃蓋，留供孔廟，以表示莫大的尊崇。乾隆亦不甘居後，並有意提高孔廟祀典規格，他祭祀孔廟「均法聖祖，躬行三獻，垂爲常儀。崇德報功，遠軼前代。已隱寓升大祀之意」〔註64〕。清帝尊崇聖學，除卻藉此證明己之正統地位外，還蘊含有通過壟斷傳統儒家資源，以期達到將「治統」與「道統」合二爲一的目的，從而消解士紳階層歷來對皇權的質疑與對抗。

如此隆重的國之大典，自然使歷代士人趨之若鶩。在他們看來，自己死後若能從祀兩廡，實在是無上之光榮。當然，亦不乏對從祀制頗不認同者，顏元即是其中很具代表性的一位。在他所撰《曲阜祭孔子文》中，對於從祀

〔註62〕户華爲：《從布衣寒士到孔門聖賢——張履祥「由凡入聖」的塑造歷程》，《清史研究》2005 年第 1 期。

〔註63〕朱鴻林：《陽明從祀典禮的爭議和挫折》，《中國文化研究所學報》，1996 年第 5 期。

〔註64〕趙爾巽：《禮志》三，《清史稿》卷八四，中華書局 1977 年 12 月版，第 2537 頁。

孔廟諸儒，顏氏進行了無情嘲諷：

> 群祝師聖，京、省、府、縣、遐荒之地，罔不廟貌巍煥，獻舞牲幣，
> 厥有常例，吾子既尊哉！配哲在側，七十雲從，世又益之公羊、后
> 蒼以下至周、程、邵、朱、薛、陳、胡、王各派，綿連動百十計，
> 吾子徒益眾哉！注解讀講，立院建壇，家咿唔，人占嗶，啓口詩書，
> 拈筆文墨，吾子道孔明哉！某竊悲盈世尊夫子之名，而未尊夫子之
> 實也；盈世號夫子之徒，而夫子未受一徒也；盈世明夫子之道，而
> 夫子之道久亡也！〔註65〕

在顏氏看來，歷代所謂從祀孔廟之大儒，皆爲「傳經之儒」和「明道之儒」，
他們之於夫子之道，多是在傳承經文和闡發義理上有所建樹，而並未領會聖
道之眞諦，即「夫子志爲東周者也，教及門禮、樂、兵、農，所以爲東周者
也；即所以祖述府、事，憲章三物者也。誠使六府修，三事舉，朝登明備，
戶有弦歌，世進唐、虞，尊夫子於堯、舜矣；世進三代，尊夫子於禹、湯、
文、武矣。於是飭贈師祝廟祀，諸典備舉，而夫子尊矣；即不舉，亦未始不
尊；如徒尊無實之名，夫子其尊焉未也！」〔註66〕簡言之，顏元重「行」不
重「學」，唯有承繼「六府三事之學」的學人方有資格入祀孔廟。即使不舉行
從祀大典，亦無傷大礙。這實與其內心所屬的聖門譜系密切相關。在顏氏心
中，能夠傳承道統之人，必須「復孔、孟以前之成法，勿執平生已成之見解
而不肯捨，勿拘平日已高之門面而不肯降，以誤天下後世，可也」〔註67〕。
而宋儒之學「謂是集漢、晉、釋、老之大成者則可，謂是堯、舜、周、孔之
正派則不可」〔註68〕。換言之，秦漢後千餘年，並無此類大儒出現，故歷來
從祀兩廡的所謂賢哲們皆應搬出孔廟，這實際上是對從祀制度的變相否定。

　　然而令顏元始料未及的是，在其身後不久，其弟子和當地官紳就將他拉
入滾滾的從祀大軍之中。顏元在世之時，李塨已開始謀劃建立一個固定場
所，作爲傳播顏李學之中心。鍾錂亦曾向老師提議：「剛主曾請於師，以習

〔註65〕顏元著，王星賢、張芥塵、郭徵點校：《曲阜祭孔子文》，《習齋記餘》卷七，
　　　　《顏元集》（下），中華書局1987年6月版，第520頁。

〔註66〕顏元著，王星賢、張芥塵、郭徵點校：《曲阜祭孔子文》，《習齋記餘》卷七，
　　　　《顏元集》（下），中華書局1987年6月版，第520～521頁。

〔註67〕顏元著，王星賢、張芥塵、郭徵點校：《明親》，《存學編》卷一，《顏元集》（上），
　　　　中華書局1987年6月版，第45頁。

〔註68〕顏元著，王星賢、張芥塵、郭徵點校：《上太倉陸桴亭先生書》，《存學編》卷
　　　　一，《顏元集》（上），中華書局1987年6月版，第48頁。

齋作千秋公所，門人恭祀師主，集則講習其中，先生可手書一紙」〔註69〕。顏氏許之。因而顏元故後，李塨諸人便將「習齋」改作「習齋學舍」，成爲門人公聚講習之所，同時每逢二月、八月上辛，諸人集合祭奠顏元。李塨率領眾弟子「講習其中，歷二十餘年不廢」〔註70〕。後李塨又將自己居所騰出，命名爲「道傳祠」，供顏李弟子習行切磋。有趣的是，在道傳祠中，不僅於正堂設立顏元之位，眾人還把李塨「遠道圖懸之東堂，同人春秋祭習齋先生，訖同之東堂，拜先生而瞻企焉」〔註71〕。此外，他們還鑒於惲皋聞的傳道之功，「於西堂立一生位而景仰之」〔註72〕，另於「習齋神位前傍，設王昆繩先生神位配享」〔註73〕。至於其餘顏李弟子，有「可續入者，事後論定，以次增修」〔註74〕。不難發現，這種顏李學派內部配享、從祀道傳祠的作法，實際上恰恰是借鑒了從祀孔廟的形式，只不過它所依照的準則是顏李所開列的聖門譜系而已。

　　作爲清初河北地區極具影響的學術流派，顏李二人自然會引起當地官紳的關注，並將他們塑造爲區域學術偶像，納入到本地崇祀的軌道之中，以期能改善本地民風士風、增強地域文化優勢。康熙五十九年（1720），陳蓮宇提督順天學政，一日與當地名流劉廷忠辨性，「廷忠呈《存性編》，歷歷能言其大旨，蓮宇心焉識之。及案臨保定，傳博野儒學教官曰：『曾覽習齋《四存編》，傳道之大儒也。其令博、蠡二縣投公呈，吾將請於朝，奉先生祠文廟鄉賢。』既舉行，且面誨諸生，諄諄以習齋學行爲的」〔註75〕。咸豐十年（1860），李塨也在地方士紳的運作之下，從祀文廟鄉賢〔註76〕。至此，顏李師徒二人皆進入地方一級的祭祀系統當中，轉化爲士紳們手中有力的象徵資源和道德教

〔註69〕顏元著，王星賢、張芥塵、郭徵點校：《顏習齋先生年譜》卷下，《顏元集》（下），中華書局1987年6月版，第789頁。

〔註70〕劉調贊：《道傳祠記》，《恕谷後集》卷十三，《叢書集成初編》，中華書局1985年版，第160頁。

〔註71〕劉調贊：《道傳祠記》，《恕谷後集》卷十三，《叢書集成初編》，中華書局1985年版，第161頁。

〔註72〕劉調贊：《道傳祠記》，《恕谷後集》卷十三，《叢書集成初編》，中華書局1985年版，第161頁。

〔註73〕劉調贊：《道傳祠記》，《恕谷後集》卷十三，《叢書集成初編》，中華書局1985年版，第161頁。

〔註74〕劉調贊：《道傳祠記》，《恕谷後集》卷十三，《叢書集成初編》，中華書局1985年版，第161頁。

〔註75〕徐世昌纂：《顏李師承記》（上），臺灣文海出版社1972年版，第74頁。

〔註76〕韓志超修：《蠡縣志》，清光緒二年（1876）刻本。

化的典範。雖然這一結局有悖於二人之本意，不過通過年復一年的地方崇祀活動，隨著顏李二人學術偶像和道德表率形象於民眾記憶中的不斷加深，其威望與影響於無形中日漸擡升，這勢必爲後來的學說復興和二人最終躋身國家正祀的文廟體系預作鋪墊。

當然，孔廟從祀制度並非完全受制於國家意識形態。在不同時代，儒家主流思想的變化恰能於從祀制度的修正中得到忠實的體現，這正是儒家道統意識的張力所在。是故仔細考察歷代從祀對象的變遷即可抓住其時學術思潮嬗遞的脈動，從祀制度可謂是學術流派興衰枯榮的官方晴雨錶。道咸以降，國勢大衰，清政府控制力隨之削弱，加上西學東漸，思想界萌生新趨向，故統治者愈發需要加強意識形態領域的控制，作爲樹立道德權威、維繫教化世風象徵的聖哲賢儒祀典於此時備受官方重視，諸如劉宗周（道光二年，1822）、陸贄（道光六年，1826）、黃道周、文天祥（道光二十三年，1843）、李綱（咸豐元年，1851）、韓琦（咸豐二年，1852）、陸秀夫（咸豐九年，1859）等名臣烈士紛紛躋身兩廡，地方偶像大量湧入國家正統象徵體系。與此同時，漢學日過中天，宋學飽受非議，經世思潮開始湧動，這種學術趨勢於從祀制中亦有反映。如主張調和程朱、陸王的孫奇逢於道光七年（1827）入祀文廟，其徒湯斌已於四年前（1823）成爲東廡先賢，光緒元年（1876），學宗程朱但不廢實學的陸世儀亦成功躋身西廡先儒行列。當然，最具象徵意義的是光緒三十四年（1908）「清初三大家」顧炎武、黃宗羲、王夫之終成文廟一員，預示著清廷對經世致用之學的肯定與獎勵。於這股經世思潮中，顏李學因具有鮮明的實學色彩而被愈來愈多的人所關注，正如本文第一、二章所述，無論是普通士人還是新式學人都對顏李學著作加以搜集和整理，對其學說進行闡釋與改造。但因缺乏地方官紳的有力提倡，遂未能趕上晚清從祀孔廟的末班車。

觀念的轉變絕非朝夕間所能完成，士人們對從祀文廟的眷戀便是如此。即使時值清末，政府已處於風雨飄搖的滅亡前夜，從祀大典乃「乾坤第一大事」〔註77〕的意念依然縈繞於傳統儒生腦際，令他們久久不能忘懷，如一位自號「夢醒子」的文人於此時竟還感歎：「人至沒世而莫能分食一塊冷肉於孔廟，則爲虛生」〔註78〕。可見從祀制的象徵意義根深蒂固，不少士人仍沉溺於躋身聖哲之夢中未醒。進入民國，由於政局不穩，社會動蕩，文教衰弛，

〔註77〕瞿九思：《孔廟禮樂考》卷五，江蘇廣陵古籍刻印社1991年版，第45頁。
〔註78〕劉大鵬：《晉祠志》，山西人民出版社1986年版，第201頁。

許多士紳都對民初現狀頗為不滿，「辛亥大變以來，倫常全行破壞，風氣亦更奢靡，禮義廉恥望誰講究，孝悌忠信，何人能行，世變日亟，岌岌乎其可危！」〔註79〕孔廟亦因之倍受冷落，此情形於山西士紳劉大鵬筆下有真實反映：

> 清晨攜牛暢三恭詣文廟，敬祀孔聖以及先賢先儒，李知事桐軒主祭，牛一、羊四、豬三、雞二，其餘祭品莫不簡略，亦見祭祀之不誠也，可為一歎。

> 變亂之後，文廟之祭無人舉行，去秋方才有官致祭，聖賢之血食幾乎斷絕，殊令人扼腕不平。〔註80〕

更有甚者，一些政客以尊孔之名行牟取名利之實，致使孔子形象受損，民初人士賀葆真的一段記載頗具代表性：

> 孔社開會，以孔子誕辰紀念也。開會三日，行禮演說。而會中結彩插花胡同口及菜市口大街，皆搭牌坊，滿懸電燈，飾以松枝。會場男女擁擠雜沓，有如觀劇，街巷為擁擠，鋪張揚厲至此極矣！而獨未聞其研究孔學。昔者有偽道學之說，蓋皆講學以求名，今則立會演說而並無講學之形式，誠不得謂偽矣。嗚呼！孔學其自此盛乎？抑自此亡乎？〔註81〕

正是深受以上情形的刺激，不少傳統士紳堅信應重新恢復從祀孔廟制度，通過樹立新的國家學術偶像來維護儒學權威、整肅世道人心，作為實學代表的顏元、李塨二人自然在考慮之列。

　　饒有況味的是，民初首開顏李從祀孔廟之議的並非河北官紳，而是雲南政要由雲龍。由雲龍（1877～1961），字夔舉，號定庵，雲南姚安人。清舉人，畢業於京師大學堂。辛亥革命後，被舉為大理、麗江、楚雄、永昌、順寧、永北等五府一廳自治總理，旋又署理永昌府知府。後任雲南都督府秘書長。1913年2月，任雲南教育司司長。1914年6月，改任政務廳長。後一度代理雲南省長〔註82〕。由氏於清末研讀顏李著作，深感「習齋之學博大精深，廓

〔註79〕劉大鵬：《退想齋日記》，民國二年（1913）正月十三日（2月18日），山西人民出版社1990年版，第177頁。

〔註80〕劉大鵬：《退想齋日記》，民國四年（1915）八月初五日（9月13日），山西人民出版社1990年版，第217頁。

〔註81〕賀葆真：《收愚齋日記》，民國年間手抄本，國家圖書館館藏，1913年9月25日條，第87頁。

〔註82〕徐友春主編：《民國人物大辭典》，河北人民出版社1991年版，第159頁。

漢宋門戶之積習，而一歸於實用」〔註83〕。而「今世之講學者，非空則妄，欲以救世濟民慕難，苟得先生之書，研精誦習，擴大而昌明之，其於世道人心裨益豈淺少哉？」〔註84〕正是基於「闡明先生之學，以扶翼世教」〔註85〕的初衷，由雲龍撰寫《以顏習齋李剛主王昆繩三先生從祀孔廟文》，並致函時任清史館館長的趙爾巽，望其能將從祀一文代呈大總統袁世凱。關於由氏請祀之議的具體時間，筆者限於資料，尚無法得出準確結論。不過據徐世昌於1919 年 1 月 3 日所發佈的《崇祀先儒令》，曾言及「曩當製禮之初，曾有從祀之議」，故可推斷徐氏口中的這次「從祀之議」當即出自由雲龍之手。翻檢徐世昌的《韜養齋日記》，不難發現徐氏於 1914 年 7 月 1 日出掌禮制館〔註86〕，至次年 12 月 22 日卸任〔註87〕，前後共計一年半左右。故由氏從祀之議當發生在該段時間之內。

在所撰顏、李、王三人請祀一文開篇，由氏即指出儒學祀典關乎國家之興亡，「竊一國之人心學術恒關於國家之盛衰，必有學行完備，夐絕時流之名賢，足為一國之人所崇拜所步趨，懦立頑廉，國家乃能以維持於不敝」〔註88〕。民國建立以來，袁世凱亦不忘借提倡儒學來證明其治統之合法性，「疊頒明令崇祀孔孟，備極優隆，其學孔孟之學而不愧乎孔孟者，仍照前代之例，一體從祀，所以揚徽烈於不朽，示後人之儀則也。顧以運會之遷移，其學說遺規或不盡合於時用，竊以為最切乎今日之情勢，足以為世取法者，莫如博野顏元及其弟子二人，曰：李塨，曰：王源」〔註89〕。那顏元、李塨、王源三人學說究係具有何種特質，能夠足資當世取法？由氏緊緊抓住一個「實」字，認為此既為顏李學之核心質素，又是民初最應倡導與踐履的學術風格。他寫道：「元之為學，主忍嗜欲勞筋力勤苦自食而以其餘習六藝講世務，備天下國

〔註83〕 由雲龍：《重刊〈顏氏學記〉序》，《顏氏學記》，雲南圖書館民國六年（1917）四月刻本。
〔註84〕 由雲龍：《重刊〈顏氏學記〉序》，《顏氏學記》，雲南圖書館民國六年（1917）四月刻本。
〔註85〕 由雲龍：《重刊〈顏氏學記〉序》，《顏氏學記》，雲南圖書館民國六年（1917）四月刻本。
〔註86〕 詳見徐世昌：《韜養齋日記》，天津圖書館影印本，民國三年閏五月初九日。
〔註87〕 詳見徐世昌：《韜養齋日記》，天津圖書館影印本，民國四年十一月十六日。
〔註88〕 由雲龍：《擬請代呈以顏習齋李剛主王昆繩三先生從祀孔廟文》，《顏氏學記》，雲南圖書館民國六年（1917）四月刻本。
〔註89〕 由雲龍：《擬請代呈以顏習齋李剛主王昆繩三先生從祀孔廟文》，《顏氏學記》，雲南圖書館民國六年（1917）四月刻本。

家用，以是爲孔孟之學……道德之高尙，夐乎莫及已。習水火兵農工虞書數，則實利主義也。……以堯舜之道在六府三事，周公教士以三物，孔子以四教莫非事也。心有事則存身，有事則修家之齊國之治，皆有事也。無事則道與治俱廢，故其學以事物爲歸，不以章句纂注爲業，則學崇實用也。至其教育人才分科講習立法尤精，雖間有駁程朱闢佛老之說，要無非激於宋明士大夫空談性命無補危亡，力以矯之，固有其獨到之處」〔註90〕。其弟子李塨、王源更是秉承顏氏實利主義的學說特徵，「益發揮廣大之」〔註91〕。處今舊學日漸式微之世，更應大力尊崇經世之大儒，方能順應時趨，維繫人心。於是，由雲龍於文末將請顏李王三人從祀之議合盤托出：

> 方今人心頹靡，學術紛歧，國勢阽危，士氣奔競，而習齋師弟淬厲勇奮，毅然以身任聖道之重，慨然有弘濟艱難之心，而終身矻矻於困，知勉行刻苦，自力無一言一事之自欺，洵足以儀範百代，師表人倫。恭讀大總統教育綱要申令有云創巨痛深之後，宜有艱苦卓絕之儒，凡我士民宜效陽明、夏峰、云齋、剛主之身體力行，至哉言乎！惟陽明、夏峰均已先後從祀，而習齋師弟學行不亞於姚江，名德方駕乎孫氏，似宜籲懇鴻施准以習齋陞堂配食位，先賢邵雍之次，剛主、昆繩並予從祀兩廡。庶足以繫千百世之人心與億兆人之觀感，於國家政治社會風習裨益非少，是否有當。理合乞轉呈大總統鑒核施行。〔註92〕

按照由氏之意，既然袁世凱號召民眾效法王陽明、孫奇逢、顏元、李塨諸大儒，且王、孫二儒已入祀孔廟，則學行不遜於前者的顏李二人理當享受同等待遇，於孔廟中佔有一席之地。值得注意的是，由氏懇請將顏元配享東廡先賢，位居邵雍之次，而此前入祀的王守仁、孫奇逢僅享有先儒之譽〔註93〕，可見其對顏氏實在是推崇備至。對於由氏函中所言，趙爾巽頗爲認同，「習齋顏氏之學於朱程陸王之外，自闢徑途，矯晚明空疏之弊，求孔門實踐之功，

〔註90〕　由雲龍：《擬請代呈以顏習齋李剛主王昆繩三先生從祀孔廟文》，《顏氏學記》，雲南圖書館民國六年（1917）四月刻本。

〔註91〕　由雲龍：《擬請代呈以顏習齋李剛主王昆繩三先生從祀孔廟文》，《顏氏學記》，雲南圖書館民國六年（1917）四月刻本。

〔註92〕　由雲龍：《擬請代呈以顏習齋李剛主王昆繩三先生從祀孔廟文》，《顏氏學記》，雲南圖書館民國六年（1917）四月刻本。

〔註93〕　王守仁位居西廡先儒，孫奇逢位居東廡先儒。

宏識孤懷，獨有千古」〔註94〕。並代爲呈給袁世凱。但因「頻歲棼泯，因仍未舉」，由氏之議遂就此作罷。不過徐世昌作爲禮制館的負責人，從祀文廟諸事宜乃其職責所司，故他當曾參與商討此事。加之此時他始設編書局編纂《大清畿輔先哲傳》，搜輯河北先賢著述，或許由雲龍請祀之議恰成爲徐氏關注顏李學的契機。

正如本章第三節所述，通過編纂《大清畿輔先哲傳》，經徐世昌諸人的重塑，顏李二人於北學中的地位，已遠軼董仲舒、孫奇逢等大儒，成爲「畿輔自有之學派」；顏李學亦因之不斷升格，超邁董學、夏峰學，被視作「北學之魁首」。在民初的特殊歷史場景下，以徐世昌爲首的直隸官紳對本地學術偶像的重新包裝，表明該團體希冀通過其象徵意義，從中獲取某種有利資源，以提高北學地位，進而能與全國其他區域性學術比肩抗衡，以獲得更多的學術話語權。當然，此上僅就學術發展的內在理路角度對該過程進行剖析，尙不足以說明其間蘊含的全部面相。《大清畿輔先哲傳》編纂之時，正是中國社會與世界格局劇烈變動之際。就國內而言，新文化於 1915 年前後開始勃興，以陳獨秀、李大釗等人揭櫫新文化，批判舊傳統，一場史無前例的文化革新已是山雨欲來，風先滿樓。而環顧國外，一戰爆發，生靈塗炭，慘絕人寰，這場空前災難自然引發了國人對現代性的質疑與反省，「歐洲人做了一場科學萬能的大夢，到如今卻叫起科學破產來，這便是最近思潮變遷一個大關鍵了」〔註95〕。如何看待中西文化又成爲焦點問題，熱議不斷。作爲對傳統文化有著特殊感情的徐世昌等人，他們一方面自然不願看到新文化星火燎原，舊文化甘拜下風，另一方面又認爲單純追求物質文明是歐戰爆發之禍根，「故歐洲學人，咸以爲歐洲於物質發展，已達極點之後，遭此番摧喪，使非於道德方面，另求立國之道，恐不足以收拾渙散，扶持傾危，其道云何？舍我孔孟修身齊家治國平天下之道，其誰屬乎？」〔註96〕因此徐世昌等舊式學人既從新青年們的口誅筆伐中體會到舊學之危機，又在觀察歐戰後似乎感覺中華文化有其優勢，這種危機感與優越感相互交織的複雜情緒促使

〔註94〕趙爾巽：《清史館趙館長覆函》，《顏氏學記》，雲南圖書館民國六年（1917）四月刻本。

〔註95〕梁啓超：《歐遊心影錄節錄》，《飲冰室合集》專集之二十三，中華書局 1989年版，第 12 頁。

〔註96〕靳志：《戰後歐洲之大勢》，《四存月刊》第五期，民國十年（1921）八月一日刊行，第 2 頁。

他們急需擡出新的學術偶像來抵禦新文化之進攻和顯示傳統學術之優越，顏李學便成爲其首選。此外，1918 年 9 月，徐世昌當選北京政府新任大總統，從而掌握了雄厚的政治資源。徐氏自然深諳從祀大典的政治涵蘊：它可以國家意志的形式起到凝聚人心，整肅世風之效，從而體現其統治的合法性〔註 97〕。顏李二人正被徐世昌視作維護正統思想的有利資源。綜上，重振北學、維護傳統和鞏固統治構成了徐世昌尊崇顏李學，並最終將顏元、李塨二人從祀孔廟的三個面相。

二、顏李從祀後的後續運作

1919 年 1 月 3 日，徐世昌以大總統令的形式詔示全國，將顏元、李塨二人從祀孔廟。顏元從祀東廡先儒，位居湯斌之次，李塨從祀西廡先儒，位列顧炎武之次。由此，中國史上的最後一次孔廟增祀大典宣告完成。顏李二人通過這次「從祀絕唱」由凡入聖，成爲北京政府意志的象徵符號。爲了鞏固新塑的官方學術偶像，並擴大其社會影響，以促使更多的民眾接受這一對偶像，從而使北學升爲「天下學」，凝聚更多的社會資源，徐世昌於從祀後採取多種措施，概括起來，大致有三個方面。

第一，修建專祠，祭祀顏李。徐世昌將顏李二人確立爲官方學術偶像之後，仍需通過自上而下的方式加以推廣宣傳，從而使這種承載正統權威的象徵符號能夠深入人心。在顏李學術發源地修建專祠並定期祭祀便是最常用且最直接的做法，能夠保證國家意志再以民間信仰的形態返回鄉里。早在顏李從祀之前，1918 年 4 月，河北蠡縣人齊振林〔註98〕已同當地士紳商議修建顏李合祠事宜，後因缺乏資金而作罷。徐世昌公開尊崇顏李學後，博野、蠡縣

〔註97〕據賀葆眞《收愚齋日記》所載，在徐世昌上任不久，一次賀拜見徐，提及「現在擬提倡理學，各省如閻錫山亦頗事提倡，蓋非此不足以化民成俗也。余因言前毛實君先生在甘肅任內於宣統末年曾上疏請李二曲入祠孔廟，以其時海內多事，部未及核議。」徐世昌答道：「李尚未入祠乎？甚可提議，好將其人舉行入祠也。」（賀葆眞：《收愚齋日記》第二十九，民國年間抄本，中國國家圖書館館藏，民國七年八月二日）可見徐對從祀大儒甚爲提倡。

〔註98〕齊振林，字曉山，河北蠡縣人，清舉人，生卒不詳。畢業於北洋武備學堂，歷任北洋總司令部執法處科員、二等軍需長，北京政府陸軍部僉事。1917 年任陸軍部軍學司司長。1919 年 12 月，任陸軍部參事。1925 年 12 月，任陸軍部次長，並任憲法起草委員會委員。（徐友春主編：《民國人物大辭典》，河北人民出版社 1991 年版，第 1336 頁）

兩地士紳又重新積極運作此事。他們公推顏習齋九世孫顏萼樓〔註99〕爲代表，請徐世昌出資建祠。徐很快應允，「爲先人習齋先生及李剛主先生修祠，縣人各請款二千，今已發交道尹則共二千也」〔註100〕。後又追加款項「二千八百元」〔註101〕。於是當地士紳於保定新建顏李合祠一處，「又在博野習齋故址，葺顏先生祠而新之。而於吾蠡齊家莊道傳祠遺址之旁，重建先生祠，以妥先生之靈，並附高等小學校其中，招學生入校，確遵先生教法，以衍闡先生之道」〔註102〕。同時，徐世昌於京師亦不忘借助祀典來強化顏李二人之影響。1919年4月20日，徐氏利用每年春祭畿輔先哲〔註103〕之機，擬將奉「張文襄、鹿文端、陸文烈、王梅岑學使四人入祠。顏習齋、李恕谷及元儒劉修靜改祀聖賢類」〔註104〕。當日公祭情形，時爲徐世昌幕賓的賀葆眞曾有過如下記載：

> 先哲祠春祭，到者八十餘人。劉仲魯代總統主祭。王晉卿、蔣扡浮分獻，華弼臣、孟初鳴贊，余與伯平西廡司爵。祭時小雨，皆露立庭中，從容祭畢，而後退。〔註105〕

至於直隸各地對顏李的祭祀，也都按照孔廟祀典規程進行，顏李二人亦因之被賦予地方鄉賢和國家偶像雙重身份。

考察士紳們爲祭祀顏李所撰祝文，則會發現其中深深烙有國家意志的印記。如出自齊樹楷之手的《公祭李先生祠祝文》，便寫道：

〔註99〕按照顏萼樓的說法，「余先人習齋無子，亦無兄弟，余其從父兄弟後也。習齋無主後，故余先人世掌其祭。」（賀葆眞：《收愚齋日記》第三十，民國年間抄本，中國國家圖書館館藏，民國八年三月九日）

〔註100〕賀葆眞：《收愚齋日記》第三十，民國年間抄本，中國國家圖書館館藏，民國八年三月十二日。

〔註101〕賀葆眞：《收愚齋日記》第三十，民國年間抄本，中國國家圖書館館藏，民國八年六月十日。

〔註102〕齊樹楷：《公祭李先生祠祝文》，《四存月刊》第六期，民國十年（1921）九月一日印本。

〔註103〕祭奠畿輔先哲之場所爲畿輔先哲祠，其位於宣武區下斜街。建於清光緒四年（1878），其時居京在朝的高陽李鴻藻、南皮張之洞、豐潤張佩綸、安圉叔偅、南皮張小風、宛平桑叔雅、定興鹿瀛理、安肅袁際雲諸人徵文考獻，博稽群書，搜討靡遺，釐訂牌位。定於每年仲春、仲秋兩祭京畿先哲。

〔註104〕賀葆眞：《收愚齋日記》第三十，民國年間抄本，中國國家圖書館館藏，民國八年四月十九日。

〔註105〕賀葆眞：《收愚齋日記》第三十，民國年間抄本，中國國家圖書館館藏，民國八年四月二十日。

嗚呼！先生沈埋數百年，今日乃得從祀孔廡，於齊家莊新居之側，
建此數十楹，以奠精神而延學脈。先生之始從顏先生也，即以挽氣
數而授受，其名言曰：學者勿以轉移之權，委之氣數。一人行之爲
學術，眾人從之爲風俗。風俗之於人，溥地方，貫國家，簸蕩乾坤，
轉旋日月，然其作始，不過一二人倡之。今日學術，可謂兩蔽矣。
實之名而蹈於虛，霸之行而即於雜。學校非書院，與先生同也，科
學分門，與先生同也，人守一學，與先生同也。而教者學者，仍以
虛而不實者爲之，俾畢業學校者，窘枯而不能施於用，終不如自農
自工者之猶足有爲，此其故由於吾國前儒之弊之留貽者半，由於外
國空研學術之弊之傳染者半，此先生神明之必欲匡正者也。自學術
分科，人趨物質，一切學目，可以開智識，而不能育道德，智識愈
開，道德愈荒。年未成童，已講手段，及其入世，沉迷於巧詐浮靡，
而侈然自以爲能。前車已覆，後車並不知有所所鑒，溺於色，溺於
貨，溺於勢，素所稱高官偉人，與夫逐逐營營，已僕而有來者，多
於鯽而愚於禽獸，不知其爲誰氏？幾於舉國之若狂，又先生神明之
急於挽救者也。

今大總統徐公，□然心傷，恐吾國人之遂淪胥，不能返表章先生學
術，既明令從祀，……吾省軍民最高長官，吾縣長官，與紳士之有
心斯道者，相率集資盡老。群力舉之，經營兩載，告厥成功，迎神
入祠，鑒觀在上。嗚呼！先生北遊燕齊，南居江浙，西歷秦晉，無
日不以顏先生愛人才明聖道之旨爲歸，至不得已而家居，著書留後
世，期有興起者傳焉。當日曾痛言之，謂此星星之火，或可燎原，
將以成風俗而不可禦也。今者賈固之祠，草創之學校，亦先生靈爽
所式憑，何以潛移默護，成此紹先啓後之學生，俾之道脈以轉移世
運？嗚呼！創道者難，承道者尤難，創之者艱苦卓絕，承之者困心
衡慮，堅志焦神，及其既成，足以正人心，消浩劫，要無非前人之
精誠光氣，陶鑄於無窮，先生在天之靈，何以祐之使無負，永斯文
於宇宙也耶？瓣香□酒，庶鑒在茲，嗚呼尚饗！〔註106〕

通觀全文，其主旨不外乎是倡揚顏李學、批判新文化和化民成俗，這幾點皆

〔註106〕齊樹楷：《公祭李先生祠祝文》，《四存月刊》第六期，民國十年（1921）九月
　　　　一日印本。

是當初徐世昌從祀顏李的初衷。故國家意識形態便通過這一套完整的地方祭祀流程貫徹鄉里、灌輸給普通民眾。

第二，搜輯顏李遺著，出版相關著作。在編纂《大清畿輔先哲傳》時，徐世昌已開始委託幕賓趙衡、賀葆眞等人著手搜尋顏李學派遺著。從祀孔廟後，徐氏更是將搜輯顏李等人作品視爲尊崇顏李學的重要方式，這在《韜養齋日記》、《收愚齋日記》中多有反映：

（徐世昌）又以新得顏李遺著目錄囑爲之檢查，並再訪求也。〔註107〕

萼樓持呈總統函稿及習齋先生所批《四書》來訪。謂齊驥齋屢來函言總統求其遺著，囑其速呈。萼樓到京托伯平紹介余（賀葆眞），謀所以呈遞者。伯平前日來訪，爲之先容，並持有習齋先生墨迹稿本。〔註108〕

萼樓繕就呈總統書，……曰：李氏之書將由蔣挹浮先生攜來。鍾氏鋡之書則已由其後人送到。又曰：顏李之名，人皆知之。鍾氏則知者殊少。縣人請入鄉賢祠，鍾氏以一手錄顏李之書至十餘巨冊，顏李家藏之書多散軼，鍾氏獨能保存無失也。余即以其呈及顏評四書呈總統。〔註109〕

訪藝圃，晤齊曉山，言《顏李遺著》事，並言齊驥齋之書已呈總統。總統囑其與君接洽，實則彼處現已無書。敝處尚有抄錄，來取可也。〔註110〕

訪蔣藝圃，以其存顏李書寫目，將以呈報總統也。……顏萼樓以顏習齋文稿墨迹兩冊屬呈總統。〔註111〕

（徐世昌）閱新物色來顏習齋、李恕谷書數種。〔註112〕

〔註107〕賀葆眞：《收愚齋日記》第三十，民國年間抄本，中國國家圖書館館藏，民國八年三月二日。

〔註108〕賀葆眞：《收愚齋日記》第三十，民國年間抄本，中國國家圖書館館藏，民國八年三月九日。

〔註109〕賀葆眞：《收愚齋日記》第三十，民國年間抄本，中國國家圖書館館藏，民國八年三月十二日。

〔註110〕賀葆眞：《收愚齋日記》第三十，民國年間抄本，中國國家圖書館館藏，民國八年四月四日。

〔註111〕賀葆眞：《收愚齋日記》第三十，民國年間抄本，中國國家圖書館館藏，民國八年四月十八日。

〔註112〕徐世昌：《韜養齋日記》，天津圖書館影印本，民國八年四月二十八日。

總統傳見，言錄《顏李遺書》事。前所呈顏李書皆閱畢，交下。於
顏習齋文集手稿冊頁跋曰：某年月天津後學徐世昌觀於堂。〔註113〕
……

隨著顏李後人、河北士紳及書賈所上呈的顏李學派遺著日益增多，徐世昌等
人感到王灝編纂的《畿輔叢書》中所收錄的《顏李遺書》雖然「約略已具」
〔註114〕，但頗有遺漏，因「兩先生之書亦日出，往往有先時所未及刊刻，
好事者皆爲搜，至進呈陸軍部參事齊振林」〔註115〕，其中多有「向未見有
刊本，其爲顏先生所著者，有《習齋偶筆》、《習齋興漳南書院教條》、《四書
正誤》、《喪禮辨訛》、《喪禮或問》、《規勸條約》、《秀才樣子》、《車陣圖》，
其爲李先生所著者，有《天道偶測》」等〔註116〕，於是徐氏等人依託四存學
會，籌劃刊刻《顏李叢書》。

　　徐氏諸人將《顏李叢書》歸入四存學會甲種出版叢書。經學會評議會議決，
「先將顏李遺著從事整理刊行，《顏李全書》發售預約，以價廉爲主，期易普遍
購閱，已推定齊振林、齊樹楷、賀葆眞、步其誥四君擔任籌備矣」〔註117〕。經
過近一年的搜集和核查，諸人斷定「顏習齋、李恕谷兩先生遺著都四十餘種」
〔註118〕，其書板原藏於道傳祠中。清中葉因意外失火，書板付之一炬。「舊
刻之存者，僅《恕谷年譜》、《易經傳注》、《詩經傳注》、《春秋傳注》各書」
〔註119〕。同治年間王灝所編《畿輔叢書》復收顏李著作二十種，「其餘則輾
轉借抄爲世罕覯，故其書流傳甚少，即有各刻，亦苦不完，未能饜讀者之意」
〔註120〕。而經過徐氏諸人的一番努力，《叢書》所收書達四十二種，「雖尙

〔註113〕賀葆眞：《收愚齋日記》第三十，民國年間抄本，中國國家圖書館館藏，民國
　　　　八年四月二十九日。
〔註114〕趙衡：《〈顏李遺書〉序》（代徐世昌作），《序異齋文集》，民國二十一年（1932）
　　　　天津徐氏刻本。
〔註115〕趙衡：《彙刻〈顏李叢書〉序》，《序異齋文集》，民國二十一年（1932）天津
　　　　徐氏刻本。
〔註116〕趙衡：《〈顏李遺書〉序》（代徐世昌作），《序異齋文集》，民國二十一年（1932）
　　　　天津徐氏刻本。
〔註117〕《四存學會第一年會務報告要略》，《四存月刊》第四期，民國十年（1921）
　　　　七月一日刊行，第3～4頁。
〔註118〕《四存學會第二年會務報告要略》，《四存月刊》第十二期，民國十一年（1922）
　　　　九月一日刊行，第3頁。
〔註119〕《四存學會第二年會務報告要略》，《四存月刊》第十二期，民國十一年（1922）
　　　　九月一日刊行，第3頁。
〔註120〕《四存學會第二年會務報告要略》，《四存月刊》第十二期，民國十一年（1922）

未盡兩先生之全，然大端已備於此矣」〔註121〕。其全書目錄詳見下表：

書　　名	作　者	卷　　數
習齋年譜	顏元	共二卷
四存編	顏元	共十一卷
言行、闢異錄	顏元	共四卷
習齋記餘	顏元	共十卷
四書正誤*	顏元	共五卷
手抄禮文*	顏元	共二卷
朱子語類評*	顏元	共一卷
記餘補編*	顏元	共一卷
恕谷年譜	李塨	共五卷
閱史郄視	李塨	共五卷
平書訂	李塨	共十四卷
擬太平策	李塨	共七卷
評乙古文	李塨	共一卷
學禮	李塨	共五卷
學射	李塨	共二卷
小學稽業	李塨	共五卷
小學辨業	李塨	共四卷
聖經學規纂	李塨	共二卷
論學	李塨	共二卷
恕谷後集	李塨	共十三卷
周易傳注*	李塨	共八卷
詩經傳注*	李塨	共八卷
春秋傳注*	李塨	共四卷
大學中庸論語傳注及傳注問*	李塨	共五卷
中庸講語*	李塨	共一卷
學樂錄*	李塨	共四卷
四考辨*	李塨	共四卷

　　九月一日刊行，第 3 頁。

〔註121〕《四存學會第二年會務報告要略》，《四存月刊》第十二期，民國十一年（1922）
　　　　九月一日刊行，第 3 頁。

訟過則例*	李塨	共一卷
瘳忘編*	李塨	共一卷
詩集*	李塨	共二卷
天道偶測*	李塨	共一卷

「*」號者爲《顏李叢書》新收入的顏李遺著

　　按照徐世昌、齊振林等人的設想，《顏李叢書》當於 1922 年 6 月刊刻出版，後因政局不穩，印刷工作隨之停滯。後在齊振林等人的爭取下，《叢書》於該年年底問世。《顏李叢書》卷帙浩繁，收錄了顏李二人絕大多數著作，爲後世研究顏李學提供了豐富紮實的資料。梁啓超雖對徐世昌尊崇顏李學的舉動多有微詞，認爲其「破觚爲圓，誣顏李矣」，但對他彙刻《顏李叢書》一事卻很讚賞，視之爲「徐氏行事之差強人意者」〔註 122〕。由此亦可見此套叢書的文獻價值頗高。

　　此外，徐世昌還組織幕賓編寫了不少有關顏李學的著作，如《顏李師承記》、《顏李語要》、《顏李嘉言類鈔》、《顏李自修指義》等，相關內容將於下節探討，故不贅述。

　　第三，設立學會，創辦學校。若發揚一種學術，設立固定的學術機構，以組織化的形式傳播和研究該派學說，同時創辦配套的教育機關爲該學術的延續孕育人才，這不失爲一種有效的途徑。徐世昌諸人就深諳此道，先後設立四存學會和創辦四存學校，作爲倡揚和賡續顏李學的常設機構。設立四存學會，實緣起於《顏李叢書》的編纂，據趙衡的說法，「四存學會者，其發端自公府顧問張鳳臺、京兆尹王達號召百數十人倡立學會，取習齋先生存人、存性、存學、存治以名之，則聞公（徐世昌）所爲兩先生書將成，而感召興起者也」〔註 123〕。署名的發起人有如下四十六位：

　　盧岳、孫雄、齊振林、吳笈孫、林紓、吳炳湘、趙爾巽、嚴修、周樹模、王懷慶、王瑚、趙衡、賀葆眞、陳任中、吳闓生、雲書、朱寶仁、史寶安、席書錦、陳善同、王秉喆、秦樹聲、白承頤、嚴智怡、袁世釗、成多祿、馬吉樟、李時燦、林東郊、李揞榮、吳寶煒、袁乃寬、王達、李見荃、齊樹楷、孫松齡、張家駿、樊德光、畢太

〔註 122〕梁啓超：《實踐實用主義──顏習齋、李恕谷》，《中國近三百年學術史》，《飲冰室合集・專集之七十五》，中華書局 1989 年版，第 137 頁。

〔註 123〕趙衡：《彙刻〈顏李叢書〉序》，《序異齋文集》，民國二十一年（1932）天津徐氏刻本。

昌、張縉璜、焦煥桐、呂慰曾、謝宗陶、李學鈞、王樹枬、張鳳臺
〔註124〕

由此可知，四存學會的骨幹成員多由河北士紳和老輩學人構成。

設立學會之議確定後，嗣「經張君鳳臺、王君達率同齊君樹楷、孫君松齡、李君學鈞、謝君宗陶擔任籌備，先與王軍統懷慶等商明撥定府右街太僕寺舊署官房作為本會及學校地址，並與王君樹枬等釐訂學會簡章十二章三十四條，由發起人延訪志同道合之士，介紹入會者二百餘人。一面請准公府撥助開辦經費，分別經營，逐漸就緒」〔註125〕。其後張鳳臺、李見荃分別向警察廳京兆尹〔註126〕、北京政府教育部〔註127〕上文呈請立案批准。由於徐

〔註124〕四存學會編：《四存學會章則彙刊》，國家圖書館藏本。
〔註125〕《四存學會第一年會務報告要略》，《四存月刊》第四期，民國十年（1921）
　　　　七月一日刊行，第3～4頁。
〔註126〕張鳳臺呈請立案文及警廳批文如下：

四存學會呈立案文

　　為呈請立案事，竊以人才盛衰關乎學術，三代上無道學之名，周官三物、孔門四科皆就德行道藝使學者實地練習，達財成德各有專長，人才稱極盛焉。戰國以降，古制蕩然，漢儒拾殘篇於煨燒之後，不得不以考據為先，宋儒當章句既明之餘，又以居敬窮理補漢儒之缺，流風所漸，或涉空虛，降及有明，多參二氏，人才不振，詎非隱憂。清初博野顏習齋、蠡縣李恕谷兩先生師弟一堂，躬行孝友，苦心志、勞筋力，復禮樂射御書數之舊，兼水火金木土穀之全，周孔之大經大法，燦然復明於世，今日列強競爭、道德與藝能並重，兩先生之教，尤屬當務為急。

　　大總統為世道人心起見，既以祀諸朝廷，鳳臺等目擊時艱，亦欲本三代造士之法，儲體全用大之才，爰立學會，取顏先生存人、存性、存學、存治之旨，名曰四存，以府右街舊太僕寺署為會址，其中規則，另有簡章，不去東林門戶之見，尤戒顧廚標榜之風，似於教育前途不無裨益。再，學會應設農事試□場一所，查府右街馬路東有隙地一區，約六七畝額可以敷用，並須在該處鑿井灌田，事關公有地點，務祈查核照准，謹呈。
京師警廳批

　　　　　　　　　　　　　　　　　　　　　　　原具呈人張鳳臺

呈一件報組織四存學會請備案由
　　呈悉查該會以闡明顏李學說、習行一貫為宗旨，核無不合，應準備案，至所請在府右街空地設立農事試□場一節，業由廳函達市政公所劃定房基線，當再由廳知照，以便按線圈築，除呈部並行知該管區署外，合行批答此批。
　　　　民國九年五月五日
　　　　京兆尹批第四七零號
〔註127〕李見荃呈請立案文及教育部批文如下：

世昌時任民國總統，以其名義申請立案，自然水到渠成，一路綠燈。四存學
會於民國九年（1920）六月二十七日正式成立。會員推舉張鳳臺爲正會長，
趙衡爲副會長，李學鈞爲總務主任幹事。後來張鳳臺於河南開封設立分會一
處，孫松齡赴山西與該省洗心社接洽，設立分會一處，另外齊樹楷聯合直隸
同仁於天津私立法政學校設立分會一處〔註128〕。學會除常設總務處執行日
常會務外，還設有評議會，「至關於建議討論各事，則未有明定機關，如必
遇事召集大會，手續繁重，不易施行，故……設立評議會，置評議員十六人，
舉凡重要會務，不在大會期內，均先由評議會議決等語，當經全體大會推定

呈教育部立案文

　　爲呈請立案事，竊維世運隆替繫於人才。人才盛衰關乎學術，周官三物、
孔門四科，皆就德行道藝使學者實行實習，故達德蔚才、得人成治。降及清
初，而有博野顏習齋、李恕谷兩先生師弟聚眾講求實學，躬孝友、課踐履，
執兵農禮樂之業，修水火工虞之全，一本周孔教法，作育人才，學推北宗，
一時稱盛，雖其後師承漸寂，湮沒不彰，然至今潛德遺風未墜於地。

　　我大總統慨念時艱，思爲世道人心樹立楷模，於民國八年一月三日特沛
明令以顏李兩先生從祀孔子廟廷。並□集遺留著作刊行於世，將以勵進習行
一貫之德，養成艱苦卓絕之行。世運人才，共繫此舉，同人等夙抱斯志。幸
逢今時，既仰高而嚮往，敢隨後以執鞭。爰本顏習齋先生存性、存學、存人、
存治之旨，創立學會，名曰四存。蒙公府撥與府右街太僕寺舊署一帶作爲會
址。一切規模訂有簡章詳則，要以躬行實踐爲體，以文武政藝爲用，實事求
是，無取顏廚標榜之風。融會貫通，不蹈陸朱門戶之習。蓋道原不變講求，
何問古今。學貴日新，修習無分中外。務期莘莘士子體用兼該，群致力於大
學之道，庶於教育前途聊供一助用。副政府提倡實學之至意，在會中附設有
四存中校，即以會東偏舊駐遊緝隊營房爲該校基址，其門前隙地一區約六七
畝，並承市政公所撥給本會爲附設農圃之用，校以養正圃以習農並顧兼營事，
仍一貫出本會分呈京師警察廳京兆尹公署，經批准其學校應遵專章，另行呈
請外所有本會成立緣由理合備具呈。文繕附簡章詳則各一份呈請。

鑒核准予立案，實爲公便，謹呈。

教育總長

　　附呈簡章詳則各一份

　　民國十年二月二十五日

　　　　　　　　　　教育部批第一五九號

　　　　　　　　　　　　原具呈人四存學會會長李見荃

呈一件送簡章詳則請立案由

　　呈悉查，該學會以闡明顏李學說、習行一貫爲宗旨，並設中學及農圃，
策劃周至，深堪嘉許，簡章詳則亦屬妥洽，應即准予立案此批。

　　民國十年三月十一日

〔註128〕《四存學會第一年會務報告要略》，《四存月刊》第四期，民國十年（1921）
　　　七月一日刊行，第4頁。

評議員十六員，備補五人，於九年（1920）十月三十一日召集成立，嗣即照章於每月第二星期日舉行常會一次，遇有必需隨時特開臨時會，……歷次均備有會議錄及議決報告書，由臨時主席核明蓋章，送交總務處商承會長分別辦理」〔註129〕。因此評議會實際上是學會重要事務的決議機構。

作為以宣揚顏李學為主的學術團體，四存學會主要負責如下三類活動。

一是創辦《四存月刊》，以此為學會的輿論陣地。《四存月刊》創刊於民國十年（1921）四月，「月出一冊，約五十頁至六十頁不等，定價大洋二角」〔註130〕。但由於政局動盪、人事變動及經費緊張等問題，月刊並未能全部按期刊行，至1923年4月停刊，共出版二十期。至於《四存月刊》的宗旨，便是「推崇顏李，重行習，兼重發明」。因為「二十世紀以來，西儒著述遍佈五洲，羊雁爭迎，登壇講演。東方大陸既輸入歐美文明矣，獨我周公、孔子之正傳，士大夫鉗口結舌，噤無一言，莫能盡力表彰，揭諸日月，先聖之憾，不亦吾黨之羞乎？今為此懼，各抒所得，彙為月刊……茲編博采兼收，有敍述而無軒輊，一以供同堂之參考，一以廣吾道之流傳，朝漸夕摩，力求進步，且公諸世界，使知吾聖人之三物九功，實可以位天地、育萬物，本末兼賅，無美不備」〔註131〕。《月刊》共設八個門類，分別為顏李學、論說、專著、譯稿、演說、藝文、談叢和附錄〔註132〕，雖然會員一再強調「於是會也，勿僅

〔註129〕《四存學會第一年會務報告要略》，《四存月刊》第四期，民國十年（1921）七月一日刊行，第1頁。評議會成員為：林紓、齊振林、張家駿、孫松齡、李自辰、李搢榮、孫雄、呂慰曾、步其誥、朱寶仁、袁世釗、吳闓生、盧岳、陳任中、賀葆真、吳傳綺（續補）。

〔註130〕《四存月刊編輯處露布》，《四存月刊》第一期，民國十年（1921）四月一日。

〔註131〕李見荃：《四存月刊發刊詞》，《四存月刊》第一期，民國十年（1921）四月一日。

〔註132〕至於各門類的編輯大意，《四存月刊》於編輯敍例中有如下解釋：

一、為學之道，首重習行。孔孟遺書，早揭明斯旨。自七十子之徒，各以所學學孔子，源遠末分，有再傳而歧其步趨者，顏李兩先生。艱苦卓絕，一以實行實習揭先聖之實學，期實用於天下，人果率而循之，即學即習，即行即用，天下無不學之人，即天下無無用之人。獨惜兩先生書，流傳未廣，願學有志，或歎未由，輯顏李學。

一、顏李學本用世之學，世無定局，學亦不能拘以成見。生吾世而與吾並生於世者，運會如何變遷，山川如何改易，世界所宜急者何學，人類所不可緩者何事，載籍極博，不能盡千百世而窮其變也。則欲應時勢所需，博采舊聞，尤宜廣徵時論，輯論說。

一、漢儒傳經，尤復勤求治具，唐賢衛道，不忘從事兵戎，名山事業，非第搜灰燼之餘也。顏李兩先生紹周孔正傳，而於周公之所以教萬民，孔門

視爲顏李之學」〔註133〕。但細檢《月刊》所刊內容，究其實質，仍以推廣顏李之學，倡揚傳統學術和對比中西文化爲主，大多數作者乃所謂的老輩學者，故《四存月刊》是一種學術風格較爲保守的刊物。

二是組織演講會，爲老輩學者提供發表主張的平臺。四存學會「設有講演堂一座，經評議會議決，講演專則九條，計分定期臨時二種，定期講演由會員之認定，講演者擔任於每月十五日舉行，臨時講演由本會延請中外名宿來回演講，隨時通知會員知照，當首由會長於本會會員內請定十三人充任講員。一面函知全體會員，請即推舉或自認講演，計公推出者四人，自願擔任者三人，遂於四月二十四日舉行首次講演」〔註134〕。《報告要略》提及的所謂中外名宿，主要以學會會員爲主，偶有如劉萱、李石曾、周泰霖等會外人士

弟子之某治長賦，某長足民，某長禮樂，亟稱而欲企及之，則有用之學，有用之書，正義廣彙並蓄，以待同志者之實地研求，輯專著。

一、學不分古今，亦不限東西。近世文化大啓，新學輸入，時來自異國，顏李兩先生生今日，亦必有樂取於人者。（恕谷先生生清順治、康熙時，年譜所載已有宜習西等語）他山有借美玉，乃益啓其光瑩，廣已造大，善學者不以故步自封也。輯譯稿。

一、極天下之賾，不能擬其形容，則載籍皆糟粕，窮萬物之變，不能觀其會通，則誦讀無意趣。語必求詳，奇不詭正，得善道者之當前指示，則風雲之態，山川草木之情，及古往今來，人情世態不可思議之變遷，無不一一畢現，足以供增長學識之用，聽一日講，眞勝讀十年書也。輯演說。

一、文字之用簡而明，俗白之語繁而費，述一事，達一辭，必捨文而盡用白語，恐文之盡以一言者，白則數言或十數言且不能盡也。費何如也？大抵口述宜白，筆述宜文，實至當不移之理。顏李兩先生，謂文爲四蠹之一，非有惡於文也。蓋恐言文者窮日夜之力，藻飾浮靡，而行習且荒就也，觀其所著各書，及與朋友往來論議，皆文言，非白語。言之無文，行而不遠，古人蓋知之孰矣。又況文以載道，言不文則道無所寄，人豈有離道而能自樹立者？輯藝文。

一、近世小說家言，或讕語荒唐，或風懷左右，未嘗不助談者之興。然風俗隆替，關係正非淺顯，本月刊故尤愼之，今所採錄，大抵皆舊聞所繫，或物質物理之新發明，有關學術人心，而可爲士大夫所稱誦者。雖書或未具，或書已具而卷帙不完，片羽吉光，皆亟欲收取，而儲爲談學問者之一助。輯談叢。

一、本月刊門類無多，凡所收稿件，有亟宜登載而無可歸類者，或本會經歷事項，有應須發佈，而不能遍告同人者，皆彙爲一門，附載本月刊後，不使有遺漏之憾。輯附錄。

〔註133〕張鳳臺：《四存學會演說詞一》，《四存月刊》第一期，民國十年（1921）四月一日。

〔註134〕《四存學會第一年會務報告要略》，《四存月刊》第四期，民國十年（1921）七月一日刊行，第 2 頁。

前來演講〔註135〕，其講題也大都與顏李學或傳統學術相關，並不超出舊學的範疇。所以四存學會諸人主辦演講會，其目的並不是打算宣傳新文化，而是隱有抵禦各種新興思潮的意圖。

三是編輯出版四存叢書。依照四存學會諸人的規劃，其擬編輯三類叢書，「《顏李遺著》為甲種，會員著作為乙種，會員譯述為丙種」〔註136〕。《顏李遺著》亦即《顏李叢書》。有關會員著作、譯述，四存學會先後出版了不少種。更難能可貴的是，在學會解散之後，其編書機構並未隨之消亡，而是繼續通過四處籌措資金，刊刻古籍、著作，一直維持到20世紀40年代末，為後世保留了一批有關傳統文化的著述。

另外，四存學會為了踐履顏李學「實學實行實用」的學術宗旨，曾由北京市政府撥給八畝多空地，作為農事試驗場，「將地劃分兩區，一為會員試驗，一供學生試驗。所有農事各法，期於中西參用，試驗有得，載等月刊，歲終並將成績品陳列參觀」〔註137〕。不過學會的這種農事試驗僅徒有其表，效果不佳，很快作罷。

綜觀四存學會三年的興衰歷程，可用「高開低走」一詞概括。創建之初，學會成員皆積極踴躍，躊躇滿志，欲圖「表章正學」，「以維世道」〔註138〕，然而不及一年，學會已是問題叢生，先是人事變動頻繁，「成立未久，初則值逢直皖戰爭，旋則張會長出長河南，會務因以停滯。嗣復召集全體大會，推定李君見荃為名譽會長，代理會長，更補推王君達、王君瑚為副會長，謝君宗陶接充總務主任幹事」〔註139〕。接著會員參與熱情不高，會務不盡如人意，「會員人數雖多，或以行居靡定，或以職務殷繁，難於常時到會，形勢逐嫌漫疏，因而會務執行，每感非易，故一年以來，按之形式，尚能無缺，揆諸精神，不無遺憾」〔註140〕。到了第三年，學會已是形同虛設，難以為繼，「其時人心惶惑，

〔註135〕如劉萱的演講題目是：《我國舊有之格致學》，李石曾是：《顏李之學與法蘭西學術》，周泰霖是：《講學之功用及其應注意之點》。
〔註136〕《四存學會第一年會務報告要略》，《四存月刊》第四期，民國十年（1921）七月一日刊行，第3～4頁。
〔註137〕《四存學會第一年會務報告要略》，《四存月刊》第四期，民國十年（1921）七月一日刊行，第4頁。
〔註138〕李鍾魯：《四存學會演說詞三》，《四存月刊》第一期，民國十年（1921）四月一日。
〔註139〕《四存學會第一年會務報告要略》，《四存月刊》第四期，民國十年（1921）七月一日刊行，第1頁。
〔註140〕《四存學會第二年會務報告要略》，《四存月刊》第十二期，民國十一年（1922）

歷久始寧，加以財政拮据，經費乏絕，仕罷於官，學罷於校，舉世擾攘，求自
衛之不瞻，又奚暇持禮義？是以本年之中，辦理倍感困難，會務因以濡滯……
然夷考其實，則重要事務，如功課等項，久經廢弛，未能恢復，遺珠留櫝，負
疚滋多」〔註141〕。每逢演講會，「會員到者反寥寥無幾，更未便徒勞名儒蒞講。
二者互爲因果，致使講演愈無聲氣」〔註142〕。最爲致命的是，徐世昌於 1922
年 6 月 2 日宣佈下野，四存學會失去了強大的政治後盾和穩定的資金來源，故
該團體距解散已不遠矣。當然，四存學會之所以未能長期延續，除卻時代環境
和政治背景二因外，其鬆散的組織結構和空泛的宗旨口號亦不可忽略。早在成
立初期，會員孫松齡就已洞察到學會所潛伏的危機：

> 推崇顏李之誠，吾會員自所同具，然顏李之學，最重藝能，最尚實
> 踐，吾輩會員或年齡已過，或俗染已深，牽於職業及人事而無暇修
> 學，或頗能修學而溺於向與顏李殊風之結習，以云私淑，殊愧未遑，
> 吾輩雖百不如顏李，自不妨口是顏李。然若後生竟不菲薄吾輩，直
> 以吾輩僅僅口是顏李者之模樣，爲顏李之模樣，則古賢蒙辱多
> 矣。……大家既列名爲顏李學會會員，必思有以稍副其實，實學之
> 講求也。自身之修省也，總須多少作四存功夫，帶點四存意思，斷
> 不可以僅僅崇拜顏李爲終了，宣揚顏李爲充盡也。本會之建，幾一
> 年矣，而所作尚未離崇拜宣揚一步，即今日開講，所講亦仍是顏李
> 學術如何正當，人格如何崇高，此是題前之文，何與題中之事？以
> 後如長此不進，則顏李亦將化爲口頭禪，久之久之，吸力都盡，將
> 來且有求如今日空談之會而不得者矣。〔註143〕

可見由一批對顏李學本不精通亦不推崇的老輩學人拼湊而成的學術團體，他
們聚攏於一起，或出於抵禦新思潮之故，或出於依附政治權力之需，多是隨
聲附和，並不都眞心要重振北學、推廣顏李學。是故隨著時勢變換、權力易
手，其參與熱情自然因之降低，「樹倒猢猻散」，學會也便走到了盡頭。

　　在創建四存學會的同時，徐世昌等人也在積極籌辦四存學校。該校於

　　　　七月一日刊行，第 3～4 頁。
〔註141〕《四存學會第三年會務報告要略》，《四存月刊》第十八期，民國十二年（1923）
　　　　二月一日刊行，第 3～4 頁。
〔註142〕《四存學會第三年會務報告要略》，《四存月刊》第十八期，民國十二年（1923）
　　　　二月一日刊行，第 3～4 頁。
〔註143〕孫松齡：《四月十五日本會第一次講演會談話錄》，《四存月刊》第三期，民國
　　　　十年（1921）六月一日刊行。

1921 年 1 月 7 日正式上課，由齊樹楷任校長，李九華爲教務主任。該校以「尚實學、尚實習、尚實行」爲校訓，其教授要旨「則本兩先生質樸耐勞、習行一貫之旨，期以約束身心，闡發至理。教科取材亦悉本實用立義，以養成道德完備、知識充足、身體強健，能自樹立之國民」〔註 144〕，開設修身、經學、國文、外國語、歷史、地理、數學、農學、博物、理化、法制、經濟、圖畫、手工、唱歌、體操等諸多課程。由於四存學校主要講授以顏李學爲代表的傳統學術，加之其中不少老師出身於清末蓮池書院或爲「蓮池諸子」的弟子、後人，故他們對古文教育亦頗強調，所以該校畢業生傳統文化底子相對於其他新式學校的學生要好一些。例如何炳棣在回憶畢業於四存中學的丁則良時，就寫道「他的古文根基紮實，主要是因爲他在北平四存中學受到良好的舊式古文訓練」〔註 145〕。爲了貫徹和推廣這一教育理念，四存學會諸人還分別在開封、太原、博野、蠡縣及天津創辦四存學校。這些學校原本從屬於當地的四存學會，後因人事更叠，「學校遂離學會自立」〔註 146〕。不少學校一直延續到新中國成立後。

　　綜上，爲了重振已衰落二百餘年的北學、應對方興未艾的各種新興思潮和加強意識形態領域的控制，徐世昌可謂是在顏李二人身上做足了文章。其中所隱含的政治、文化意義頗爲豐富。不過，無論徐氏等人如何推崇、塑造這一對學術偶像，都無法掙脫三個悖論的束縛：其一，作爲清初思想家，顏元、李塨二人雖於身後戲劇性地走上聖壇，備極榮寵。但從其自身主張而言，二人並不贊同從祀孔廟制度，至少不願進入官方的祀典體系當中，因此如何將二人「由凡入聖」的緣由解釋得合理完滿，實令徐氏諸人頭痛不已。其二，作爲一種具有鮮明實用主義色彩的學術主張，顏李學對當時的程朱理學、陸王心學以及漢學皆有激烈且深刻的批判。降至民初，舊學已日趨式微，徐世昌擡出顏李學，其目的並不是要打擊其他儒學流派，而是欲以顏李學爲大本營，將各種學派加之整合，以應對新思潮的衝擊，扭轉傳統學術的頹勢。然而，怎樣將這些學術旨趣本不一致甚至互相牴牾的學術主張統一於顏李學之

〔註144〕《四村中學校各科教授要旨》，《四存月刊》第二期，民國十年（1921）五月一日刊行。

〔註145〕何炳棣：《讀史閱世六十年》，廣西師範大學出版社 2005 年 7 月版，第 187 頁。

〔註146〕趙衡：《彙刻〈顏李叢書〉序》，《序異齋文集》，民國二十一年（1932）天津徐氏刻本。

旗下，彌合彼此間的主張歧異，似乎是個十分棘手的問題，畢竟自從顏李學問世以來，它與其他儒學流派的論辯就從未休止。現基於抵禦新思潮之需，人為地促使各流派化干戈為玉帛，又談何容易？其三，顏李學主張實學，積極踐履許多應用性學術門類，提倡分科教學，故其學術主張確有與西方現代學科相近之處，具備一些現代性的因素。不過，顏李學派畢竟仍是一個傳統學術流派，其同現代學術實不能劃上等號。因此對顏李學的倡揚，是客觀地指出其學術局限，還是誇大其同現代學術的相似性？這亦是擺在四存學會諸人面前的一個重要問題。如果無法從學理上解決以上三個悖論，尊崇顏李學的舉動僅能流於表面，難以服眾。是故四存學會諸人積極撰文、演講的目的，在很大程度上就是企圖解決以上三個悖論。

三、重塑偶像和詮釋舊說：四存學會諸人對顏李學的改造

若想保證顏李學真正成為「天下學」，四存學會諸人就必須針對這三個悖論展開論辯，個個擊破，逐一澄清，方能消除疑惑，令人信服。概括而言，四存學會諸人的努力可總結為如下三個主張。

第一，「顏李者，繼孔孟而興者也。」對於顏李從祀孔廟的合理性，四存學會諸人並未從正面作答，而是普遍採取迂迴式的解釋策略。究其論證邏輯，不外乎通過詮釋顏李學於儒學譜系中的正統地位，從而證明其從祀孔廟的合法性。具體而言，又可分為兩種理由。一是斷定顏李學即孔孟之學，有其無與倫比的優越性。在四存學會諸人看來，「自嬴秦火書，道緒中絕，漢人之考據，唐人之注疏，宋人之性理，雖各有其學，各主其術，其間固多特行獨立，體用俱宏之君子，然由其說而求之，終不免於空疏，或為膚闊鮮用，或為章句末說，或逸入禪宗而不自覺，尤且謬己為真以誤人下。至於詞章文字之學，更不足論矣」〔註147〕。而所謂真正的學術，「蓋學也者，治世立人之具，術也者，所以推行此學之方也。學不急乎用，恕不衷乎道，皆無當也」〔註148〕。這恰恰是孔孟之學的核心所在。顏李學「盡取孔孟之學之切於人事者，實行之，實習之，行習而確見其必然」〔註149〕。故「顏李之學，孔孟之學也」〔註150〕。「顏李之

〔註147〕張斌：《顏李嘉言類鈔》，《四存月刊》第一期，民國十年（1921）四月一日刊
　　　　行。
〔註148〕張斌：《顏李嘉言類鈔》，《四存月刊》第一期，民國十年（1921）四月一日刊
　　　　行。
〔註149〕齊樹楷：《述顏李》，《四存月刊》第一期，民國十年（1921）四月一日刊行。

學，即周孔之學，吾人不敢遽企及於周孔，故以顏李爲入德之門」〔註151〕。二是認爲顏李學可扭轉世風，乃救弊起衰之良藥。整體來說，四存學會諸人對於民初的政局、世風、學風皆不滿意，用他們的話講，即僞學「浸淫至於今日，鮮恥寡廉，鶩利營私，人群鳥獸行，乃並此空疏者，亦喪棄之而不足以語。技巧日進，而譎詭益多，民智日開，而大道愈微，豈果技巧之不宜進，民智之不可開乎？無學以作其基，愈智愈巧，愈烈其病世賊人之禍，此所以紛紛藉藉，擾擾攘喧□而未有已也。苟不昌明眞學，以正人心而維世道，則流丸走坡，狂瀾注下，烏能御止而挽回之乎？」〔註152〕唯有顏李學能夠整肅世風，純潔學風，「以裨補家國挽正風習人心」〔註153〕。綜上兩點，既然顏李學上承孔孟眞傳，下啓實學之風，於儒學之傳承和發展居功至偉，因而作爲該學創始者，顏元、李塨從祀孔廟似無可厚非。其實，四存學會諸人有如上言論，無非是欲圖通過誇大顏李學之功用，將這個本屬於儒學脈絡中之左翼的學派重塑成正統，從而打消人們對其「由凡入聖」的質疑。

第二，「爲顏李者，必能爲程朱；爲程朱者，亦必能爲顏李。」眾所周知，顏李學崛起之初，便是以批判宋明理學的面目亮相於世人面前。其對程朱、陸王諸多弊端的指摘可謂不遺餘力。不過，時變勢移，進入民國，各種新興思潮的湧動不斷蠶食著傳統文化的地盤，而現代學術分科體系的建立更把傳統學術打得七零八落。正所謂「新陳代謝」、「不破不立」，近代中國的知識與制度轉型已是大勢所趨，不過舊學人士又豈會甘心退出歷史舞臺？於是爲了應對舊學式微之危機，老輩學者們逐漸認識到唯今之計當是儒學各流派消弭門戶之見，走向聯合。四存學會的相關活動便可歸入其中。無論就大處著眼來力挽舊學之頹勢，還是從小處考慮以振興北學，都必須團結舊學陣營中的所有力量，方有實現之可能。四存學會諸人對此有著清醒認識，於是他們儘量彌合顏李學同程朱、陸王之間的主張歧異。首先，他們指出顏李學於宋明理學實爲一脈相承。「習齋之學，始宗王陸，繼歸程朱，嘗立道統龕與堯舜周孔並祝，日必靜坐，言未發之喜怒哀樂，覺修齊治平，此外更無餘事。是習

〔註150〕 胡遠燦：《論學術之運數與學術之轉移》，《四存月刊》第八期，民國十年（1921）十一月一日刊行。

〔註151〕 張斌：《學顏李》，《四存月刊》第七期，民國十年（1921）十月一日刊行。

〔註152〕 張斌：《顏李嘉言類鈔》，《四存月刊》第一期，民國十年（1921）四月一日刊行。

〔註153〕 張斌：《顏李嘉言類鈔》，《四存月刊》第一期，民國十年（1921）四月一日刊行。

齋之學原自程朱入也。……恕谷之學由習齋入，亦即由程朱入也」〔註154〕。
況且「程朱爲有宋一代大儒，上承洙泗，下啓姚江，顏李講學之初，均由程
朱入手，觀於習齋先生之言，猶願師事程朱而列於弟子之班，可見顏李與程
朱淵源授受，並無二理。其躬行實踐之學，實堪與居敬窮理之說，並垂於天
壤」〔註155〕。是故顏李學並無必要同程朱、陸王之學劍拔弩張、勢同水火。
與程朱理學，當「爭是非，不爭意氣，獻可替否不害其爲何也。志皆聖賢之
志，才皆豪傑之才，爲顏李者，必能爲程朱，爲程朱者，亦必能爲顏李，使
其並生一時，必有引爲同心，相視莫逆者，何必從數百年後代古人分門戶耶？」
〔註156〕同陸王心學，亦並無對立之嫌，「入聖之門，有自明而誠者，亦有自誠
而明者，自明而誠，爲教者傳字一方面之事，方法不厭其捷，自誠而明，爲
學者習字一方面之事，工夫不嫌其詳。孔子言知及之，仁能守之，孟子言夫
仁亦在乎熟之而已矣。細味守字熟字，則知習字工夫斷不可少。顏李之學，
有日記課，有規過團，有禮樂肄習，所以爲進德之輔助者，較他家爲完備，
以顏李爲鍛行之爐，於心學亦資夾輔」〔註157〕。由此申言之，「今則列強競爭，
創千古未有之局，民生窒隘，士習虛浮，無論顏李程朱，皆如景星慶雲，不
可多得。顧程朱之學精深，顏李之學平實，爲今之計，正德利用厚生，皆當
務之急，苦心志勞筋力，兼營並進，與世界相周旋，程朱復生，亦必以顏李
爲合宜」〔註158〕。顏李學「於漢宋、於程朱陸王，於顧閻顏李皆不必再分門
戶焉可也」〔註159〕。同時在四存學會諸人眼中，顏李學更切於民初之實際，
故「學程朱者須以顏李爲階梯」〔註160〕，走由篤實至精深的路徑。質言之，
四存學會諸人雖以倡揚顏李學爲名，實則其志並不僅此，還有整合儒學其他

〔註154〕張縉璜：《河南分會會長張縉璜演說詞三》，《四存月刊》第七期，民國十年
　　　　（1921）十月一日刊行。

〔註155〕張鳳臺：《四存學會演說詞一》，《四存月刊》第一期，民國十年（1921）四月
　　　　一日刊行。

〔註156〕李見荃：《四存學會河南分會開成立會演說詞》，《四存月刊》第六期，民國十
　　　　年（1921）九月一日刊行。

〔註157〕孫松齡：《山西洗心社歡迎會代表本會演說詞》，《四存月刊》第三期，民國十
　　　　年（1921）六月一日刊行。

〔註158〕李見荃：《四存學會演說詞二》，《四存月刊》第二期，民國十年（1921）四月
　　　　一日刊行。

〔註159〕姚永概：《四存學會演說詞二》，《四存月刊》第一期，民國十年（1921）四月
　　　　一日刊行。

〔註160〕張縉璜：《河南分會會長張縉璜演說詞三》，《四存月刊》第七期，民國十年
　　　　（1921）十月一日刊行。

流派的意圖，誠如張鳳臺所言：

> 今學會雖以顏李爲主，而累聖相承，名賢代起，凡與顏李之學可以
> 互相發明，不背儒道之眞傳者，皆在本會取法之中，循流溯源，成
> 功則一，於是會也，勿僅視爲顏李之學。〔註161〕

不過揆諸以上言論，大都似強行比附，頗有違學理，自然招致時人的諸多批
駁。

第三，「由中學以融西學，仍歸於人道而已。」既然要維護舊學，必當面
臨一個如何處理中西文化之間關係的問題。考察四存學會所辦刊物及其會員
所撰著作，其間無不瀰漫著一股濃厚的文化保守主義情緒。四存學會成立之
時，正值一戰結束不久。歐戰使不少西方人對自己的文化喪失信心，他們痛
定思痛，對遙遠而又神秘的東方文化萌生了一種羨慕之情，一股「崇拜亞洲
之狂熱」隨之而起。四存學會諸人多爲老輩學者，出於對傳統文化的眷戀和
對戰後歐洲的觀感，他們愈發感到舊學的優越性，而顏李學則是其中之最佳
代表。他們認爲，當下講求西學的中國學人，「迷信物質萬能，法制萬能，每
日所皇皇者，惟在經濟之取供，社會之改制，一若供給充、制度定，則可以
永安無餘事也者。明明有包藏禍根變生俄頃之己與群，而放之而不問，此可
謂大愚者也」。而「顏李之學，非但於人學之外，兼治物學，爲向來學者所不
及，且於人情世故，特有考察，以之爲治，則立法用人，毫無所蔽，以之自
衛，則操心慮患，毫無所難，其於人學，亦臻絕詣，以之爲教，易於見人學
之眞，起物學之信，將來知物不知人之弊，可以預防」〔註162〕。是故顏李學
可以矯正西方物質文明之偏狹，「蓋物質文明與精神文明，本宜交相爲用，並
重而不可一闕。東西各邦，於其試□之餘，益各見其短長，而知所去取，則
此後之新文化，固將置物質精神於一爐，而陶熔之，殆猶不外本吾國古代三
物三事之全，以發揮廣大之耳。而我學會適於此時，組織成立，將以起舊文
藝，使之復興，引新科學相與調劑藉樹戰後未來文化之基礎」〔註163〕。並且
四存學會學人認爲中西相較，中學特別是顏李學的優勢至爲明顯，這體現在
以下兩個方面：一是顏李學與西學相近。如李見荃便頗爲牽強地認爲洛克、

〔註161〕張鳳臺：《四存學會演說詞一》，《四存月刊》第一期，民國十年（1921）四月
　　　　一日刊行。
〔註162〕孫松齡：《山西洗心社歡迎會代表本會演說詞》，《四存月刊》第三期，民國十
　　　　年（1921）六月一日刊行。
〔註163〕謝宗陶：《說學（四存學會河南分會成立大會講演）》，《四存月刊》第六期，
　　　　民國十年（1921）九月一日刊行。

盧梭的學說可以印證顏李學：

> 《儒哲學案》云：陸克氏以德育置於教育之最先，反覆論涵養善良之德性，啓發高尚之情操，諸事而其主義所在，則在於喚起好名知恥之心，而以養其德性也。
>
> 氏之智育以實利爲主，非養文學亦非陶冶理學也。在於社會角藝場計算其利益，處置其財產，執行其職業，則教一市人亦令其知識周遍，故氏於無關生計之科學，皆排斥之，不以實利之知識，易浮華之修辭，閒雅之詩歌也。
>
> ……
>
> 按文字即詞章也，理學即性理也，陸克氏以此爲戒，專爲有用之學，且先以德育，所謂正德利用厚生也，身欲耐苦，意欲活潑皆實地練習之功，頗與顏李結合。
>
> 又云盧騷氏之大旨，以爲兒童之心皆無惡而純善也，故任其自然則無不純善，及爲人所動，乃漸致不良，故人之性皆善，而社會則醜惡，人性醜皆由社會來也。故於兒童須善保護，無使觸社會之惡。
>
> 按顏先生致陸桴亭書云：人之性命，氣質雖各有等差，而俱是善氣質，正是性命之作用，而不可謂有惡，其所謂惡者，乃由引蔽習染爲之祟也。今觀盧騷所言若合符節。〔註164〕

二是中學高於西學，可糾其偏頗之處。該種觀點以齊樹楷爲代表。在他看來，中西學術的根本區別在於，「西國以知爲主，則以爲無不可知。吾國以行爲主，則有曰不可使知」〔註165〕。因而「顏李之學主實行，則吾國學術之正傳也。以知導行，以行驗知，循環無端，而一切學術，無不可融化於行而知之之中」〔註166〕。反觀西學，「似行而實知，似動而實靜，似實而實虛，此可就西學者論中學者之言，一反證之，即了然矣」〔註167〕。兩相比較，其高下立判。既然「顏李即學即行，即致於用，而西則知而不必行，不必用」〔註168〕，那麼「則人人無庸務於西，仍須返於中。即學其科學，仍以吾有用之道行之。吾

〔註164〕李見荃：《以西儒陸克、盧騷學說印證顏李》，《四存月刊》第九期，民國十年（1921）十二月一日刊行。

〔註165〕齊樹楷：《顏李自修指義》，四存中學校排印本，第2頁。

〔註166〕齊樹楷：《顏李自修指義》，四存中學校排印本，第2頁。

〔註167〕齊樹楷：《顏李自修指義》，四存中學校排印本，第3頁。

〔註168〕齊樹楷：《顏李自修指義》，四存中學校排印本，第35頁。

用彼，非彼用我。吾國藝術，自昔爲然。是吾國之學，是孔孟之學，即顏李特爲發明者矣」〔註169〕。至此，四存學會諸人那種固步自封的心態暴露無遺。

正因爲四存學會諸人對這三個悖論的解釋並不完滿，他們對顏李學的改造引起學界的不少批判，有人「因徐公在位即有譏顏李爲顯學者」，有人「以顏李曾辯程朱，疑爲此學一倡，必開攻擊，於是先發制人，橫加譏議，名之曰曲學」〔註170〕。總之，他們或多或少都認識到徐世昌尊崇顏李學，不單單爲了擡高顏李之學說，其政治目的非常明顯。

小　結

民初徐世昌等人對顏李學之尊崇，實由北學復振與政治需求兩相合力促成。自晚清曾國藩於直隸興學與改化始，外籍學者便在此地區收徒傳教，培育人材。北學遂不再純正，呈現南北兼具、中西融彙的特色，也由之出現短暫復興，此爲顏李學能於之後得以受人追捧的歷史淵源。同時，身爲天津籍舊式政客，徐世昌進入民初仍對權力充滿覬覦之心。當登上總統之位後，徐氏急需一套儒家學說來爲自己的正統合法性加以辯護，亦要應對風雲洶湧的五四新文化思潮。因徐世昌對北學的地域文化認同和之前曾經主持北學叢書《大清畿輔先哲傳》的編纂工作，使得他自然而然地極力將顏李學這一「畿輔自有之學派」擡升爲「天下學」，以爲其加強意識形態控制服務，這是徐氏尊崇顏李學的現實動因。故民初的顏李學研究，並非純粹停留在學術研討的層面，而是呈現出學術與政治的複雜交織。

徐世昌對顏李學之尊崇，由於以雄厚的政治權力資源爲後盾，故採取了重塑學術偶像和學說再詮釋的策略與手段，一時間其相關運作聲勢浩大，引來頗多附和之音。然而，畢竟政治介入易招致反感，使人心生徐氏之所爲乃玷污學術、有損天下公器的擔憂；有意詮釋也缺乏學理依據，況且四存學會會員側重對顏李學中傳統性痼弊因素的開掘，實同潮流相悖，所以徐氏的一系列活動看似烜赫一時，實際上「雷聲大雨點小」，效果不佳。民國學人陳登原親歷此事，感觸頗深，故他的評論值得參考。對於徐世昌所纂《顏李師承記》，陳指出：「凡萬季野、毛大可輩，與顏、李有介面或書函往還之誼者，

均臚陳生平，立傳著錄。驟觀之，似顏李學派之途甚廣，實則過事鋪張，有
識者當能非之。」並且在選取人物時，「如於成龍等，與習齋毫無關係，則竟
述之。王法乾等與習齋之學大異，而亦述之。甚至李二曲、梅定九等，亦為
所羅入，可謂貪多務得，細大不捐矣！」〔註171〕對於四存學會，陳認為：「會
員之征求，不視其趣嚮之何如，而務於買菜之求增，明於此，可知四存學會
之創設，於顏氏學所補蓋微。當時人之聞顏學而起者，蓋寥寥如也」〔註172〕。
就四存學會諸人對顏李學的詮釋，陳氏反問道：「得無令人有『顏、李為我』
而非『我為顏、李』之疑乎？」〔註173〕雖淡淡一句，卻頗啟人深思。故陳登
原認為徐世昌尊崇顏李學之舉絕非該學術之福音，亦改變不了其學術支流的
現狀：

> 夫以一人而移易天下之視聽者，非大智大勇不可，若賴一人之力，
> 憑其權勢貨殖，雖欲移易視聽，而不知其人一去，而其業頓衰；此
> 雖不足污習齋，然足以證顏學之不張矣。〔註174〕

當然，以徐世昌為首的四存學會學人的活動亦非一無是處，誠如前言，
其對顏李著作的搜輯、刊刻之功頗值肯定，為後人研究提供了寶貴的文獻基
礎。也正是自四存學會整理顏李叢書後，加之同時期杜威的中國之行引來了
風靡學界的實驗主義，民國學界對於顏李學的關注方日趨升溫，終使其成為
一時的學術熱點議題。不過，總體而言，徐世昌等人對顏李學之尊崇於更大
程度上是延緩了該研究的深入發展，此點毋庸置疑。

〔註171〕陳登原：《顏習齋哲學思想述》，中國大百科全書出版社 1989 年 3 月版，第
　　　　189 頁。
〔註172〕陳登原：《顏習齋哲學思想述》，中國大百科全書出版社 1989 年 3 月版，第
　　　　197 頁。
〔註173〕陳登原：《顏習齋哲學思想述》，中國大百科全書出版社 1989 年 3 月版，第
　　　　184 頁。
〔註174〕陳登原：《顏習齋哲學思想述》，中國大百科全書出版社 1989 年 3 月版，第
　　　　185 頁。

第四章　創建典範與學術商榷：顏李學研究之趨向深入——以梁啓超、胡適、錢穆三人爲例的考察

　　雖然以徐世昌爲首的四存學會諸人提倡顏李學的活動烜赫一時，引起眾人對該學派的關注，但這畢竟不是民國學術界之主流，且與時代主題亦有些背道而馳。那麼彼時主流學者對顏李學持如何看法？他們的研究成果又是怎樣？概言之，民國學界對於顏李學頗有熱議，創獲甚多，其研究亦隨之走向深入。更耐人尋味的是，由於學術背景的差異和文化立場的分歧，學者們對顏李學的看法往往各不相同，難有共識，甚至彼此立異，針鋒相對，究係何因導致以上現象，而這些不同觀點對於顏李學術形象的塑造又有何影響？諸多問題皆值得我們後人探討。故本章擇取其時最具代表性的三位學者梁啓超、胡適和錢穆，通過研讀和剖析他們的顏李學研究論著，以期借助梳理顏李學研究的學術脈絡，來揭示隱藏於學說歧異背後的深層原因。

第一節　確立顏李近代學術形象的努力：梁啓超的顏李學研究

一、梁啓超與清代學術史研究

　　眾所周知，作爲清季民國的學術大師，梁啓超於清代學術史研究造詣頗深，成果豐碩。粗粗算來，梁之清學史研究大致可分爲兩個時期。一是 1902

年至 1904 年間，梁於流亡日本之際，撰寫了長文《論中國學術思想變遷之大勢》。是文以時間爲縱軸將數千年中國學術思想界分爲七個時代：

> 一胚胎時代，春秋以前是也；二全盛時代，春秋末及戰國是也；三儒學統一時代，兩漢是也；四老學時代，魏晉是也；五佛學時代，南北朝唐是也；六儒佛混合時代，宋元明是也；七衰落時代，近二百五十年是也⋯⋯〔註1〕

時梁又別出心裁，從橫向的角度把中國學術與西方學術合而觀之，認爲「上世史時代之學術思想，我中華第一也；中世史時代之學術思想，我中華第一也；惟近世史時代，則相形之下，吾汗顏矣！」〔註2〕近世史即指有清一代〔註3〕，那緣何令人「汗顏」？按照梁的解釋，「綜舉有清一代之學術，大抵述而無作，學而不思，故可謂之爲思想最衰時代」〔註4〕。具體而言，清學史可分爲四期：第一期爲順康間，中心是程朱陸王問題；第二期爲雍乾嘉間，中心是漢宋問題；第三期爲道咸同間，中心是經今古文問題；第四期爲光緒間，中心是孟荀問題與孔老墨問題。有趣的是，走筆至此，梁啓超並未一鼓作氣將這「最衰時代」批判到底，而是突然筆鋒陡轉，認爲清學史恰是中國學術否極泰來的徵兆：

> 由此觀之，本朝二百年之學術，實取前此二千年之學術，倒影而繹演之，如剝春筍，愈剝而愈近裏，如啖甘蔗，愈啖而愈有味。〔註5〕

> 要而論之，此二百餘年間，總可名爲古學復興時代，特其興也，漸而非頓耳。然固儼然若一有機體之發達，至今日而蔥蔥鬱鬱，有方春之氣焉。〔註6〕

〔註1〕 梁啓超：《論中國學術思想變遷之大勢》，《飲冰室合集》文集之七，中華書局 1989 年版，第 3 頁。

〔註2〕 梁啓超：《論中國學術思想變遷之大勢》，《飲冰室合集》文集之七，中華書局 1989 年版，第 2 頁。

〔註3〕 對於清代學術，梁啓超特以《近世之學術（起明亡以迄今日）》一章來概述。該章實完稿於 1904 年，據梁在續載前言中所撰：「本論自壬寅（1902 年）秋擱筆，餘稿久未續成，深用歉然。頃排積冗，重理舊業。以三百年來變遷最繁，而關係最切，故先論之。其第六章未完之稿，及第七章之稿，俟本章撰成，及續補焉。著者識。」（《新民叢報》第 53 號，第 45 頁）

〔註4〕 梁啓超：《論中國學術思想變遷之大勢》，《飲冰室合集》文集之七，中華書局 1989 年版，第 100 頁。

〔註5〕 梁啓超：《論中國學術思想變遷之大勢》，《飲冰室合集》文集之七，中華書局 1989 年版，第 102 頁。

〔註6〕 梁啓超：《論中國學術思想變遷之大勢》，《飲冰室合集》文集之七，中華書局

申言之，梁啓超將清代比擬爲歐洲文藝復興時代，認爲二者都是通過復興古學而步入文化繁盛之境。梁僅憑表象來作出判斷，其結論自不準確，忽略了文藝復興的諸多特性。何況他一面指出清代學術「最衰」，又一面認爲它堪比文藝復興，其內在矛盾十分明顯〔註7〕。不過，値得注意的是，梁所提出的「四期說」雖略顯粗糙，卻成爲他後來被學界所熟知的「理學反動說」之雛形〔註8〕。

此後很長的一段時期，梁將更多的時間投入到政治事業當中。經歷了無數的起伏挫折之後，梁懷著「故吾自今以往，不願更多爲政談，非厭倦也，難之故愼之也」〔註9〕的複雜心情，決心揮別宦海生涯。1920年成爲其政治事業與學術事業的分水嶺，自當年始，梁啓超將後半生的絕大多數精力傾注於著書立說和教書育人之中。其間所完成的學術著作更是極具分量，梁亦憑諸多作品執民國學界之牛耳，且因之享有中國「啓蒙運動」元老的美譽。遍覽此期梁氏的眾多學術明珠，清學史論著無疑是其中最爲璀璨的一顆。他於1920年完成的《清代學術概論》，1923年的《朱舜水年譜》、《黃梨洲朱舜水乞師日本辯》和《顏李學派與現代教育思潮》，1924年寫就的《中國近三百年學術史》、《戴東原生日二百年紀念會緣起》、《戴東原著述纂校書目考》、《戴東原先生傳》、《戴東原哲學》、《明清之交中國思想界及其代表人物》及《近代學風之地理的分佈》等文，皆是其總結與檢討有清一代學術思想的產物。

細數如上這些通論性或專題性論著，我們不難發現梁氏作品中幾乎都滲透著他解釋清代學術思想史的一種理論，即「理學反動說」。這一觀點的主要涵義是：清代學術思想的主流「在前半期爲『考證學』，在後半期爲『今文學』，而今文學又實從考證學衍生而來」〔註10〕，簡言之，這一時期的學術思潮即「對於宋明理學之一大反動」〔註11〕。由這種「大反動」引發出五種趨勢：

　　　　1989年版，第103頁。

〔註7〕　李帆：《章太炎、劉師培、梁啓超清學史著述之研究》，商務印書館2006年版，第98頁。

〔註8〕　詳見丘爲君：《戴震學的形成：知識論在近代中國的誕生》，新星出版社2006年，第218～221頁。

〔註9〕　梁啓超：《我今後所以報國者》，《飲冰室合集》文集之三十三，中華書局1989年版，第53頁。

〔註10〕　梁啓超：《清代學術概論·序》，《飲冰室合集》專集之三十四，中華書局1989年版，第4頁。

〔註11〕　梁啓超：《清代學術概論》，《飲冰室合集》專集之三十四，中華書局1989年

第一是王學自身的反動，第二是自然界探索的反動，第三是西方曆算學輸入之反動，第四是讀書講學風氣之反動，第五是佛學反禪宗之反動〔註 12〕。同時，該學術思潮「以『復古』為其職志者也。其動機及其內容，皆與歐洲之『文藝復興』絕相類，而歐洲當『文藝復興期』經過以後所發生之新影響，則我國今日正見端焉」〔註 13〕。也正是依據「理學反動說」，梁氏最終將清代學術思潮之特色總結為「以復古為解放」：

> 綜觀二百餘年之學史，其影響及於全思想界者，一言蔽之，曰：「以復古為解放」。第一步，復宋之古，對於王學而得解放，第二步，復漢唐之古，對於程朱而得解放，第三步，復西漢之古，對於許鄭而得解放，第四步，復先秦之古，對於一切傳注而得解放。夫既已復先秦之古，則非至對於孔孟而得解放焉不止矣。然其所以能著著奏解放之效者，則科學的研究精神實啟之。今清學固衰落矣。「四時之運，成功者退」，其衰落乃勢之必然，亦事之有益者也，無所容其痛惜留戀惟能將此研究精神轉用於他方向，則清學亡而不亡也矣。〔註 14〕

由上可知，在梁啟超的清學闡釋系統裏，推動學術思想發展的動力是「反動」，其津筏乃「復古」，「解放」則為最終目的。換言之，「反動」、「復古」和「解放」構成了梁氏解釋清學的三個關鍵要素。

當然，不容忽視的是，梁啟超於 1920 年之後完成的諸多清學史論著，又並非純粹出於「為學術而學術」的目的。受儒家「學術經世」的特殊世界觀之驅動，梁氏生命後期的學術活動，基本可視作其政治事業的延續或超越。正如丘為君所言，就性質而言，梁的「學術經世」至少包含了兩種特質：一是在精神方面，學術的精義與其說是探索真理或真相，毋寧說更在於它與現實世界的連接性或是在現實世界裏的致用性；為學術而學術（或為知識而知識）不僅不符合儒家「經世」的傳統，也與梁氏「學術經世」的初衷相違背。

版，第 3 頁。

〔註 12〕 梁啟超：《中國近三百年學術史》，《飲冰室合集》專集之七十五，中華書局 1989 年版，第 7～10 頁。

〔註 13〕 梁啟超：《清代學術概論》，《飲冰室合集》專集之三十四，中華書局 1989 年版，第 3 頁。

〔註 14〕 梁啟超：《清代學術概論》，《飲冰室合集》專集之三十四，中華書局 1989 年版，第 6 頁。

二是在手段方面，「學術經世」重視時代思潮發展的趨勢與主流。因此，傳統裏的積極成分不僅要以時代思潮趨勢爲準繩來加以發掘與詮釋，另一方面，時代思潮還要積極地去轉化傳統裏的消極成分。亦即梁氏帶有啓蒙意味的「學術經世」工作，是透過教育的手段來達成傳統與現代的接軌〔註15〕。

綜上，梁啓超的清學史作品大多在其濃厚的「學術經世」關懷之下，被打上了具有典範意義的「理學反動說」烙印。其顏李學研究自然不會例外。在很長時期內該項研究亦是在如此的學術關懷和理論預設中展開的。

二、梁氏關注顏李學之原因

那麼梁啓超又是基於何種意圖來關注顏李學派及其學說的呢？這是我們剖析其顏李學研究成果之前所先需解決的問題。根據梁氏清學史研究的特點，並結合「五四」後中國學術思想界的潮流動向，他之所以關注顏李學，大致出於以下四因。

第一，顏李學作爲清代學術史中極具特色且頗爲重要的一支，其地位不容忽視，故必然會納入梁氏清學史研究的視野當中。作爲清初學術界一個學術流派，顏李學派雖既未像程朱理學般備受清廷重視，躋身官方之學，也未能如漢學那樣蔚爲大國，成爲一時主流，但它仍以其宏闊的學術氣魄和鮮明的學術特色於清學史中獨樹一幟。因此研究清學史，顏李學自是題中應有之意。此外，梁啓超對顏李學派諸成員的爲人頗爲欽佩。以顏元爲例，在梁氏看來，「直隸京兆，今之畿輔而古燕趙也，自昔稱多慷慨悲歌之士，其賢者任俠、尚氣節、抗高志、刻苦、重實行、不好理論，不尚考證，明清之交多奇士」〔註16〕，顏元正是其傑出代表，在《近世之學術》中，在梁氏所認爲的明末清初十六位學術大師中，顏元赫然在列〔註17〕。後來梁還自稱：「吾於清初大師，最尊顧黃王顏，皆明學反動所產也」〔註18〕。將顏元與「清初三大家」顧炎武、黃宗羲和王夫之並列，可見梁氏對顏元之推崇。

〔註15〕丘爲君：《戴震學的形成：知識論在近代中國的誕生》，新星出版社 2006 年，第 121～122 頁。
〔註16〕梁啓超：《近代學風之地理的分佈》，《飲冰室合集》文集之四十一，中華書局 1989 年版，第 52 頁。
〔註17〕梁啓超：《論中國學術思想變遷之大勢》，《飲冰室合集》文集之七，中華書局 1989 年版，第 77 頁。
〔註18〕梁啓超：《清代學術概論》，《飲冰室合集》專集之三十四，中華書局 1989 年版，第 13 頁。

　　第二，梁啓超對四存學會諸人的作法甚爲不滿。對於徐世昌等人所組織的以提倡顏李學爲名義的一系列政學活動，梁氏頗不以爲然。在他看來，徐氏等人雖彙刻了許多顏李遺作，但其編纂的不少著作都值得商榷，如《顏李語要》「破觚爲圓，誣顏李矣，不逮《學記》遠甚」﹝註19﹞。更令人擔憂的是，徐氏等人推崇顏李學，有著明顯的政治目的，且其對顏李學說的解釋與宣揚，更多是基於十分保守的文化立場，與當下的時代精神實相脫軌。作爲一向倡導科學精神和思想啓蒙的學人，梁啓超自然不能認同四存學會的所言所行，更不能任其對顏李諸人形象進行塑造，於是決心在五四思想啓蒙的語境下確立顏李學派的近代學術形象，以糾正舊式學人的看法。

　　第三，梁氏關注顏李學，亦與其受杜威實用主義的刺激和影響密切相關。1919 年 4 月 30 日，杜威抵達上海，從而開始了在華巡迴講學的歷程。其所主張的實用主義學說也被中國知識界各派人物普遍接受，風行一時﹝註20﹞。梁啓超也積極投身於這場熱潮當中。1920 年 9 月，他與蔡元培、蔣夢麟、王寵惠、熊希齡等人組成「講學社」，該社宗旨即是延請西方學人來華講學，每年一人。講學社成立之際，恰值杜威已應北大之約在華演講一年有餘，次年名義上便由講學社續聘，可以說他是應講學社之聘的第一位西方學者。在日常交往中，梁氏自然會對杜威的實用主義學說耳濡目染，多有瞭解。

　　或許是對杜威實用主義學說的回應，梁啓超結合個人多年清學史研究心得，於 1923 年相繼撰寫了《顏李學派與現代教育思潮》和《實踐實用主義：顏習齋、李恕谷》﹝註 21﹞兩篇應時之作。梁氏並不諱言實用主義對他的啓發與刺激，如在《顏李學派與現代教育思潮》開篇即寫道：

> 自杜威到中國講演後，唯用主義或實驗主義在我們教育界成爲一種時髦學說，不能不說是很好的現象，但我們國裏頭三百年前有位顏習齋先生和他的門生李恕谷先生曾創一個學派——我們通稱爲「顏李學派」者，和杜威們所提倡的有許多相同之點，而且有些地方像

﹝註19﹞ 梁啓超：《中國近三百年學術史》，《飲冰室合集》專集之七十五，中華書局 1989 年版，第 137 頁。

﹝註20﹞ 至於杜威之實用主義緣何於中國形成熱潮及具體情形，詳見元青：《杜威與中國——對杜威中國之行及其影響的研究》，南開大學博士研究生畢業論文，1999 年 4 月。

﹝註21﹞ 此文收入《中國近三百年學術史》當中。

是比杜威們更加徹底。所以我想把這派學說從新介紹一番。〔註22〕
可見梁氏認識到杜威實用主義與顏李學說有某些相似之處，這便激發了他研究顏李學的衝動。

第四，「戴東原生日二百年紀念會」成爲梁啓超精研顏李學的直接契機。戴震學研究無疑是梁啓超晚年清學史研究中最具學術分量的部分，對於該問題，學界已多有探討〔註23〕。梁氏關注戴震學的觸發點正是發起籌辦「戴東原生日二百年紀念會」（癸亥十二月二十四日，西曆 1924 年 1 月 19 日）。雖然之前梁在一些文章中已對戴震學有所論述，但若就個案研究的系統與深入而言，那還當屬在紀念戴震誕辰二百年紀念之時。爲了更好地宣傳與紀念這位「科學界的先驅者」和「哲學界的革命建設家」〔註24〕，梁氏作出表率，擬撰文五篇，「一是東原先生傳，二是東原著述考，三是東原哲學，四是東原治學方法，五是顏習齋與戴東原」〔註25〕。後因「時間短促，校課忙迫，未能實現預定計畫，僅成《戴東原先生傳》一篇，據其一月十五日自記說，是用一晝夜作成的；《戴東原哲學》一篇，據其十九日自記說，是接連三十四點鐘不睡覺趕成的。此外尚有《戴東原著述纂校書目考》一文，但其成文時期當在開紀念會以後了」〔註26〕。也恰在撰文期間，爲了找到有關戴震哲學思想淵源的線索，梁啓超仔細研讀了顏李學派的不少論著，從而「深信東原的思想，有一部分是受顏李學派影響而成」〔註27〕，這亦即他爲何打算寫《顏習齋與戴東原》一文的緣由〔註28〕。並且在趕寫紀念戴震相關文章的同時，

〔註22〕梁啓超：《顏李學派與現代教育思潮》，《飲冰室合集》文集之四十一，中華書局 1989 年版，第 3 頁。

〔註23〕詳見劉巍：《二三十年代清學史整理中錢穆與梁啓超、胡適的學術思想交涉——以戴震研究爲例》，《清華大學學報》（哲學社會科學版）1999 年第 4 期；丘爲君：《戴震學的形成：知識論在近代中國的誕生》，新星出版社 2006 年版；李帆：《章太炎、劉師培、梁啓超清學史著述之研究》，商務印書館 2006 年版。

〔註24〕梁啓超：《戴東原生日二百年紀念會緣起》，《飲冰室合集》文集之四十，中華書局 1989 年版，第 38、39 頁。

〔註25〕梁啓超：《戴東原哲學》，《飲冰室合集》文集之四十，中華書局 1989 年版，第 77 頁。

〔註26〕丁文江、趙豐田編：《梁啓超年譜長編》（下），上海人民出版社 1983 年版，第 1009 頁。

〔註27〕梁啓超：《戴東原哲學》，《飲冰室合集》文集之四十，中華書局 1989 年版，第 60 頁。

〔註28〕當然，由於諸多因素，《顏習齋與戴東原》一文最終未能完成，但梁氏的這種思路卻被胡適繼承下來，並在其《戴東原的哲學》一文中就戴震學術同顏李

他還特意抽空寫就長達兩萬餘字的《顏李學派與現代教育思潮》〔註 29〕，想必正是其研讀顏李著作心得之結晶。要之，「戴東原生日二百年紀念會」不僅是梁氏深入研究戴震學的開端，正因為戴震學與顏李學之間的學術淵源，也成為其精研顏李學的直接契機，這就為他日後撰寫《實踐實用主義：顏習齋、李恕谷》一文預作鋪墊。

三、「新舊過渡」與「兼反漢宋」：梁啓超顏李學研究的第一期

以 1923 年底倡議發起「戴東原生日二百年紀念會」為標誌，恰可將梁啓超的顏李學研究界分為兩個階段，第一期為發起紀念會之前，此期的相關著作為《論中國學術思想變遷之大勢》和《清代學術概論》。

在《論中國學術思想變遷之大勢》中，梁氏並未把顏李學派單獨拿出論列，而是將顏元同顧亭林、黃梨洲、王船山、劉繼莊並稱為「新舊學派之過渡者」〔註 30〕。在梁氏眼中，明末清初堪稱大師者僅有十六人，除卻以上五人，尚有「承舊學派之終者」六人（孫夏峰、李二曲、陸桴亭、張嵩菴、張楊園、呂晚?），「新學派之始者」五人（閻百詩、萬充宗、萬季野、胡東樵、王寅旭），不過「所謂舊學派諸賢者，語其在學界上之位置，不過襲宋明之遺，不墜其緒，未足為新時代放一異彩也，其可稱近世學術史之特色者，必推顧

學派的淵源關係做了頗為細緻的闡述。

〔註 29〕此事在《梁啓超年譜長編》中記載較詳：「1923 年 11 月 22 日　先生致高夢旦一書，言為《東方雜誌》紀念號撰文事；此文後來題作《顏李學派與現代教育思潮》，是時正當美國杜威博士到中國講演實驗主義以後，所以一時國內提倡顏李學的人很多。其書說：

前復一書，言《東方雜誌》紀念號所擬題為《顏李學說與現代教育》，不審已收否（因未得復書）。該文現已成過半，準十二月十五前必寄到。全篇約二萬言以上。謹先聞。

1923 年 12 月 17 日　張菊生復先生一書，言收到《顏李學派與現代教育思潮》一文各事：

一昨奉到大著《顏李學派與現代教育思潮》，展誦一過，深足藥吾中國能坐言不能起行之病，尤足救近人所倡行之匪艱知之維艱之說之偏，至為欽佩。今日又得十二日快函，所插英文一語尊即照改。此外間有一二訛字，亦已代為改正，可請勿念。每月應呈三百元，仍屬天津分館按月送至尊府，想蒙察入。」（丁文江、趙豐田：《梁啓超年譜長編》，《梁啓超年譜長編》（下），上海人民出版社 1983 年版，第 1007～1008 頁。）

〔註 30〕梁啓超：《論中國學術思想變遷之大勢》，《飲冰室合集》文集之七，中華書局1989 年版，第 77 頁。

黃王顏劉五先生之學，應用的而非理想的也」〔註 31〕。就五先生所共有的學術特色，梁氏總結爲四點：「以堅忍刻苦爲教旨相同也」，「以經世致用爲學統相同也」，「以尙武任俠爲精神相同也」，「以科學實驗爲憑籍相同也」〔註 32〕。

　　至於顏元獨有的學術特徵，梁氏也有所涉及。第一，他認爲「習齋專標忍嗜欲苦筋力之旨，爲學道不二法門。近世餘杭章氏以比諸羅馬之斯多噶派，諒矣」〔註 33〕。並且「習齋有存性、存學、存治、存人四編，其精華之論，皆在於是。號之曰周孔之學，以自別於程朱。其言曰：以講讀爲求道，其距千里也；以書爲道，其距萬里也，蓋其學頗有類於懷疑派」〔註 34〕。將顏李學比作古羅馬時代的斯多噶派，恰反映出梁氏認爲中國也有文藝復興時代的內心訴求。在其看來，顏元控制欲望、重行輕知，與古羅馬時代的斯多噶派有異曲同工之妙。這不正是清代乃「古學復興時代」的極佳例證嗎？第二，梁啓超又根據「理學反動」的觀點指出顏元「事事而躬之，物物而肄之，以求其是，實宋明學之一大反動力，而亦清學最初一轉捩也。雍乾以後，學者莫或稱習齋，然顧頗用習齋之術，但其術同，而所用之目的地不同，以實事求是一語，而僅用之於習齋所謂其距萬里之書，習齋其恫矣。乃者餘杭章氏極推習齋，以爲荀卿以後一人，其言或太過，然要之爲一代大儒必矣」〔註 35〕。梁氏之所以套用該解釋模式，其用意在於以顏元爲例，說明清代學術思想的歷程恰是以復古爲解放的形式一步步演進的，顏元「並宋明而悉棄矣」〔註 36〕，乃其中之一環。

　　時隔十六年，梁啓超於 1920 年所撰《清代學術概論》中，基本保留了之前對顏李學的主要看法，並進而展開論析，恰如其言：「余今日之根本觀念，與十八年前無大異同，惟局部的觀察，今視昔似較爲精密」〔註 37〕。對於顏

〔註 31〕梁啓超：《論中國學術思想變遷之大勢》，《飲冰室合集》文集之七，中華書局
　　　　1989 年版，第 79 頁。
〔註 32〕梁啓超：《論中國學術思想變遷之大勢》，《飲冰室合集》文集之七，中華書局
　　　　1989 年版，第 81 頁。
〔註 33〕梁啓超：《論中國學術思想變遷之大勢》，《飲冰室合集》文集之七，中華書局
　　　　1989 年版，第 81 頁。
〔註 34〕梁啓超：《論中國學術思想變遷之大勢》，《飲冰室合集》文集之七，中華書局
　　　　1989 年版，第 82～83 頁。
〔註 35〕梁啓超：《論中國學術思想變遷之大勢》，《飲冰室合集》文集之七，中華書局
　　　　1989 年版，第 83 頁。
〔註 36〕梁啓超：《論中國學術思想變遷之大勢》，《飲冰室合集》文集之七，中華書局
　　　　1989 年版，第 84 頁。
〔註 37〕梁啓超：《清代學術概論·序》，《飲冰室合集》專集之三十四，中華書局 1989

元的學術特色，梁氏仍認爲「其學有類羅馬之『斯多噶派』，其對於舊思想之解放，最爲徹底」〔註 38〕。其最核心的主張可概括爲「勞作神聖」。「質而言之，爲做事故求學問，做事即是學問，捨做事外別無學問，此元之根本主義也」〔註 39〕。在梁看來，也正是過分執著於清教徒式的苦行實踐，致使其學絕非常人所能踐履，故成爲阻礙其學說傳播的一大弊端，該學派也因之中絕。對此情形，梁氏特有專論：

> 顏李之力行派，陳義甚高，然未免如莊子評墨子所云「其道大，恐天下不堪」。此等苦行，惟有宗教的信仰者能踐之。然已不能責望之於人。顏元之教，既絕無「來生的」、「他界的」觀念，在此現實界而惟恃極單純極嚴冷的道德義務觀念，教人犧牲一切享樂，本不能成爲天下之達道。元之學所以一時尚能光大者，因其弟子直接接受彼之人格的感化，一再傳後，感化力遞減，其漸歸衰減，乃自然之理。況其所謂實用之「藝」，因社會變遷，非皆能周於用，而彼所最重者在「禮」，所謂「禮」者，二千年前一種形式，萬非今日所能一一實踐，既不能，則實者乃反爲虛矣，此與當時求實之思潮，亦不相吻合，其不能成爲風氣也固宜。〔註 40〕

由顏李學派與斯多噶派的類似到指出顏李學派的衰落與苦行密切關聯，說明梁的顏李學研究較之清末確有所深入。不過，這裡尚需辨析的是，梁啓超實則並未眞正瞭解斯多噶派的學說內涵。因爲斯多噶派最重要的哲學理念是理性與情欲的二元對立。此派學者認爲人類本身即具有理性，然而同時又存在非理性的情感及欲望與之對抗。在普遍的情況下，人的理性常不能控制其非理性的成分。故而以理性控制情欲，便成爲他們的賢人理想。宋明理學家所倡導的「存天理、滅人欲」的主張，反頗與斯多噶派相似。故梁氏認爲顏李學派與斯多噶派主張類似的說法便顯得非常牽強。如果說在《論中國學術思想變遷之大勢》中，梁啓超僅是借用章太炎之論比附顏、斯二派，屬於無組織、無選擇、本末不具、派別不明，惟以多爲最貴的「梁啓超」式的輸入之

年版，第 4 頁。

〔註 38〕 梁啓超：《清代學術概論》，《飲冰室合集》專集之三十四，中華書局 1989 年版，第 16 頁。

〔註 39〕 梁啓超：《清代學術概論》，《飲冰室合集》專集之三十四，中華書局 1989 年版，第 17 頁。

〔註 40〕 梁啓超：《清代學術概論》，《飲冰室合集》專集之三十四，中華書局 1989 年版，第 21 頁。

範疇〔註41〕，那身處中西學說紛紜的 20 世紀 20 年代，其仍持此觀點則說明梁氏對於該學派的相關主張確無專門研究，故失之於人云亦云。當然梁氏如此塑造顏李的學術形象，依然是在為中國的文藝復興運動尋求合法性，故同真正的顏李學有一定距離。

　　出於同樣理念，梁氏仍於「理學反動」的解釋框架下考察顏李諸人的主張，將其視作明學之反動的重要力量。同時，梁氏進而斷定顏元「則明目張膽以排程朱陸王，而亦菲薄傳注考證之學，故所謂『宋學』、『漢學』者，兩皆吐棄，在諸儒中尤為挺拔，而其學卒不顯於清世」〔註42〕。顏元之所以既不認宋學為學，亦不認漢學為學，其原因在於「學問絕不能向書本上或講堂上求之，惟當於社會日常行事中求之」〔註43〕。梁啓超這樣看待顏李學與漢宋學之間的關係，一方面的確凸顯了三者之間的學術差異，不過如此絕對化的結論在另一方面也忽視了三者之間的學術關聯。其實顏李學並非無所依傍，憑空而生，它的產生與明末清初的學術氛圍密不可分，其間既有對其他學術流派的吸收與承繼，亦有反思與超越。並且即使顏李學派形成後，其成員也並未固守己學，排斥他派，如顏元就認同並借鑒了宋學家陸世儀的主敬思想，李塨更是充分吸取清初經學家的學術成果，運用考據方法著書立說，為顏李學尋求學理支撐。故對漢宋兩派，顏李諸人更多的是批判，而非「吐棄」，梁之論斷不免有失偏頗。

　　除卻以上對以往主張的延續，梁啓超於《清代學術概論》中亦對顏李學提出新的見解，他認為顏李所倡導的實學，與剛引入國內的杜威實用主義思潮有所近似，按梁之原話：

　　　　以實學代虛學，以動學代靜學，以活學代死學，與最近教育新思潮
　　　　最相合，但其所謂實所謂動所謂活者，究竟能免於虛靜與死否耶？
　　　　此則時代為之，未可以今日社會情狀繩古人矣。〔註44〕

所謂「新思潮」，即以杜威為代表的實用主義思潮。只是梁氏對該思潮瞭解尚

〔註41〕梁啓超：《清代學術概論》，《飲冰室合集》專集之三十四，中華書局 1989 年版，第 71 頁。

〔註42〕梁啓超：《清代學術概論》，《飲冰室合集》專集之三十四，中華書局 1989 年版，第 16 頁。

〔註43〕梁啓超：《清代學術概論》，《飲冰室合集》專集之三十四，中華書局 1989 年版，第 17 頁。

〔註44〕梁啓超：《清代學術概論》，《飲冰室合集》專集之三十四，中華書局 1989 年版，第 17 頁。

淺，故未詳加論述，不過這畢竟爲他 1923 年之後的顏李學研究埋下伏筆。

總之，梁啓超顏李學研究的第一期，在「古學復興」的學術訴求和「理學反動」的解釋模式之推動下，其對顏李學的所述所論並不具體，更談不上準確。這說明梁氏對顏李著作研讀不精，故難有細緻入微的考察，加之理論先行之緣故，其不少觀點更類似一種闡述策略，並非科學論斷，這是我們後人在研究時當注意的。

四、「清學支流」與「實用主義代表」：梁啓超顏李學研究的 第二期

承上所言，梁啓超的顏李學研究由第一期折入第二期的契機爲「戴東原生日二百年紀念會」。至於具體的肇端，則應從梁氏 1923 年 11 月於湯山養病談起。筆者於國家圖書館查閱史料時，發現北海古籍館藏有一部梁啓超手批本的清同治十年（1871）南山冶城山館版的《顏氏學記》。在該書封面，署有梁氏題款：「癸亥十月養病湯山精讀一過啓超記」〔註 45〕。癸亥年即 1923 年，由於梁氏採用陰曆紀年，故「十月」應是當年西曆 11 月左右。至於其養病經過，梁氏在當年十一月十六日寫給女兒梁思順的信中也有所交代：「我半個月前痔瘡復發，初時不以爲意，耽擱了好幾日，後來漸覺得有點痛楚，才叫王姑娘入京服侍，又被你弟弟們逼著我去湯山住了幾天，現在差不多好清楚了」〔註 46〕。由此可以推斷，1923 年 11 月初，梁啓超因病在湯山小住幾日。也正是於此短暫的養病期間，梁氏通過精讀戴望的《顏氏學記》，對顏李學的認識有了較大改變。

現藏國家圖書館的這本梁氏手批本《顏氏學記》，內有梁啓超批語一千餘字。由於梁之字迹十分潦草，甚難辨識，故筆者僅擇取與本文論旨相關且能夠認清的批語來略作研討。通觀梁氏批語，梁氏研讀《顏氏學記》所獲新見大致有三。一是斷定戴震學與顏李學頗有淵源。當讀到「乾隆中戴吉士震作《孟子緒言》，始本先生此說言性而暢發其旨」一句時，梁氏不禁寫道「東原之學本習齋，淵源甚分明」〔註 47〕。同時梁認爲不僅戴氏之學源自顏李，姚

〔註 45〕 梁啓超：《顏氏學記》梁啓超手批本，民國 12 年（1923），中國國家圖書館館藏。

〔註 46〕 丁文江、趙豐田編：《梁啓超年譜長編》（下），上海人民出版社 1983 年版，第 1007～1008 頁。

〔註 47〕 梁啓超：《顏氏學記》梁啓超手批本卷一，民國 12 年（1923），中國國家圖書

際恒似亦受該學派影響，於是又在該頁空白處隨手記下一句：

　　《文獻徵存錄》云：「徽州姚際恒作《庸言錄》，謂周程張朱皆禪，

　　其說本顏元。」立方之得聞習齋學。〔註48〕

在《學記》另外章節中，亦能看到梁氏有關戴震學與顏李學之間淵源的批語。
如在卷二開篇，梁氏讀到顏元《駁氣質性惡》及《明明德》中批判理學二重
化的人性論和氣質之性為惡的觀點，認為「後此戴東原之說頗似之」〔註49〕。
再如對於卷九的程廷祚的《論語說》，梁氏讀後亦斷定「東原說所本」〔註50〕。
二是關注顏元的教育思想。之前已提到杜威實用主義學說的引入使得梁啓超
頗受啓發。作為 20 世紀最重要的教育家之一，杜威的教育理論備受當時中國
學人推崇，教育界形成一股「杜威熱」〔註51〕。梁啓超也難免不受該熱潮影
響，這在《清代學術概論》中已稍顯端倪。這種看法在其批語裏亦有所體現。
在《學記》卷二，顏元認為改善「引蔽習染」對氣質之性影響的方法即在於
「習」，其具體途徑在於「熟閱《孟子》而儘其意，細觀赤子而得其情，則孔、
孟之性旨明，而心性非精，氣質非粗；不惟氣質非吾性之累害，而且捨氣質
無以存養心性，則吾所謂三事、六府、六德、六行、六藝之學是也。是明明
德之學也，即謂為變化氣質之功，亦無不可。有志者倘實以是為學校為教，
斯孔門之傳文約禮，孟子之存心養性，乃再見於今日，而吾儒有學術，天下
有治平，異端淨掃，復睹三代乾坤矣！」〔註52〕梁啓超遂下斷語認為「習齋
是教育萬能論者」〔註53〕。同時，他指出顏元這種重視習行的教育方式也存
在弊端，即「習誠善矣，而以古禮為之具，所以等於虛習。習齋之教不能大

館館藏，第 4 頁。

〔註48〕梁啓超：《顏氏學記》梁啓超手批本卷一，民國 12 年（1923），中國國家圖書
館館藏，第 4 頁。

〔註49〕梁啓超：《顏氏學記》梁啓超手批本卷二，民國 12 年（1923），中國國家圖書
館館藏，第 1 頁。

〔註50〕梁啓超：《顏氏學記》梁啓超手批本卷九，民國 12 年（1923），中國國家圖書
館館藏，第 19 頁。

〔註51〕詳見元青：《第四章　杜威與二三十年代的中國教育》，《杜威與中國——對杜
威中國之行及其影響的研究》，南開大學博士研究生畢業論文，1999 年 4 月，
第 109～150 頁。

〔註52〕顏元著，王星賢、張芥塵、郭徵點校：《性圖》，《顏元集》（上），中華書局 1987
年 6 月版，第 32 頁。

〔註53〕梁啓超：《顏氏學記》梁啓超手批本卷二，民國 12 年（1923），中國國家圖書
館館藏，第 3 頁。

昌在此」〔註54〕。三是開始認識到顏元、李塨師徒二人在治學上的相異之處。
在之前的研究中，梁啓超對李塨的評論較少，表現出明顯的「重顏輕李」傾
向。這實與他對李塨學術作品涉獵較少有關。通過閱讀《顏氏學記》，梁氏不
僅翻閱了顏元的主要論著，同時也接觸到李塨的不少作品（《顏氏學記》共十
卷，其中第四卷至第七卷都是關於李塨的材料），這使其得以更深入地瞭解李
塨的學術思想。通過研讀，梁氏感到雖然李塨在治學大旨上與其師並無二致，
但在具體主張和方法上仍有不少差別。如就顏李二人在知行觀上的分歧，梁
認為「知在行先一語與習齋似有異同。習齋釋格物致知（其意）說非親下手
一番不能知。意謂必行乃知也。恕谷知在行先之說離，分析較密，毋乃又為
支離之學所藉口手」〔註55〕。這可謂是梁氏隻眼獨具之處。李塨與其師在知
行孰先孰後方面的確存在歧異。李氏之知行觀，大體包含三個方面：一是承
認「行先以知」，但又認同「知在行先」；二是知在於學，「學習其事」；三是
知行亦能並進〔註56〕。知在行先，顯然有別於顏元的主張，而傾向於程朱。
是故李氏的知行觀，除了重視理論知識外，還給人以知了就能行，以知代行
的感覺，這實為其主張的不足之處。究其原因，主要仍由於他的治學風格頗
受漢學家特別是毛奇齡的影響，漸轉入考據一途所致〔註57〕。此外，梁氏還
就顏李二人的治學特點簡作比較，指出：

　　恕谷之學：（一）理習較習齋□□；

　　　　　　　（二）事功閱歷較深；

　　　　　　　（三）聞見精博。〔註58〕

可知他對顏李學派主要代表人物的理解更趨深入了。

　　通過對《顏氏學記》的一番研讀，加之紀念戴震誕辰二百週年活動的觸
發，梁啓超對顏李學的關注程度較之以往大為增強，其研究也自然轉入第二

〔註54〕梁啓超：《顏氏學記》梁啓超手批本卷三，民國 12 年（1923），中國國家圖書
　　　　館館藏，第 10 頁。
〔註55〕梁啓超：《顏氏學記》梁啓超手批本卷四，民國 12 年（1923），中國國家圖書
　　　　館館藏，第 14 頁。
〔註56〕李塨：《大學辨業》卷三，陳山榜、鄧子平主編：《顏李學派文庫》第 3 卷，
　　　　河北教育出版社 2009 年 9 月版，第 1002 頁。
〔註57〕朱義祿：《顏元、李塨評傳》，南京大學出版社 2006 年版，第 465 頁。
〔註58〕梁啓超：《顏氏學記》梁啓超手批本卷七，民國 12 年（1923），中國國家圖書
　　　　館館藏，第 4 頁。

期。此期他完成了兩篇專論《顏李學派與現代教育思潮》和《實踐實用主義：顏習齋、李恕谷》，同時在《戴東原先生傳》、《戴東原哲學》、《近代學風之地理的分佈》及《明清之交中國思想界及其代表人物》等文中也對顏李學有所涉及。

　　綜觀如上作品，梁氏依然將顏李學派視爲明末清初「反理學運動」的重要力量，「有清一代學術，初期爲程朱陸王之爭，次期爲漢宋之爭，末期爲新舊之爭，其間有人焉舉朱陸漢宋諸派所憑藉者一切摧陷廓清之，對於二千年來思想界，爲極猛烈極誠摯的大革命運動，其所樹的旗號曰『復古』，而其精神純爲『現代的』，其人爲誰？曰顏習齋及其門人李恕谷」〔註59〕。並且梁氏還指出顏李學派屬於清學的支流，其特色乃「排斥理論提倡實踐」，「這個支流，屢起屢伏，始終未能很占勢力」〔註60〕。不過，由於對顏李著作閱讀量的增加和引入實用主義這個新式理論闡釋工具〔註61〕，梁啓超於第二期的顏李學研究呈現較大的轉變，主要概括爲如下四點。

〔註59〕梁啓超：《中國近三百年學術史》，《飲冰室合集・專集之七十五》，中華書局1989年版，第105頁。

〔註60〕梁啓超：《中國近三百年學術史》，《飲冰室合集・專集之七十五》，中華書局1989年版，第2頁。

〔註61〕在《顏李學派與現代教育思潮》一文中，梁氏特意將其之所以將顏李學冠之爲「實用主義」的緣由做一交代：

其一，從前的學者最喜歡說外國什麼學問都是中國所有，這些話自然不對，不用我辯駁了。現代有些學者卻最不願意聽人說中國從前有什麼學問，看見有表章中國先輩的話，便說是「妖言惑眾」，這也矯枉過正了。中國人既不是野蠻民族，自然在全人類學術史有他相當的位置，我們雖然不可妄自尊大，又何必自己糟蹋自己到一錢不值呢。即如這篇文所講的顏李學，我並不是要借什麼詹姆士、什麼杜威以爲重，說人家有這種學派我們也有。兩位先生本是獨往獨來空諸依傍的人，習齋說：「立言但論是非，不論異同。是則一二人之見不可易也。非則雖千萬人所同，不隨聲也。」然則他們學派和所謂「現代思潮」同不同，何足爲他們輕重呢？不過事實上既有這個學派，他們所說的話，我們讀去實覺饜心切理，其中確有一部分說在三百年前而和現在最時髦的學說相暗合。我們安可以不知道，我盼望讀者平心靜氣比較觀察，勿誤認我爲專好搬演家裏的古董。

其二，近來教育界提倡顏李學的人也見多了。似乎不必我特別介紹，但各人觀察點容有不同，我盼望我所引述的能格外引起教育家興味，而且盼望這派的教育理論和方法能夠因我這篇格外普及而且多數人努力實行，便是我無上的榮幸。（梁啓超：《顏李學派與現代教育思潮》，《飲冰室合集》文集之四十一，中華書局1989年版，第4頁）

第一，顏李學派的知識論是「唯習主義」知識論。在梁氏看來，顏李學派的核心思想，就在於「習」，「一個『習』字，便是他的學術全部精神所在」〔註62〕。具體來說，顏李的這個「習」字有兩種含義和修行方法：

> 第一，他不認先天稟賦能支配人，以爲一個人性格之好壞，都是由受生以後種種習慣所構成，所以專提倡《論語》裏「習相遠」、《尚書》裏「習與性成」這兩句話，令人知道習之可怕；第二，他不認實習之外能有別的方法得著學問，所以專提倡《論語》裏「學而時習之」一句話，令人知道習之可貴。……有兩種「習」法：一爲修養品格起見唯一的工夫是改良習慣；二爲增益才智起見唯一的工夫是練習實務。〔註63〕

當然，梁啓超提出「唯習主義」知識論，是針對宋明儒家那套治學和修養方式而言。首先，顏李學人對於宋明儒家「以讀書爲窮理」的求知途徑深表不滿，認爲這是本末倒置，「人之歲月精神有限，誦說中度一日，便習行上少一日，紙墨上多一分，便身世上少一分」〔註64〕。要打破這種徒耗精力的窮理方法，從實踐中獲取眞知。因此書本知識並不可信，按照顏元的解釋，格物致知的「致」字當作《左傳》裏「致師」的「致」字解，當作《孫子》裏「致人而不致於人」的「致」字解。「引致知識到我跟前叫做『致知』，知識來到了跟前叫做『知至』，習齋以爲書本上說這件事如何如何，我把這段書徹頭徹尾看通了，這種智識靠得住嗎？靠不住，別人說這件事物如何如何，說得很明白，我也聽得很明白，這種智識靠得住嗎？靠不住，要想知識來到跟前，（知至）須經過一定程式，即『親下手一番。』（手格其物）便是換而言之，無所謂先天的知識，凡知識皆得自經驗」〔註65〕。「這種『唯習主義』的知識論，正是顏李派哲學的根本立場」〔註66〕。同時，在梁氏看來，顏李

〔註62〕梁啓超：《顏李學派與現代教育思潮》，《飲冰室合集》文集之四十一，中華書局1989年版，第6頁。

〔註63〕梁啓超：《顏李學派與現代教育思潮》，《飲冰室合集》文集之四十一，中華書局1989年版，第7頁。

〔註64〕顏元著，王星賢、張芥塵、郭徵點校：《總論諸儒講學》，《顏元集》（上），中華書局1987年6月版，第42頁。

〔註65〕梁啓超：《顏李學派與現代教育思潮》，《飲冰室合集》文集之四十一，中華書局1989年版，第8頁。

〔註66〕梁啓超：《中國近三百年學術史》，《飲冰室合集》專集之七十五，中華書局1989年版，第121頁。

並非極端的「讀書無用論」者，他們「反對讀書，並非反對學問，他因爲他認定讀書與學問截然兩事，而且認讀書妨害學問，所以反對。」他們「反對讀書，純爲積極的，而非消極的，他只是叫人把讀書的歲月精神騰出來去做學問」〔註67〕。其次，與反對讀書相關聯，梁氏發覺宋明儒家主靜的修養方式，亦是顏李學派所攻擊的對象。顏李認爲，主靜有兩大害處，其一是壞身體，即「耗氣勞心書房中，萎惰人精神，使筋骨皆疲軟，天下無不弱之書生，無不病之書生，一事不能做」〔註68〕；其二是損神智，因爲「愛靜空談之學久，則必致厭事。遇事即茫然，賢豪且不免，況常人乎？」〔註69〕更有甚者，顏元曾指出，長期靜坐會使人產生幻覺，梁氏對此論深表贊同：

> 天下往往有許多例外現象，一般人認爲神秘不可思議，其實不過一種變態的心理作用。因爲人類本有所謂潛意識者，當普通意識停止時，他會發動——做夢便是這個緣故。我們若用人爲的工夫將普通意識制止令潛意識單獨出鋒頭，則「鏡花水月」的境界，當然會現前，認這種境界爲神秘而驚異他歆羨他，固屬可笑。若咬定說沒有這種境界，則亦不足以服迷信者之心，因爲他們可以舉出實例來反駁你。習齋雖沒有學過近世心理學，但這段話確有他的發明，他承認這種變態心理是有的，但說他是靠不住的，無用的。從來儒家闢佛之說，沒有比習齋更透徹的了。〔註70〕

正基於這種對宋明理學的尖銳批判，梁氏認爲顏李學屬於「主動主義」，「尤奇特者，昔人都以心不動爲貴，習齋則連心也要他常動」〔註71〕。再次，「見理於事」亦是其「唯習主義」的重要主張。一般而言，宋明儒家說理及明理的方法有二：一是天理，即天道，或指一個彷彿空明的虛體，其明理之法在於「隨處體認天理」；一是指物理，其明理之法爲「即凡天下之物，莫不因其

〔註67〕梁啓超：《中國近三百年學術史》，《飲冰室合集》專集之七十五，中華書局 1989 年版，第 112 頁。

〔註68〕顏元著，王星賢、張芥塵、郭徵點校：《〈朱子語類〉評》，《顏元集》（上），中華書局 1987 年 6 月版，第 272 頁。

〔註69〕顏元著，王星賢、張芥塵、郭徵點校：《顏習齋先生年譜》下卷，《顏元集》（下），中華書局 1987 年 6 月版。

〔註70〕梁啓超：《中國近三百年學術史》，《飲冰室合集》專集之七十五，中華書局 1989 年版，第 115 頁。

〔註71〕梁啓超：《顏李學派與現代教育思潮》，《飲冰室合集》文集之四十一，中華書局 1989 年版，第 15 頁。

已知之理而益窮之，以求至乎其極」，從而達到「一旦豁然貫通，則眾物之表裏精粗無不到，而吾心之全體大用無不明」的境界。其實，「兩事只是一事，因為他們最高目的，是要從心中得著一種虛名靈覺境界，便是學問上抓住大本大原，其餘都是枝葉」〔註72〕，顏李學派對於這種主張極力反對，因而提出「見理於事」的概念。他們主張士人們「禮、樂、兵、農更精其一」，「水、火、農、教各司其一」，學問必定會日益精進，也可避免宋明儒生泛濫無歸、終身無得的弊病。總之，「顏李對於知識問題，認為應該以有限的自甘，而且以有限的為貴，但是想確實得到這點有限的知識，除了實習外更無別法，這是他們知識論的概要」〔註73〕。

此外，對於顏李學派「唯習主義」知識論的不足，梁氏也有言及。他指出其知識論「和近世經驗學派本同一出發點，本來與科學精神極相接近，可惜他被『古聖成法』四個字縛住了。一定要習唐虞三代時的實務，未免陷於時代錯誤。即如六藝中『御』之一項，在春秋車戰時候，誠為切用，今日何必要人人學趕車呢。如『禮』之一項，他要人習儀禮十七篇裏頭的婚禮冠禮士相見禮……等等。豈不是唱滑稽戲嗎？他這個學派不能盛行，未始不由於此，倘能把這種實習工夫，移用於科學，豈非大善？」〔註74〕當然，梁氏指出我們不必厚責前人，因為「第一，嚴格的科學，不過近百餘年的產物，不能責望諸古人；第二，他說要如古人之習六藝，並非說專習古時代之六藝，如學技擊便是學射，學西洋算術便是學數，李恕谷已屢屢論及了；第三，他說要習六藝之類的學問，並特專限於這六件」，如果顏李二人生在今日，必定是「兩位大科學家，而且是主張科學萬能論者」〔註75〕。

行文至此，筆者尚需略作延伸。無須諱言，梁啟超對顏李學派「唯習主義」知識論的解釋，是以杜威的實用主義學說為參照系的。然而梁氏實對杜威的知識論之主旨瞭解未深。雖然顏李和杜威在知識論方面皆注重因行以求知，因行而得知，持知行合一的觀點，但二者在具體主張上存在的差別亦非

〔註72〕梁啟超：《中國近三百年學術史》，《飲冰室合集》專集之七十五，中華書局 1989年版，第118頁。

〔註73〕梁啟超：《顏李學派與現代教育思潮》，《飲冰室合集》文集之四十一，中華書局 1989年版，第10頁。

〔註74〕梁啟超：《中國近三百年學術史》，《飲冰室合集》專集之七十五，中華書局 1989年版，第123頁。

〔註75〕梁啟超：《中國近三百年學術史》，《飲冰室合集》專集之七十五，中華書局 1989年版，第123頁。

常明顯。首先，顏李僅注重實行的知識，亦即哲學之知；杜威除卻注重實行的知識外，並注重感覺的知識及推理的知識，也就是科學之知〔註76〕。其次，顏元反對讀書和著書，也就是不主張士人專門從事於知識的探究；反觀杜威，他認爲根據社會分工合作的原則，有一部分人去專門從事知識的探究工作，是無可厚非的，故這是二者在知識論上又一不同之處〔註77〕。要之，梁啓超對於顏李學派與杜威學說之間相似性的比較，存在牽強不實的失誤，這同其對杜威學說知之不深密切相關。

　　第二，顏李學派是一種功利主義學派。在梁啓超看來，顏元也是一位功利主義者，證據就在於其對傳統儒家重義輕利、義利對立觀念的反對與糾正方面。傳統儒家在義利觀上，大都喜談仁義而不講求逐利，最具代表性的說法便是董仲舒的「正其誼不謀其利，明其道不計其功」。長此以往，便形成了中國哲學史中的義利之辨，其實質即理論形態上的道義論同功利論的二元對立。在梁氏眼中，傳統義利觀雖「是學者最高的品格，但是把效率的觀念完全打破，是否可能。況且凡學問總是要應用到社會的，學問本身可以不計效率，應用時候是否應不計效率，這問題越發複雜了。我國學界，自宋儒高談性命鄙棄事功，他們是否有得於『爲而不有』的眞精神，且不敢說，動輒唱高調把實際上應用學問抹殺，其實討厭」〔註78〕。顏李學派對這種現象極爲不滿，因爲若不重視對利益的追求，只會使社會停滯、百姓貧困，於是公開提倡功利，認爲應「正其誼以謀其利，明其道而計其功」。他們還以天下爲己任，主張學問皆歸於致用，專提《尙書》三事——正德、利用、厚生爲標幟〔註79〕。是故「顏李也可以說是功利主義者」〔註80〕。

　　當然，仔細研讀梁氏有關論證顏李乃功利主義者的文字，則會發現他對於「功利主義」這個概念的認識並不透徹。顏李學的功利論，有著爲社會公共利益服務的性質。這是以利人、利天下爲善惡價值標準的社會功利主義。

〔註76〕鄭世興：《顏習齋和杜威哲學及教育思想的比較研究》，臺灣中央文物供應社1984年版，第108頁。
〔註77〕鄭世興：《顏習齋和杜威哲學及教育思想的比較研究》，臺灣中央文物供應社1984年版，第117頁。
〔註78〕梁啓超：《顏李學派與現代教育思潮》，《飲冰室合集》文集之四十一，中華書局1989年版，第19頁。
〔註79〕梁啓超：《顏李學派與現代教育思潮》，《飲冰室合集》文集之四十一，中華書局1989年版，第19頁。
〔註80〕梁啓超：《中國近三百年學術史》，《飲冰室合集》專集之七十五，中華書局1989年版，第124頁。

這一以利他為特徵的功利主義，不否定正當的個人利益，但與近代西方的以是否滿足個人幸福為善惡標準的功利主義有明顯的區別。西方功利論在 18 世紀末 19 世紀初形成，代表人物是英國的邊沁（1748～1823）與穆勒（1806～1873）。邊沁繼承西方歷史上的功利主義傳統，從法國的愛爾維修、英國的休謨等人的著作中，提煉出功利原則。他認為人的行為以快樂和痛苦為動機，而合乎善的行為，不過使個人快樂的總和超過痛苦的總和的行為。在個人利益與社會利益的關係上，認為達到「最大多數的最大幸福」是個人活動的唯一目的。他把個人看作是社會利益的基礎，社會利益只不過是個人利益的總和。穆勒繼承邊沁學說，提出了「功利主義」這一概念。他認為人類行為的唯一目的是求得倖福，促成幸福是判斷人的一切行為的標準。穆勒主張，只有在行為結果具有意義時，才應當區別道德上的善與惡。無論是邊沁還是穆勒，他們都強調個人利益是社會利益的前提。這種以個人為社會基礎的功利主義，到了 20 世紀之後才由梁啓超、陳獨秀等人介紹到中國。梁氏在此處所談的「功利主義」，更多是受杜威影響的西方功利主義思想。與顏李學相比，「杜威所追求的人生價值雖未否認道義，但不容置疑的是頗傾向於功效利益的，這終究不如習齋兼顧義利的立場來得妥當無弊」〔註 81〕。可見梁啓超在對中西功利主義學說的理解上尚未達到這一層面，故他對顏李學功利主義屬性的總結便顯得十分模糊。

第三，顏李學派的人性一元論頗具特色。在宋代之前，雖然傳統士人對人性的理解存有較大歧異，在總體而言皆認為人性一元。宋儒張載提出了義理之性與氣質之性的說法，並由二程、朱熹繼承並發展，最終形成影響後世的人性二重化學說。顏李學人認為這種於氣質之性之外虛構所謂義理之性，並將氣質之性貶為惡的做法實屬荒謬，「蓋氣即理之氣，理即氣之理，烏得謂理純一善而氣質偏有惡哉！」〔註 82〕並由之提出了「氣質即性無惡，惡由習染引起」的人性論。

梁啓超對顏李學派的人性論十分看重。他之所以贊同顏元的一元論氣質性善說，主要基於顏認為「氣質各有所偏，當然是不能免的，但這點偏處，正是各人個性的基礎，習齋以為教育家該利用他不該厭惡他。……習齋主張發展個

〔註 81〕鄭世興：《顏習齋和杜威哲學及教育思想的比較研究》，臺灣中央文物供應社 1984 年版，第 137 頁。

〔註 82〕顏元著，王星賢、張芥塵、郭徵點校：《駁氣質性惡》，《顏元集》（上），中華書局 1987 年 6 月版，第 1 頁。

性的教育，當然和宋儒『變化氣質』之說不能相容」〔註83〕。他「並非和程朱論爭哲理，他認爲這個問題在教育關係太大，故不能已於言」〔註84〕。是故梁氏推崇性善論於教育中的重要作用，實際上是爲提倡杜威的實用主義教育理念尋求與之契合的中學土壤。體會到梁氏的這層用意，就不難理解他爲何對顏李的性善論獨有青睞。

第四，指出戴震學與顏李學之間的淵源關係。如上文所述，在湯山養病期間，梁氏已從《顏氏學記》中得出戴震學源出於顏李學的論斷。之後，梁氏結合研治所得，提出了更爲系統的證據，大體說來，有三條線索：

> 一、方望溪的兒子方用安爲李恕谷門生，望溪和恕谷論學不合，用安常私自左袒恕谷，是桐城方家有能傳顏李學的人。東原和方家人素有往來，方希原即其一。（集中有《與方希原書》）所以他可以從方家子弟中間接聽見顏李的緒論。二、恕谷很出力在江南宣傳他的學派，當時贊成反對兩派人當然都不少，即如是仲明這個人。據《恕谷年譜》知道，恕谷曾和他往復論學，據《東原集》又知道他曾和東原往復論學，《仲明年譜》中也有批評顏李學的話，或者東原從他或他的門下可以有所聞。三、程綿莊是當時江南顏李學派的大師，綿莊死的時候，東原已三十歲了，他們兩位曾否見面，雖無可考，但程綿莊和程魚門是摯友，魚門、東原交情也不淺，東原最少可以從二程的關係上得聞顏李學說乃至得見顏李的書。〔註85〕

就如上三條而言，皆屬於推測，明顯不能將兩學派存在淵源關係一事坐實。畢竟梁氏此文出手倉促，許多細節考慮欠周。不過，梁氏這一論斷卻激發了民國另外一位學人胡適的興趣，促使他於日後在該領域耕耘頗勤。「醉翁之意不在酒」，梁氏積極尋求戴震學與顏李學之間的學脈關聯，其意圖乃通過溝通二者來爲其畢生追求的所謂「中國文藝復興時代」提供更充分的理由。

綜上所述，在「中國文藝復興」的內在訴求和「理學反動」的解釋框架之下，梁氏對顏李學的探討總免不了借鏡西方的歷史背景與理論工具。1923

〔註83〕 梁啓超：《顏李學派與現代教育思潮》，《飲冰室合集》文集之四十一，中華書局 1989 年版，第 23 頁。

〔註84〕 梁啓超：《中國近三百年學術史》，《飲冰室合集》專集之七十五，中華書局 1989 年版，第 131 頁。

〔註85〕 梁啓超：《戴東原哲學》，《飲冰室合集》文集之四十，中華書局 1989 年版，第 61 頁。

年之後，他更追逐時趨，引入杜威實用主義學說，使得塗抹在顏李學之上的西學底色愈加濃重。對於該情形，有人認為梁氏對顏李學的看法存在兩個階段：一是自 1902 至 1920 年間，顏李學在其著作中是以西方文藝復興特質的形象出現；而 1923 年之後，其對顏李學的認定，卻跳出了文藝復興的解釋模式，而代之以更近代的形象，即以顏李來證明中國傳統裏也有實用主義的思想因素〔註86〕。此論雖看到了梁氏顏李學研究中的階段性變化，卻對此轉變有所誇大。其實，於顏李學研究的第二期，梁啓超的確借鑒了杜威的實用主義解釋模式，不過其大前提還是在證明中國存在「文藝復興時代」，並且仍舊認為「顏李對於這些學派不獨無所左右祖，而且下極大膽的判語說他們都不是學問，所以顏李不獨是清儒中很特別的人，實在是二千年思想界之大革命者」〔註87〕。是故梁氏之研究有著明顯的訴求與意圖，並非從純歷史或學術的角度去審視顏李學。這種作法雖存在不少偏頗之處，卻在當時民國學界產生了不小的示範意義，胡適的顏李學研究，在某種意義上便是按照梁啓超的闡釋思路展開的。

第二節　探尋戴震「新哲學」的理論源頭：胡適的顏李學研究

一、胡適關注顏李學之原因

　　誠如上文所道，胡適之所以關注顏李學，與梁啓超的關係很大。在梁氏力邀參加戴震二百年誕辰紀念會之前，胡適對顏李學似並不在意。如他在 1919 年日記裏言及顏李學派成員程廷祚時，稱頌的並非其哲學思想，而是其經學成就〔註88〕。而他對顏元、李塨二人的評價則更低，「費君父子與孫奇逢、顏元、李塨同時，這幾個人都是趨向實際主義的。但顏、李都是不肯做歷史研究的人，他們的眼光往往太狹窄，脫不了北方儒者的氣象」〔註89〕。此段言

〔註86〕廖本聖：《顏李學的形成（1898～1937）》，臺灣東海大學歷史學研究所碩士畢業論文，1997 年，第 34 頁。
〔註87〕梁啓超：《顏李學派與現代教育思潮》，《飲冰室合集》文集之四十一，中華書局 1989 年版，第 6 頁。
〔註88〕曹伯言整理：《胡適日記全編》（1919～1922）第 3 冊，安徽教育出版社 2001 年版，第 8～9 頁。
〔註89〕曹伯言整理：《胡適日記全編》（1919～1922）第 3 冊，安徽教育出版社 2001

論，記於 1921 年 5 月 13 日。時隔一年多，胡適對顏李的看法則有了較大轉變，這在其給好友錢玄同的信中有著明確反映：

今年多讀顏習齋、李恕谷的著作，覺得他們卻是了不得的思想家，恕

谷尤可愛。你說我「不甚愛顏習齋」，那是「去年的我」了！〔註90〕

胡適因何對顏李學產生如此大的興趣？具體說來，其因有三。第一，梁啓超的影響是其關注顏李學的要因。在紀念戴震之前，胡適已開始接觸戴震學，並對該學說頗有好感。1922 年 3 月 26 日，胡適拜訪劉文典，從其處「借得戴震《孟子字義疏證》，在路上一家小飯館內吃飯，就把此書看了一卷。此書眞厲害！」〔註91〕不久，他便購買《戴氏遺書》，欲撰寫一部《戴震學案》〔註92〕。故 1923 年底由梁啓超發起的「戴震誕辰二百週年紀念會」可謂恰逢其時，極大地提升了胡適研究戴震學的熱情〔註93〕。同時，也正是在研讀相關材料的過程中，胡適發現戴震學與顏李學之間或隱或明的淵源關係，認爲「顏學與戴學的關係私與是仲明無關，而似以程廷祚——『莊徵君』——爲線索。戴子高所說，似不誤也」〔註94〕。從而其開始認識到顏李學之於戴震「新哲學」的重要意義。第二，杜威實用主義學說的啓發使得胡適在顏李學派身上看到了東方實用主義的影子。在第一節已提及，杜威來華在當時思想界掀起了一股談論實用主義學說的熱潮，作爲杜氏弟子，胡適自然爲傳播師說不遺餘力。胡適進而將杜威學說運用到其學術研究之中，如他將清代經學總結爲四個特點，即「（一）歷史的眼光，（二）工具的發明，（三）歸納的研究，（四）證據的注重。因爲清朝的經學具有這四種特長，所以他的成績最大而價值最高」〔註95〕。這實際就是依據杜

年版，第 255 頁。

〔註90〕胡適：《致錢玄同》1923 年 12 月 19 日，《胡適全集》第 23 冊，安徽教育出版社 2003 年版，第 419 頁。

〔註91〕曹伯言整理：《胡適日記全編》（1919～1922）第 3 冊，安徽教育出版社 2001 年版，第 594～595 頁。

〔註92〕曹伯言整理：《胡適日記全編》（1919～1922）第 3 冊，安徽教育出版社 2001 年版，第 622 頁。

〔註93〕收到梁的邀請，胡適於 1923 年 11 月 13 日致信梁氏，寫道：「手書敬悉。戴東原生日紀念，我很想參加，日內即動身離上海，在南京尚有小勾留，約廿日可抵北京了。」（胡適：《致梁啓超》1923 年 11 月 13 日，《胡適全集》第 23 冊，安徽教育出版社 2003 年版，第 416 頁）

〔註94〕胡適：《致錢玄同》1923 年 12 月 27 日，《胡適全集》第 23 冊，安徽教育出版社 2003 年版，第 419 頁。

〔註95〕胡適：《戴東原的哲學》，《胡適全集》第 6 冊，安徽教育出版社 2003 年版，第 347 頁。

威「實驗的方法」，對清代經學的理論概括〔註96〕。對於明末清初的經世思潮，胡適也將其視爲一股實用主義的趨勢，顏李學派是其中的典型代表〔註97〕。第三，這也是胡適學術視域向後拓展的一種客觀需求。眾所周知，胡適剛入北大，即以一部《中國哲學史大綱》上卷「暴得大名」，於學界佔有一席。不過，《大綱》所涉內容，僅限於先秦時期，對於之後的中國哲學史，並未言及。隨著研究的深入和授課的需要，清代學術思想漸入其學術視野，如在 1922 年 6 月 23 日的日記中，胡適寫道：

> 上課，近代哲學講泰州（王艮）與東林（顧憲成、高攀龍）兩派，作一結束。中古哲學講禪宗，作一結束。今年的課完了。今年講近代哲學，頗有所得。但時間稍短，不能講完清代，是一個缺點。這是因爲我在第一學期太注重政治的背景，故時間不夠用了。〔註98〕

之後在回顧 1924 年所撰學術成果時，他談到其大學講義《清代思想史》，「明年如再講一次，可以寫定」〔註99〕。作爲清學史中的重要流派，顏李學自然會引起胡適的關注。

二、「很徹底的實用主義」：胡適顏李學研究的第一期

同梁啓超類似，胡適的顏李學研究亦可分爲兩期，第一期大致爲 1923 年至 1925 年間，第二期爲 1931 年至 1937 年間。第一期胡適關於顏李學的評論主要散見於《戴東原的哲學》及其日記、書信中。

1、顏李學實用主義的內涵

在胡適看來，明末清初，作爲對宋明理學的一種反動，當時的學術思想界發生了一場「強有力的『反玄學』的革命」〔註100〕，又稱爲「反玄學運動」。

〔註96〕根據胡適的理解，杜威「實驗的方法」具體內容如下：「在這一方面它注重三個原則：第一，實證原則：即凡事從具體的事實與境地下手；第二，假設原則：即一切學說、理想與知識，都是代證的假設；第三，實驗原則：即一切學說與理想都需用實行來試驗過；實驗是檢驗眞理的惟一標準。」

〔註97〕胡適：《戴東原的哲學》，《胡適全集》第 6 冊，安徽教育出版社 2003 年版，第 345 頁。

〔註98〕曹伯言整理：《胡適日記全編》（1919～1922）第 3 冊，安徽教育出版社 2001 年版，第 705 頁。

〔註99〕曹伯言整理：《胡適日記全編》（1923～1927）第 4 冊，安徽教育出版社 2001 年版，第 205 頁。

〔註100〕胡適：《戴東原的哲學》，《胡適全集》第 6 冊，安徽教育出版社 2003 年版，第 339 頁。

按照丘爲君的說法，「所謂『反玄學運動』，這是指明末清初時期所發生的、由先前的本體論研究導向轉向語言文字導向的儒學研究變化」〔註101〕。在破壞方面，該運動有兩大趨勢，一是攻擊那談心說性的玄學；一是攻擊那先天象數的玄學〔註102〕。在建設領域，此運動亦有兩大趨勢，一面是注重實用，一面是注重經學：用實用來補救空疏，用經學來代替理學。前者可用顏李學派作代表，後者可用顧炎武等作代表〔註103〕。

對於顏李這一派的學說，胡適認爲他們「主張一種很徹底的實用主義」〔註104〕。那麼顏李學的這種實用主義具有怎樣的內涵？胡適從知識論、情欲觀兩個方面加以剖析。

首先，從知識論角度審視，顏李學重視經驗和行爲，屬於一種類似經驗主義的知識論類型。按照杜威的實用主義學說，就知識的起源說，他以爲知識只是爲了實行而起，也只是由實行而得，知識可以說從行動中而來，也即從經驗中而來，在行動中所產生的認知——具體的結果就是經驗，所以杜威是主張行中求知的。他在北京講倫理學時曾說：「實行就是求知識」〔註105〕。這實與顏元的某些主張有相似之處。顏氏學凡四變，先學道家，後轉入陸王，之後再宗程朱，最終一掃宋明儒學的壁壘，倡揚習行經濟之學，習即實地練習之意。胡適認爲「習」乃顏李知識論的核心概念。顏元解釋「格物」一詞，物即是古人所謂「三物」，三物即是六德、六行、六藝。古人又說，正德、利用、厚生，謂之「三事」；事也就是物。他說：「道不在章句，學不在誦讀；期如孔門博文約禮，實學，實習，實用之天下」。故他最恨宋儒不教人習事而只教人明理。他說：「孔子則只教人習事。迨見理於事，則已徹上徹下矣。」因而胡適特意強調顏元重視實驗，他舉顏元的一段話，即「空談易於藏拙，是以捨古人六府六藝之學而高言性命也。予與法乾王子初爲程朱之學，談性天，似無齟齬。一旦從事於歸除法，已多謬誤，況禮樂之精博乎？昔人云『畫

〔註101〕丘爲君：《戴震學的形成：知識論在近代中國的誕生》，新星出版社2006年，第143頁。

〔註102〕胡適：《戴東原的哲學》，《胡適全集》第6冊，安徽教育出版社2003年版，第339頁。

〔註103〕胡適：《戴東原的哲學》，《胡適全集》第6冊，安徽教育出版社2003年版，第341頁。

〔註104〕胡適：《戴東原的哲學》，《胡適全集》第6冊，安徽教育出版社2003年版，第341頁。

〔註105〕鄭世興：《顏習齋和杜威哲學及教育思想的比較研究》，臺灣中央文物供應社1984年版，第106頁。

鬼容易畫馬難』，正可喻比。」在胡適看來，「畫鬼所以容易，正因爲鬼是不能實證的；畫馬所以難，正因爲馬是人人共見的東西，可以實驗的」〔註106〕。亦即唯有實踐才是獲取經驗與知識的有效途徑。一言以蔽之，胡適認爲顏李的知識論「不避粗淺，只求切用；不務深刻，只重實迹」〔註107〕。這實與西方的實用主義知識論非常接近，具有濃厚的功利傾向。

其次，在情欲觀上，胡適對顏李學派正視人欲的立場頗爲欣賞。宋明儒家排斥人欲，其主張源自他們的二元化性論。張載將人性分爲天地之性與氣質之性，社會之善端產生於那與天俱有的天地之性，惡則歸咎於氣質之性。是故要使人回歸天然的本性，便需要變化氣質，保證氣質不再遮蔽天然本性的流露。後來程頤更進一步提出「性即理」的命題。天地之性即天理，從而被籠罩上神聖不可侵犯的光環。正如前論，顏李是極力反對這種二元化性論的，他們明確肯定物質性的氣質是根本的，第一位的，「若無氣質，理將安附？且去此氣質，則性反爲兩間無作用之虛理矣」〔註108〕。胡適對顏李人性論方面，著墨不多。不過他特別看重其情欲觀上的主張，「宋明的理學家一面說天理，一面又主張『去人欲』。顏李派既以『正德、利用、厚生』爲主，自然不能承認這種排斥人欲的哲學」〔註109〕。胡適進而指出李塨的態度更爲明顯。宋儒誤承僞《尙書》「人心惟危，道心惟微」的話，以爲人心是人欲，是可怕的東西，應該遏抑提防，不許他出亂子。李塨說：「先儒指人心爲私欲，皆誤。『人心惟危』，謂易引於私欲耳，非即私欲也。」他又說：「今指己之耳目而即謂之私欲，可乎？……今指工歌美人而即謂之私欲，可乎？其失在『引』、『蔽』二字，謂耳目爲聲色所引蔽而邪僻也。不然『形色，天性』，豈私欲耶？」〔註110〕胡適之所以推崇顏李學的情欲觀，恐怕在於顏李正視人欲的主張恰與胡本人宣揚的五四啓蒙思想有暗合之處，故而將之納入實用主義範疇。

〔註106〕胡適：《戴東原的哲學》，《胡適全集》第 6 冊，安徽教育出版社 2003 年版，第 342 頁。

〔註107〕胡適：《戴東原的哲學》，《胡適全集》第 6 冊，安徽教育出版社 2003 年版，第 343 頁。

〔註108〕顏元著，王星賢、張芥塵、郭徵點校：《棉桃喻性》，《顏元集》（上），中華書局 1987 年 6 月版，第 3 頁。

〔註109〕胡適：《戴東原的哲學》，《胡適全集》第 6 冊，安徽教育出版社 2003 年版，第 343 頁。

〔註110〕胡適：《戴東原的哲學》，《胡適全集》第 6 冊，安徽教育出版社 2003 年版，第 343～344 頁。

尚需贅言的是，按照實用主義的看法，它的確主張一種近似人性本善的言論。不過，它與顏李的那套主張仍有不小的距離。以杜威爲例，他論性以先天稟賦的需要或人的潛在能力爲人性固有的因素，這些因素並無善惡可言。所以二者相較，顏李論性仍難擺脫傳統以善惡論人性的窠臼，以善惡論人性，終究有所偏，因主性善，即等於只承認仁愛、同情、憐憫、羞恥、謙讓等爲人性的因素，而不承認競爭、嫉妒、好勝等，也屬於人性的範圍；杜威以人性爲社會的產物，不從善惡論人性，不承認人性善惡的先天觀念，善惡產生於人和環境文化交涉的關係。由此觀之，杜氏當比顏李更能圓滿地說明人性。因若人性先天爲善或爲惡，即不足以說明一個文化系統和另一個文化系統，對於人類道德觀念，何以差別如此之大〔註111〕。胡適雖爲杜門弟子，但就以西方實用主義闡釋顏李學這一點上，他似乎並未能瞭解恩師學說之眞諦。恰如歐陽哲生所言，在對杜威實用主義學說的傳播上，「胡適把實用主義注重實際效用的認識論變爲實驗主義的方法論，這一理論轉化工作雖然使得複雜、深奧的哲學理論約化爲簡單的可操作的方法和工具，有利於它的廣泛傳播和運用，但它不可避免地具有片面性。眾所周知，任何哲學體系都是本體論，認識論和方法論的有機統一，胡適抽取方法論，忽視本體論和認識論，這難免使他的哲學失去完整的意義，而淪落爲一種工具主義，這不能不說是其在理論上被人譏諷爲『淺薄』的一個重要原因」〔註112〕。

2、顏李學與戴震學之間的相似性

前已言及，胡適在最初研究戴震學時，已注意到其與顏李學似有學術承繼關係。隨著研究的深入，他發現二者在哲學思想上多有相似之處，這在《戴東原的哲學》一文裏頗有體現。胡適將戴震的所謂「新哲學」分爲三個方面，即道論、性論與理論。若仔細考察，此三者中都隱含著顏李學說的痕迹。

首先，胡適指出，戴震在清儒中最特異的地方，就在他認清了考據名物訓詁不是最後的目的，只是一種「明道」的方法。他不甘心僅僅做個考據家；他要做個哲學家〔註113〕。根據胡的總結，戴震所謂的「道」有兩層涵義：天

〔註111〕鄭世興：《顏習齋和杜威哲學及教育思想的比較研究》，臺灣中央文物供應社1984年版，第76、80頁。

〔註112〕歐陽哲生：《自由主義之累——胡適思想之現代闡釋》，江西教育出版社2003年7月版，第107～108頁。

〔註113〕胡適：《戴東原的哲學》，《胡適全集》第6冊，安徽教育出版社2003年版，第356頁。

道與人道。前者係天的運行而言，後者指人的行為。但無論是天道還是人道，在戴震心中都屬於一種自然主義，區別於理學那種基於本體論的解釋。戴氏的人道論，本於其天道論。在他的天道論中，他「老實承認那形而上和形而下的都是氣。這種一元的唯物論，在中國思想史上，要算很大膽的了」〔註114〕。

主動的宇宙觀也是戴氏天道論中不可或缺的一部分。胡適將戴震的宇宙觀分為三個要點，即：

> （一）天道即是氣化流行；（二）氣化生生不已；（三）氣化的流行
> 與生生是有條理的，不是亂七八糟的。生生不已，故有品物的孳生；
> 生生而條理，故有科學知識可言。最奇特的是戴氏的宇宙觀完全是
> 動的，流行的，不已的。這一點和宋儒雖兼說動靜，而實偏重靜的
> 宇宙觀大不相同。〔註115〕

質言之，「唯氣一元論」和「主動的宇宙論」，構成了戴震頗具特色的道論，而這同顏李學的主張何其相似！

其次，由天道論引出了戴氏的性論，即「人道本於性，而性原於天道」〔註116〕。既然脫胎於天道論，戴氏的性論具有三個特徵：一是「唯物一元論」，二是自然觀，三是性善論。這又同顏李學派的主張非常接近。因為顏元就反對理學家將性二分，認為「理氣合一，捨形無性」。戴震也認為「血氣心知是性」，明顯的反對理氣二分。可以說，顏元與戴震同是性一元論者。同時，顏元和戴震又都堅持性善說。顏元曾提出「理氣俱是天道，性形俱是天命」的命題，將性與天命並舉，其意即在於認為性與天皆為純善之物。他還會同孔孟，一方面發揮孔子的習遠論，一方面發揮孟子的性善論，斷定「性之相近如真金，輕重多寡雖不同，其為金俱相若也。惟其有差等，故不曰『同』；惟其同一善，故曰『近』。將天下聖賢、豪傑、常人不一之恣性，皆於『性相近』一言包括，故曰『人皆可以為堯、舜』」〔註117〕。那戴震怎樣解釋性何以為善呢？胡適指出，戴震所謂「性善」，是相對禽獸而言，畢竟

〔註114〕胡適：《戴東原的哲學》，《胡適全集》第6冊，安徽教育出版社2003年版，第361頁。

〔註115〕胡適：《戴東原的哲學》，《胡適全集》第6冊，安徽教育出版社2003年版，第361頁。

〔註116〕戴震：《孟子字義疏證·道》，卷下，《戴震全書》（六），黃山書社1995年10月版，第200頁。

〔註117〕顏元著，王星賢、張芥塵、郭徵點校：《性理評》，《顏元集》（上），中華書局1987年6月版，第7頁。

人的智慧遠勝於其他動物,「能擴充心知之明,能『不惑乎所行』,能由自然回到必然,所以有仁義禮智種種懿德」〔註118〕。再者,戴震將人性的情欲知一律平等看待,皆是「血氣心知之自然」。這實爲「對於那些排斥情欲、主靜,主無欲的道學先生們的抗議」〔註119〕。三者之中,戴氏又對知特別讚賞,認爲知識「小之能盡美醜之極致,大之能儘是非之極致」。因爲有知,欲才得遂,情才得達。又因爲有知,人才能推己及人,才有道德可言〔註120〕。因此,顏元和戴震應同爲性善論陣營中人。

再次,理論方面,戴震的主張實乃對顏李學說的繼承與發展。在胡適看來,雖說戴震在哲學史上的最大貢獻即是他的「理」論,不過這絕非他的獨創之見,而是有著理論基礎。「戴氏論性即是氣質之性,與顏元同;他論『道猶行也』,與李塨同。不過他說的比他們更精密,發揮的比他們更明白,組織的也比他們更有條理,更成系統。戴氏說『理』,也不是他個人的創獲。李塨和程廷祚都是說理即是文理、條理」〔註121〕。戴震說理,最爲精粹,其對「理」字有如下解釋:

> 理者,察之而幾微必區以別之名也,是故謂之分理;在物之質,曰肌理,曰腠理,曰文理;得其分則有條而不紊,謂之條理。孟子稱「孔子之謂集大成」曰:「始條理者,智之事也;終條理者,聖之事也。」聖智至孔子而極其盛,不過舉條理以言之而已矣。……《中庸》曰:「文理密察,足有別也。」《樂記》曰:「樂者,通倫理者也。」鄭康成注云:「理,分也。」許叔重《說文解字序》曰:「知分理之可相別異也。」古人所謂理,未有如後儒之所謂理者矣。〔註122〕

胡適認爲,戴氏這個定義,與李塨、程廷祚二人的理解大旨相同。不過學如積薪,後來居上,戴震的高明之處在於,他們都說理是事物的條理分理,但顏李一派的學者還不曾充分瞭解這個新定義的涵義。這個新定義到了戴氏的

〔註118〕 胡適:《戴東原的哲學》,《胡適全集》第6冊,安徽教育出版社2003年版,第366頁。

〔註119〕 胡適:《戴東原的哲學》,《胡適全集》第6冊,安徽教育出版社2003年版,第372頁。

〔註120〕 胡適:《戴東原的哲學》,《胡適全集》第6冊,安徽教育出版社2003年版,第372頁。

〔註121〕 胡適:《戴東原的哲學》,《胡適全集》第6冊,安徽教育出版社2003年版,第374頁。

〔註122〕 戴震:《孟子字義疏證‧理》,卷上,《戴震全書》(六),黃山書社1995年10月版,第151頁。

手裏，方才一面成爲破壞理學的武器，一面又成爲一種新哲學系統的基礎〔註123〕。故而胡適有理由推斷，戴震的理論很有可能是來自顏李學派的啓發。

3、戴震學與顏李學間的淵源推測

既然戴震學與顏李學在哲學思想上存在不少非常相似的地方，那麼自然會讓人萌生二者之間是否有學術淵源關聯的推測。如果假設成立，究竟是誰將顏李學說傳播給了戴震？早於胡適，梁啓超已提出了個人意見，即認爲存在三個媒介：一是方苞之子方希原，二是與李塨和戴震皆有往來的是仲明，三是顏李第三代傳人程廷祚。經過研究，胡適贊同梁氏二者存在淵源關係的論斷，不過於具體傳播途徑上，與梁啓超觀點不同。對於該問題，胡適曾兩次與梁氏討論。一次是於 1923 年 12 月 26 日，胡適致信梁啓超，「論東原與顏李學派的關係，不由於是鏡，而由於程廷祚的《論語說》」〔註124〕。在信中，胡適根據手頭所見材料，委婉地否定了是仲明傳播顏李學的可能性。其依據如下：

> 是仲明年譜已檢出，今奉上。譜中殊不見仲明與東原相見之事，段刻東原集於與是仲明書下注云「癸酉」，孔刻無之。癸酉年東原在徽州，此注似宜刪去。段作年譜乃謂此書作於丁丑，似亦無實據。
>
> 至仲明與顏習齋的關係，亦無多記載，惟頁八下云：
>
> 六藝不與久矣，天下所以無眞才，世儒所以迂說。顏習齋，北方豪傑也，然專以之爲主，則失之小。
>
> 此可見仲明必曾聞見顏習齋的大致，或曾見其著作之一部分。但他對顏學的態度，於此亦可見。他是不深以顏學爲然的。如頁三六上，仲明答尹會一之問云：「近儒有鑒於宋明末造積弱之弊，謂儒者之效迂腐而不切於用，徒足以亡人之國；乃不歸咎於人君之不能用賢，而反委罪於賢者之無益，遂言學者不從六藝入手，終難成德而達才，於古人教學之序，殊倒置矣。」
>
> 其下復舉舟求爲例，以名藝之不足恃。此年所謂近儒，似指北方顏李一派。〔註125〕

〔註123〕 胡適：《戴東原的哲學》，《胡適全集》第 6 冊，安徽教育出版社 2003 年版，第 375 頁。

〔註124〕 曹伯言整理：《胡適日記全編》（1923～1927）第 4 冊，安徽教育出版社 2001 年版，第 137 頁。

〔註125〕 胡適：《致梁啓超》1923 年 12 月 19 日，《胡適全集》第 23 冊，安徽教育出

胡適進而提出了自己的看法，與其在「仲明身上尋出顏學與戴學的淵源線索，我以爲不如向程綿莊、程魚門的方面去尋，似更有效」〔註126〕。胡的理由有二，一是二程都是徽州人，程廷祚嘗師從李塨，他的《論語注》與戴震的《孟子字義疏證》多有相同之處；二是程晉芳作爲程廷祚晚輩，與戴震是熟人，故戴很有可能從其處得見程廷祚著作。不過，這次書信切磋似未能改變梁氏的看法。1924 年 1 月 14 日，梁、胡二人於顧維鈞家聚餐，閒談之中，二人又探討戴震與顏李學術淵源問題，「任公謂東原受顏李影響自無可疑，但東原與綿莊的關係甚少實證。我把在山上所得的告訴他，他仍不甚信」〔註127〕。可見二者在該問題上始終無法達成共識。

　　雖然觀點無法得到梁啓超認同，但胡適依然堅持己見。這在《戴東原的哲學》一文中有明顯體現。胡適通過研讀戴震的兩部哲學著作《孟子字義疏證》和《原善》，很懷疑戴曾受顏李學派的影響。而且戴望早已於《顏氏學記》中提出類似論斷。可惜的是，胡適尙未能找到證明二者有淵源關係的確鑿證據。於是他跟梁啓超一樣，對該問題進行推測。依胡之見，「戴學與顏學的媒介似乎是程廷祚」〔註128〕。其線索有二，一是從程廷祚與戴震之間的行蹤來判斷。程廷祚二十歲後即得見顏李的書；二十四歲即上書給李塨，並著《閒道錄》，時在康熙甲午（1714），自此以後，他就終身成了顏李的信徒，與常州的惲鶴生同爲南方顏李學的宣傳者。程廷祚是徽州人，寄籍在江寧。戴震二十多歲時，他的父親帶他到江寧去請教一位同族而寄寓江寧的詩文大家戴瀚。此時約在乾隆七八年。後來乾隆二十年（1755）戴震入京之後，他曾屢次到揚州（1757、1758、1760），都有和程廷祚相見的機會。他中式舉人在乾隆二十七年（1762）；他屢次在江寧鄉試，也都可以見著程廷祚。況且程廷祚的族侄孫程晉芳是戴震的朋友；戴氏也許可以從他那邊得見程廷祚或顏李等著作。二是透過對戴震哲學思想變遷的痕迹來分析。據胡適對戴震思想脈絡的考察，假定戴震受顏李學說影響的時間大約在他三十二歲（1755）入京之後。這一年的秋天，他有《與方希原書》，說：

　　　　版社 2003 年版，第 417～418 頁。
〔註126〕胡適：《致梁啓超》1923 年 12 月 19 日，《胡適全集》第 23 冊，安徽教育出版社 2003 年版，第 418 頁。
〔註127〕曹伯言整理：《胡適日記全編》（1923～1927）第 4 冊，安徽教育出版社 2001 年版，第 161 頁。
〔註128〕胡適：《戴東原的哲學》，《胡適全集》第 6 冊，安徽教育出版社 2003 年版，第 354 頁。

> 聖人之道在六經。漢儒得其制數,失其義理;宋儒得其義理,失其
> 制數。譬有人焉,履泰山之巔,可以言山;有人焉,跨北海之涯,
> 可以言水。二人者不相謀,天地間之鉅觀,目不全收,其可哉?抑
> 言山也、言水也,時或不盡山之奧、水之奇。奧奇,山水所有也,
> 不盡之,闕物情也。〔註129〕

他在這時候還承認宋儒「得其義理」,不過「不盡」罷了。同年他又有《與姚
姬傳書》,也說:

> 先儒之學,如漢鄭氏、宋程子、張子、朱子,其為書至詳博,然猶
> 得失中判。其得者,取義遠,資理閎,……其失者,即目未睹淵泉
> 所導,手未披枝肆所歧者也。而為說轉易曉,學者淺涉而堅信之,
> 用自滿其量之能容受,不復求遠者閎者。故誦法康成、程、朱不必
> 無人,而皆失康成、程、朱誦法中,則不志乎聞道之過也。誠有能
> 志乎聞道,必去其兩失,殫力於其兩得。〔註130〕

這裡他也只指出漢儒、宋儒「得失中判」。這都是他壯年的未定之見。文集中
有《與某書》,雖不載年月,然書中大旨與《孟子字義疏證》定本的主張相同,
其為晚年之作無疑。那書中的議論便與上文所引兩書大不相同了。

　　而到了《與某書》中,戴震的態度更鮮明了。漢儒的故訓也不免「有時
傅會」;至於宋儒的義理,原來是「恃胸臆以為斷」,「以己之見硬坐為古賢聖
立言之意」〔註131〕。這時候他不但否認宋儒「得其義理」,竟老實說他們「大
道失而行事乖」了。據這幾篇文章,胡適推知戴震三十二歲入京之時,還不
曾排斥宋儒的義理;可以推知他在那時候還不曾脫離江永的影響,還不曾接
受顏李一派排斥程朱的學說。如果他的思想真與顏李有淵源的關係,那種關
係的發生當在次年(1756)他到揚州以後〔註132〕。

　　通觀胡適對戴震學與顏李學間淵源關係的推測,多為假設,缺乏實據,
後招致錢穆等學人的質疑與商榷,自在情理之中。值得注意的是,在尋求戴、
顏二者關聯時,胡適將目標鎖定在程廷祚身上,這就為他日後第二期專注於

〔註129〕戴震:《與方希原書》,《戴震全書》(六),黃山書社1995年10月版,第375
　　　　～376頁。
〔註130〕戴震:《與姚孝廉姬傳書》,《戴震全書》(六),黃山書社1995年10月版,第
　　　　372～373頁。
〔註131〕戴震:《與某書》,《戴震全書》(六),黃山書社1995年10月版,第495頁。
〔註132〕胡適:《戴東原的哲學》,《胡適全集》第6冊,安徽教育出版社2003年版,
　　　　第354～356頁。

搜輯有關程廷祚文集和學術思想的研究預作伏筆。

三、發現新材料與推重程廷祚：胡適顏李學研究的第二期

1、搜尋新材料

在完成《戴東原的哲學》之後的十年內〔註133〕，胡適沒有繼續撰寫關於顏李學的論著。不過，這並不意味著他放棄了該領域的研究。其實，爲了完滿信服地解決戴震「新哲學」的源頭問題，胡適於 20 世紀 30 年代一直孜孜不倦地搜尋有關的史料線索，進行一系列的學術活動。這在其日記中多有體現：

1931 年 2 月 22 日　遊廠甸，見初刻本《恕谷後集》，每篇有評語，是「四存」本的底本。沒有買得，頗悵悵。〔註134〕

1931 年 3 月 1 日　下午遊廠甸，買得《恕谷後集》，甚喜。〔註135〕

1933 年 6 月 24 日　讀宋恕《六齋卑議》（1891）。

宋恕受顏習齋、黃梨洲、戴東原的影響最大；我讀他的《卑議》，此爲第二次；其自序中不提及戴學，然他《留別求是書院諸生》詩，有「談經最是戴君高」之句，自注云：「東原先生深於性理，所著以《原善》與《孟子字義疏證》爲大，被擯朱阮，不能行世。行世者乃其小種，時賢未見其大，輒加惡聲。此爲奇冤之一，衡癸巳（1893）年所著《先哲鳴冤錄》中曾立鳴之。」

他應該列入「戴學」。〔註136〕

1934 年 1 月 23 日　讀徐世昌《顏李師承記》，此書組織甚紛亂，但用顏李《年譜》及《文集》等材料，以人爲主，較便檢閱。〔註137〕

〔註133〕按胡適的説法，《戴東原的哲學》一文「於一九二三年十二月，中間屢作屢輟，改削無數次，凡歷二十個月方才脱稿。」（胡適：《戴東原的哲學》，《胡適全集》第 6 冊，安徽教育出版社 2003 年版，第 475 頁）完稿於 1925 年 8 月 13 日，同年 12 月刊於北京大學《國學季刊》第 2 卷第 1 期。自此到其於 1935 年撰寫《顏李學派的程廷祚》一文，前後相隔整整十年。

〔註134〕曹伯言整理：《胡適日記全編》（1931～1937）第 6 冊，安徽教育出版社 2001 年版，第 65 頁。

〔註135〕曹伯言整理：《胡適日記全編》（1931～1937）第 6 冊，安徽教育出版社 2001 年版，第 72 頁。

〔註136〕曹伯言整理：《胡適日記全編》（1931～1937）第 6 冊，安徽教育出版社 2001 年版，第 236 頁。

〔註137〕曹伯言整理：《胡適日記全編》（1931～1937）第 6 冊，安徽教育出版社 2001 年版，第 299 頁。

1934 年 5 月 8 日　讀戴望《顏氏學記》三卷，很佩服他的選擇不錯。
從前我頗輕視此書；但戴氏在那時候能作如此謹嚴的編纂，真不
容易！〔註138〕

1935 年 5 月 9 日　下午到燕京大學講「顏李學派」的第一講，擬分三
講：

①理學與反理學。

②顏元。

③李塨與顏學的轉變。

今天第一講成績不壞。〔註139〕

1935 年 5 月 16 日　下午到燕京講顏元。習齋生於一七三五，今年正是
他的三百年祭。〔註140〕

1935 年 5 月 23 日　寫李恕谷的《年譜》節本。

下午到燕大講「顏李學派」，爲三講的最後一講。〔註141〕

1937 年 3 月 25 日　上課。趙衛邦君說，四存學校校長劉君□□藏有鍾
鋑抄本的《顏習齋遺書》殘本，其《習齋記餘》比印本多出二十
篇文字，但皆不重要。〔註142〕

1937 年 4 月 11 日　前托顏駿人代問徐世昌先生有無關於顏李學派的新
材料，駿人來信約我今天去訪徐，信上說：「有幾部書奉贈」。我
大喜，即復電約今日去。

今天到天津，下午三點見徐總統，談了半點鐘。他是八十多歲的
人了，記憶還很清楚。但他實無新材料。他要送我的書是他的《顏
李師承記》及《語要》，都是我久已看見的。今天費了一天，花了
二十多元錢，毫無所得。〔註143〕

〔註138〕曹伯言整理：《胡適日記全編》（1931～1937）第 6 冊，安徽教育出版社 2001
年版，第 465 頁。

〔註139〕曹伯言整理：《胡適日記全編》（1931～1937）第 6 冊，安徽教育出版社 2001
年版，第 466～467 頁。

〔註140〕曹伯言整理：《胡適日記全編》（1931～1937）第 6 冊，安徽教育出版社 2001
年版，第 474 頁。此處的 1735 屬於胡適的筆誤，實應爲 1635 年。

〔註141〕曹伯言整理：《胡適日記全編》（1931～1937）第 6 冊，安徽教育出版社 2001
年版，第 477 頁。

〔註142〕曹伯言整理：《胡適日記全編》（1931～1937）第 6 冊，安徽教育出版社 2001
年版，第 668～669 頁。

〔註143〕曹伯言整理：《胡適日記全編》（1931～1937）第 6 冊，安徽教育出版社 2001

不過，就戴震學之於顏李學的淵源問題，胡適於第一期時，已將程廷祚視爲最有可能的傳播媒介。故在第二期，胡適仍把程廷祚當作重要突破口，並且其內在動機十分明確，即希冀通過搜求程的著作解決以下三個問題：

> 我要搜集一切可以考證《儒林外史》的材料。我深信程廷祚是《儒林外史》裏面的莊徵君，這雖然有了程晉芳的《綿莊先生墓誌》可以作證據，但我還不滿足，我要看他的《文集》裏有什麼更切實的證據。
>
> 後來我讀戴望的《顏氏學記》，他把程廷祚列爲顏李學派的一個大師。但他也沒有見著程廷祚的《文集》，戴望用他的《論語說》作主要材料，使我們明瞭他的思想確然是和顏李的思想最接近。因此，我更想尋訪程廷祚的《文集》，我希望這裡得著一些新材料，使我們在他的說經文字之外能有更直接的或更綜合的陳述他的思想的文字。
>
> 十幾年前，我寫《戴東原的哲學》時，我覺得戴震的思想也和顏李很接近。這話戴望早已說過，我自己的研究使我深信戴望之說不錯。但戴震的著作裏從不提到顏李，我疑心戴學的關係是間接的，其間的媒介的書裏，也從不提起程廷祚，我只能推想，因爲戴震與程晉芳都是程廷祚的朋友，戴震有認識程廷祚的可能。因此，我更想尋訪程廷祚的《文集》，希望從那裡面得著程、戴相知的證據。〔註144〕

功夫不負有心人，轉機出現於1934年初。胡適先是從蔣國榜《金陵叢書》裏發現程廷祚的《青溪文集》十二卷。後又從孫人和處借得《青溪文集》十二卷及《續編》八卷，從中發現了許多極具價值的史料。胡適在精心研讀程廷祚著作的基礎之上，結合其他多年心得，撰寫了其顏李學研究第二期最爲重要的一篇成果——《顏李學派的程廷祚》〔註145〕。

當然，胡適如此樂此不疲地研討戴、顏淵源問題，除卻其公佈於世的三項動機外，似另有隱衷。進入三十年代，由於學界新生力量的逐漸崛起，他們的成果對於享譽頗久的胡適產生了不小的衝擊。在哲學史研究方面，馮友蘭的《中國哲學史》橫空出世，頗有與胡適爭鋒之意；而在清學史領域，錢穆的許多觀點也明顯同胡適立意不同。此外，作爲胡適的得意門生，傅斯年、

　　　年版，第673～674頁。
〔註144〕胡適：《北京大學新印程廷祚〈青溪文集〉序》，《胡適全集》第8冊，安徽教育出版社2003年版，第137～138頁。
〔註145〕該文原載於1936年4月北京大學《國學季刊》第五卷第3號。

顧頡剛於此時期也對恩師的一些學術觀點提出不同意見。故胡的學術領袖地位已有動搖之虞。對於各方面的挑戰與批評，胡適自有其應對之道。其具體表現：「一、開始將治學方法由十字箴言改爲四字訣。二、試圖爲新的治學方法提供論據或範例。可以說，1930 年代胡適在並不寬鬆的環境中積極做出一系列的學術努力，目的之一，旨在重建其被動搖的權威地位」〔註146〕。按此論斷，胡適於此時期在顏李學研究上頗費心力，難免存有希望通過在清學史研究尤其是反理學研究方面獲得重大突破性成果，以回應質疑，捍衛其學術地位的意圖。

2、顏李信徒和顏、戴中介

《顏李學派的程廷祚》一文雖洋洋灑灑，兩萬餘言，但若細加閱讀，則會發現其實胡適主要就談了兩個問題：一是通過考辨史料，澄清學界對程廷祚學術派別的疑慮，確認其爲顏李信徒；二是借助剖析程之學術思想，說明他乃顏李學之後勁，戴震學之先導，即顏、戴學術傳播之中介。

對於程廷祚的學術身份，胡適堅信他「始終是一個顏李學的信徒」〔註147〕。通過翻檢史料，胡適確定程廷祚於婚後從他的岳父陶甄夫那邊得到顏元的《四存編》和李塨的《大學辨業》。他那時不過二十二三歲，還在一個容易受感化的時期，他讀了這些書，又受了陶甄夫的直接影響，在兩三年之間，他的思想起了絕大的變化。他變成了顏李學的一個青年信徒〔註148〕。程還致信李塨，向他求學問道。李塨收到來信後，欣喜萬分，立即回信勉勵這位後進。李塨決定舉家南遷，從而使顏李學能夠於江南地區播揚開來。不幸他在一年中兩遭大喪，南遷之舉遂寢。在胡適看來，「從此以後，顏李學的大本營仍繼續在蠡縣博野之間，因爲交通上的不方便，李塨的『廣佈聖道，傳之其人』的計劃是不容易實行的。顏李始終不得大發展，這個地域上的因素是很關重要的」〔註149〕。

程廷祚所生活的時代，已是清雍正之時，程朱理學乃學界主流。程廷祚對顏李學的熱誠，不久因受外面學術環境的影響，起了一種變化。他不敢公

〔註146〕桑兵：《橫看成嶺側成峰：學術視差與胡適的學術地位》，《晚清民國的學人與學術》，中華書局 2008 年版，第 273 頁。

〔註147〕胡適：《顏李學派的程廷祚》，《胡適全集》第 8 冊，安徽教育出版社 2003 年版，第 113 頁。

〔註148〕胡適：《顏李學派的程廷祚》，《胡適全集》第 8 冊，安徽教育出版社 2003 年版，第 95 頁。

〔註149〕胡適：《顏李學派的程廷祚》，《胡適全集》第 8 冊，安徽教育出版社 2003 年版，第 103 頁。

然攻擊宋儒了，更不敢攻擊程朱了。據胡適的觀察，這個態度的轉變起於程廷祚到北京。雍正甲辰（1724），他三十四歲，第一次遊北京，住了幾個月。雍正丙午（1726）他三十六歲，又到北京應順天鄉試，到次年丁未（1727）才歸去。這兩次在北京，也很可以到保定蠡縣去看看那位最崇拜的李塨，還可以到博野去祭拜那位「五百年間一人而已」的顏元的墳墓。然而他兩次都悄悄地走了，都不曾繞道去蠡縣。直到他第二次返回南方的那一年三月間，他才有信給李塨〔註150〕。程廷祚的態度的轉變起於他的北京之遊，這是他自己後來明白承認的。在他寫給一位名叫袁蕙纕的信中，程也明白無誤地承認了自己的變化。這是否意味著程廷祚從此不再信篤顏李學了呢？胡適認爲程並未放棄其原有立場，「他的態度確是變了，變得更小心了。從此以後，他不願擔負『共詆程朱』的惡名，所以在形迹上漸漸和顏李學派眾人疏遠了，也不敢公然攻擊程朱了，甚至於『不以顏李之書示人』了」〔註151〕。不公開傳播顏李著作，那程廷祚將用何種方式來宣揚顏李之學？胡適指出，程氏「要用和緩的、積極的方法來重新建立顏李學，」雖然「表面上他已走上了經學家的路子，專力治經學，也不廢詩古文的努力」〔註152〕。適當的時候，程廷祚會站出來傳播顏李學的。如他在給兄弟程嗣章的《明儒講學考》所撰序文，及寫給程晉芳的《與家魚門論學書》裏，都毫不隱匿其敬信顏學的態度。他把李塨傳注的諸經送給程晉芳看，並且明明白白地說李塨的思想正可以和他自己的思想互相發明。他在這裡很不諱飾地承認顏李師弟「非無所見者」，並且很堅決地宣言：「非其人孰與救學術之敝耶！」因此胡適確認，程廷祚始終是一個顏李學的大師〔註153〕。

　　確認完程廷祚顏李信徒的學術身份後，胡適開始著手探討程氏學術於顏李學和戴震學之間的位置問題。不可否認，程廷祚的顏李學當然是一種變換過的顏李學，不是原始的形狀了。變換不一定是進步，也不一定是退化。變

〔註150〕胡適：《顏李學派的程廷祚》，《胡適全集》第 8 冊，安徽教育出版社 2003 年版，第 104 頁。

〔註151〕胡適：《顏李學派的程廷祚》，《胡適全集》第 8 冊，安徽教育出版社 2003 年版，第 107 頁。

〔註152〕胡適：《顏李學派的程廷祚》，《胡適全集》第 8 冊，安徽教育出版社 2003 年版，第 107 頁。

〔註153〕胡適：《顏李學派的程廷祚》，《胡適全集》第 8 冊，安徽教育出版社 2003 年版，第 112～115 頁。

換只是時代和環境造成的結果〔註154〕。據胡適總結，程氏顏李學的變化大概兩點：一是顏李學的宗教成分大減少了。顏李門下人人各有日記，各有功過格，有過用黑圈記出，這都是晚明的宗教風氣。顏李都反對理學家的靜坐主敬，但他們都要「習恭」，他們自律的戒條是「小心翼翼，昭事上帝」，李塨晚年改爲「小心翼翼，懼以終始」。我們在程廷祚的著作裏，在程晉芳做的《墓誌》裏，在《儒林外史》的描寫裏，都看不出程廷祚有這樣的舉動。大概他的見解已能跳出這一方面的顏李學，顯然「動止必蹈規矩」，已不受那種變相的袁了凡宗教的束縛了〔註155〕。二是他對於程朱的態度變得比顏李的和緩多了。胡適舉了程氏《青溪文集》中的幾段言論，證明他承認兩宋的道家運動在歷史上應該占一個重要的地位，並且對宋儒不吝溢美之詞。由此可見，「程廷祚實在離顏李的思想很遠了」〔註156〕。

那如何認識程廷祚這種幾近於向理學「諂媚」、「恭維」的做法？胡適認爲，這其實僅是程氏採取的一種以退爲進式的策略。此策略在當時漢學家陣營中亦常採用。他們情願「百行法程朱」，來換得「六經尊服鄭」的自由。其實他們何嘗尊崇服鄭？他們擡出「漢人去古未遠」的口號來壓倒程朱的權威；他們的目標只是要爭取「執經義以與宋儒商酌是非離合」的自由而已。這裡面的戰略意義也是要讓出信仰的世界來換得理智的自由，躬行道德屬於信仰世界，商榷經義屬於理智範圍〔註157〕。體會到程廷祚的這番苦心與智慧，我們就不難理解他爲何在經學上猛烈攻擊宋儒的原因，「攻擊宋儒的經學正是擒賊先擒王的策略」〔註158〕。與漢學家不同之處在於，漢學家往往惑於「去古未遠」的喊聲，往往過於相信漢代經師的荒謬的見解。程廷祚經過了顏李學的大解放，他治經的目標不是要復古，是要切於人生實用，是要一個新的人生與社會，所以他不肯迷信兩漢經生的見解，處處要自己尋出一個他認爲滿

〔註154〕胡適：《顏李學派的程廷祚》，《胡適全集》第 8 冊，安徽教育出版社 2003 年版，第 115 頁。

〔註155〕胡適：《顏李學派的程廷祚》，《胡適全集》第 8 冊，安徽教育出版社 2003 年版，第 115 頁。

〔註156〕胡適：《顏李學派的程廷祚》，《胡適全集》第 8 冊，安徽教育出版社 2003 年版，第 118 頁。

〔註157〕胡適：《顏李學派的程廷祚》，《胡適全集》第 8 冊，安徽教育出版社 2003 年版，第 119～120 頁。

〔註158〕胡適：《顏李學派的程廷祚》，《胡適全集》第 8 冊，安徽教育出版社 2003 年版，第 121 頁。

意的說法〔註159〕。行文至此，胡適最終得出了對程廷祚學術定位的結論：

> 在這攻擊宋儒經學的方面，程廷祚不失爲一個繼承顏李遺風的自由
> 思想者。在那個漢學時期，他是獨立的；他的立場是顏李的立場，
> 不是漢學家的立場。他的見解是創造的，建設的，哲學的而非經學
> 的。他是顏李的繼承人；他是戴震的先導者。〔註160〕

應該說，胡適以上的一番論證還是很見功力的。

接下來，胡適又對程廷祚建設性的哲學思想詳作研討。結合程氏的《論語說》、《禮樂論》及《原人》、《原心》、《原氣》、《原性》、《原道》、《原教》、《原鬼神》等七篇文章，胡適指出，作爲顏李學的嫡派，程廷祚在性論、理論、動的教育、氣質一元論等方面的觀點與顏李二人如出一轍。值得一提的是程廷祚「立人道」的哲學的宇宙觀與人生觀。他嫌古來的立教者都把人的地位看低了，看得太輕了。他承認他「天地一交」而生人，但天地的工作盡於這一交，從那一交生人之後，天地就退舍了，就讓位了，就把天地的知能全都付託給「人」了，就把整個世界交給人去開闢奠定了。未有人之前，「人在天地」。有人之後，「天地在人」。故而胡適讚賞道：「這是程廷祚最大膽的創說。古來說『人』的地位，沒有比他說的更尊貴的」〔註161〕。也正是由於崇高人的地位，胡適將程氏的「立人道」視爲其對顏李學的學術貢獻之一，這是顏李不曾說，也許不敢說的。顏李的「小心翼翼，昭事上帝」的宗教，還脫不了中古宗教的範圍。程廷祚的「天地在人」的宗教才是「立人道」的新教旨了〔註162〕。另外一個貢獻便是在情欲觀上，顏元、李塨雖然都反對中古宗教的「無欲」說，也反對宋儒的「無欲」說，然而他們師弟都不免受了這種無欲的宗教的影響。他們都承認「形色天性也」的話，又都說他們只反對「私欲」。其實「無欲」與「無私欲」的界限很不容易劃清。程廷祚好像沒有這種狹陋的宗教戒約，他不但在行爲上拋棄了那種「袁了凡功過格」的宗教，並且在理論上也擴大了顏李對於人欲的見解。他老實承認「飲食男女之

〔註159〕胡適：《顏李學派的程廷祚》，《胡適全集》第8冊，安徽教育出版社2003年版，第122頁。

〔註160〕胡適：《顏李學派的程廷祚》，《胡適全集》第8冊，安徽教育出版社2003年版，第123頁。

〔註161〕胡適：《顏李學派的程廷祚》，《胡適全集》第8冊，安徽教育出版社2003年版，第127頁。

〔註162〕胡適：《顏李學派的程廷祚》，《胡適全集》第8冊，安徽教育出版社2003年版，第132頁。

欲，樂生惡死」都是「發於至善之性」的物感，這是很大的解放〔註163〕。

在文章最後，胡適又拿顏李學同戴震學作比較。胡適認爲，宋明理學家
治學的基本路子只有兩條：「涵養須用敬，進學則在致知」。格物致知是程朱
開闢的一條新路，而「主敬」卻仍是中古宗教遺留下來的一條老路。在反對
宋明理學上，顏李推翻了「主敬」，而建立了「習恭」，他們始終沒有逃出那
個主敬的中古宗教態度。程廷祚雖然沒有公然攻擊那個宗教方面，有時他還
頌揚宋儒的主敬存誠。然而在他的著作裏完全不看見那個「小心翼翼，昭事
上帝」的顏李宗教了。戴震正是在此之上更進一步，大膽地指出程朱之學實
在還只是走了主敬的一條路，而忽略了那格物致知的理智主義的新路。戴震
在著作裏不提顏李之學，或許正是嫌他們跳不出程朱主敬的圈子，整天做那
變相的主敬工夫，而忽略了學問上的努力〔註164〕。正是基於這種推測，胡適
於文末做出這樣的論斷：

> 戴震自己走的路只是那純粹的致知進學的新路，只是那「博學審問
> 慎思明辨篤行以擴無幾微差失」。這才是純粹理智主義的大路。顏李
> 之學，到程廷祚而經過一度解放，到戴震而得著第二度更徹底的解
> 放。解放的太厲害了，洗涮的太乾淨了，我們初看戴震的思想，幾
> 乎不認得他是從顏李學派出來的了！〔註165〕

此可視爲胡適對戴震學與顏李學之間學術淵源關係的蓋棺之論。

受梁啓超之啓發，胡適於顏李學研究領域用力頗勤，鑽研甚深。如果說
他第一期研究主要是服務於其對戴震「新哲學」之建構，那他第二期研究則
在持此目的之外，又加入了一層維護自身學術地位的考慮。總體而言，胡適
的顏李學研究，較之梁啓超，確實有不小的創獲，特別是對程廷祚資料的發
掘與研究上，開拓出了清代思想史中的新領域。同時，在戴震學與顏李學二
者學術淵源關係方面，胡適也進行了有益嘗試，爲之後學者的研究提供了很
好的研究路徑與思路。不過，與梁啓超相同，胡適對顏李學的解讀與闡釋，
都是在「反理學」的理論預設之下展開的，對顏李的推崇就意味著對宋明理

〔註163〕 胡適：《顏李學派的程廷祚》，《胡適全集》第 8 冊，安徽教育出版社 2003 年
版，第 132～133 頁。
〔註164〕 胡適：《顏李學派的程廷祚》，《胡適全集》第 8 冊，安徽教育出版社 2003 年
版，第 134～135 頁。
〔註165〕 胡適：《顏李學派的程廷祚》，《胡適全集》第 8 冊，安徽教育出版社 2003 年
版，第 135 頁。

學的批判，從而不充分考察二者之間的學術關聯。這也成爲錢穆提出質疑與
商榷的關鍵緣由。

第三節　「未全脫宋儒窠臼也」：錢穆的顏李學研究

一、「不知宋學，則無以平漢宋之是非」：錢穆的清學史立場

　　回顧民國清代學術史研究，錢穆無疑是不可忽略的一位名家。於該領域，
錢氏不僅成果頗豐，而且有著鮮明的個人學術立場，簡言之，即以宋學的角
度來審視清代學術，將是否有志經世、是否關係天下安危的宋學精神作爲其
評判清學的標準。在《中國近三百年學術史・引論》中，錢氏有段極具代表
性的論斷：

> 至近代學術者當何自始？曰：必始於宋。何以當始於宋？曰：近世
> 揭櫫漢學之名以與宋學敵，不知宋學，則無以平漢宋之是非。且言
> 漢學淵源者，必溯諸晚明諸遺老。然其時如夏峰、梨洲、二曲、船
> 山、桴亭、亭林、嵩菴、習齋，一世魁儒耆碩，靡不寢饋於宋學。
> 繼此而降，如恕谷、望溪、穆堂、謝山乃至愼修諸人，皆於宋學有
> 甚深契詣。而於時已及乾隆。漢學之名，始稍稍起。而漢學諸家之
> 高下淺深，亦往往視其所得與宋學之高下淺深以爲判。道咸以下，
> 則漢宋兼采之說漸盛，抑且多尊宋貶漢，對乾嘉爲平反者。故不識
> 宋學，即無以識近代也。〔註166〕

錢氏之論，意在說明清代學術乃由宋明之學孕育而出，清學承繼宋明學風並
發展之。此見解實與梁啓超、胡適的「理學反動說」大相徑庭。五年後，錢
穆在《清儒學案序》中更是提出「每轉益進說」，使其清學史立場愈加明確。
所謂「每轉益進」，依錢氏原話，即：

> 抑學術之事，每轉而益進，途窮而必變。兩漢經學，亦非能蔑棄先
> 秦百家而別創其所謂經學也，彼乃包孕先秦百家而始爲經學之新
> 生。宋明理學，又豈僅包孕兩漢隋唐治經學而已？彼蓋並魏晉以來
> 流佈盛大之佛學而並包之，乃始有理學之新生焉。此每轉益進之說
> 也。兩漢博士之章句家法，自有鄭玄之括囊大典，而途已窮。魏晉

〔註166〕錢穆：《中國近三百年學術史・引論》，商務印書館 1997 年 8 月版，第 1 頁。

南北朝之義疏，自有唐初諸儒之五經正義而途已窮。至於理學，自
有考亭、陽明，義蘊之闡發，亦幾乎登峰造極無餘地矣。又得晚明
諸遺老之儘其變，乾嘉諸儒之糾其失，此亦途窮當變之候也。〔註 167〕

錢氏之意，學術發展是轉進變化的，看似窮途末路，其實經過一番轉換，便
能柳暗花明、再創新局。清代學術亦當作如是觀，「論其精神，仍自沿續宋明
理學一派」〔註 168〕。這自與梁、胡「尊漢抑宋」的觀點相去甚遠。

「不知宋學，則無以平漢宋之是非」，既然是錢穆的清學史立場，那其顏
李學研究自然亦是循此標準步步展開。其實錢氏接觸顏李著作的時間頗早。
1919 年，錢穆於鴻模中學任教期間，在藏書樓「遍閱顏李書」〔註 169〕。可見，
錢氏關注顏李學，應早於或至少不晚於梁啓超、胡適二人，不過錢氏關於顏
李學的論著出版偏晚。也正因作品後出，錢穆得以全面檢討梁、胡二人的顏
李學研究觀點，並對其做出相應的商榷和修正。

總體而言，錢穆亦認爲顏元乃「並宋明六百年理學而徹底反對之者」，
〔註 170〕「上之爲宋、元、明，其言心性義理，習齋既一壁推倒；下之爲有
清一代，其言訓詁考據，習齋亦一壁推倒」〔註 171〕。然而基於倡揚宋學之
立場，在具體觀點上，錢穆又同梁、胡二人迥然不同，甚至針鋒相對，這便
構成了 20 世紀 30 年代學界有關顏李學研究領域上的一場學術思想交涉。

二、褪去「反理學」底色：重尋顏李學術源頭

對於顏李學的學術來源，梁啓超、胡適在其論著中皆未深加研討。梁啓
超甚至認爲顏元因未受過家庭教育，且博野地處偏僻，缺乏良師益友，「所以
他的學問可以說是絕無所受，完全靠自己啓發出來」〔註 172〕。梁氏如此模糊
解釋顏元的學術來源，看似無心，實則別具用意。因爲梁、胡都是把顏、李
視作清初反理學之前驅，在他們構建的反理學譜系中，顏李處於開端的位置。

〔註 167〕錢穆：《清儒學案序》，《中國學術思想史論叢》卷八，安徽教育出版社 2004
年 7 月版，第 359 頁。

〔註 168〕錢穆：《清儒學案序》，《中國學術思想史論叢》卷八，安徽教育出版社 2004
年 7 月版，第 359 頁。

〔註 169〕錢穆：《八十憶雙親・師友雜憶》，三聯書店 2005 年 3 月版，第 99 頁。

〔註 170〕錢穆：《國學概論》，商務印書館 2003 年 11 月版，第 253 頁。

〔註 171〕錢穆：《中國近三百年學術史》，商務印書館 1997 年 8 月版，第 198 頁。

〔註 172〕梁啓超：《顏李學派與現代教育思潮》，《飲冰室合集》文集之四十一，中華書
局 1989 年版，第 5 頁。

如果過分強調顏元、李塨二人同宋明理學之間的關聯，勢必會導致這一反理學鏈條的鬆動。故梁、胡二人對於顏李學之來源，選擇了含糊言之或避而不談。

　　錢穆則不然。正因秉持宋學立場，他對顏李學的學術來源甚爲重視，並詳加考察。首先，從地緣上來看，「習齋，北方之學者也」〔註173〕，其學屬於北學一脈。當時北學大儒，尚有孫奇逢。錢氏認爲，顏元學風與孫奇逢多有相似之處，「其講學制行，蓋有聞於夏峰之風聲而起也」〔註174〕。錢氏理由如下：

> 夏峰論學，僕僕無所奇，以視習齋傲睨千載，獨步一世，若遙爲不倫；然以夏峰人格之堅實，制行之樸茂，則習齋所論，正爲近之。習齋嘗謂：「身遊之地，耳被之方，惟樂訪忠孝恬退之君子，與豪邁英爽之俊傑；得一人如獲萬斛珠，以爲此輩尚存吾儒一線之眞脈也。凡訓詁章句諸家不欲問。」今夏峰忠孝之大節，禮樂兵農之素行，正習齋《四存編》中理想之人物，所謂「吾儒一線之眞脈」者。惟夏峰不斥宋儒，不廢著述耳。習齋之與夏峰，地相望，時相接，烏得謂習齋不受夏峰影響哉？〔註175〕

並且，當時北方學者，「厲忠孝之節，究兵、農、禮、樂，爲風尚之大同」，〔註176〕顏元亦莫能外。顏元之所以形成注重實行的學術風格，並非平地拔起，而是深受當時北學風氣之熏染。故而顏元論學，雖然對宋明諸儒大加批判，但平日與他相交遊者，仍多爲「理學門中人物」，亦即「習齋《四存編》中所理想之人物，當時北方學者氣象率如此。習齋平日精神意度，亦不能遠踰乎此」〔註177〕。因此錢穆指出，除卻持論高亢尚與其個性有關外，「顏、李之學，仍未能劃然與宋、元、明理學分疆割席，此乃習齋講學精神本如此，不得盡以後無繼承爲說也」〔註178〕。換言之，在理學氛圍濃厚的北學圈中，不可能產生與之毫無淵源關聯的學術派別。

　　其次，錢氏認爲，對顏李學產生影響者，尚有陸世儀。顏元在其學說形

〔註173〕錢穆：《中國近三百年學術史》，商務印書館1997年8月版，第177頁。
〔註174〕錢穆：《中國近三百年學術史》，商務印書館1997年8月版，第199頁。
〔註175〕錢穆：《中國近三百年學術史》，商務印書館1997年8月版，第199頁。
〔註176〕錢穆：《中國近三百年學術史》，商務印書館1997年8月版，第202頁。
〔註177〕錢穆：《中國近三百年學術史》，商務印書館1997年8月版，第203頁。
〔註178〕錢穆：《中國近三百年學術史》，商務印書館1997年8月版，第203頁。

成期間，曾兩次致信陸世儀，認爲「當今之時，承儒道嫡派者，非先生其說乎！」〔註179〕即使在六十多歲時，顏氏依然研習陸世儀的《思辨錄》。李塨也「自勘內功不密，惕然。乃以陸道威每日敬怠分數自考」〔註180〕。同時，顏、李師徒二人採取主敬習恭的修養方式，從而補充自身學說中有關心性方面之偏缺，也頗受陸世儀的影響。正基於此，錢穆斷定「桴亭、夏峰，同爲斟酌朱、王，調和折衷之學者，習齋氣象近夏峰，議論近桴亭，學術大體，實不出斯二人之間……習齋《四存編》議論，雖對宋、元、明以來理學諸儒高論排擊，而其精神意趣，仍不能有以遠踰乎彼者，其間消息，亦即此可悟也」〔註181〕。

　　當然，顏李學受孫奇逢、陸世儀之影響僅可說明其學說曾汲取宋明理學之營養，尚不足證明其學源於後者。錢穆自然不甘心就此收束。在他看來，顏元的種種言論，「更似頗有近陽明者」〔註182〕。錢氏理由有二。一是顏元學風近孫奇逢，而孫乃王學宗師，顏元自然受其影響。況且顏元早年曾治陸王之學，其後雖轉治程朱之學，再進而排斥之，然對「陸王則不復置辯矣」〔註183〕。究其原因，「乃頗有幾許論點源於其最先所深喜之陸王，潛滋暗長，盤踞心中，還爲根核，雖已經幾度之變化，要爲其先存之故物，正是習齋所云『因習作主』之一例。惟身習易見，心習難知，可以微論，難以確說；亦有自不承認，而旁觀默察，灼然可見者」〔註184〕。二是顏元反對誦讀、主張實行等諸多主張，王陽明早已言及，二者並無異致。故顏元的許多言論，看似有意祖王攻朱，實「乃其意徑思理之流露於不自覺也」〔註185〕。二者相異之處，在於「陽明深非功利，習齋則徹骨全是功利」〔註186〕而已。

　　通過以上一番分析，錢穆將顏李學與宋明理學間的淵源關係梳理清晰，並得出如下結論：

〔註179〕顏元著，王星賢、張芥塵、郭徵點校：《上太倉陸桴亭先生書》，《顏元集》（上），中華書局1987年6月版，第49頁。
〔註180〕〔清〕馮辰、劉調贊撰，陳祖武點校：《李塨年譜》，中華書局1988年9月版，第72頁。
〔註181〕錢穆：《中國近三百年學術史》，商務印書館1997年8月版，第204頁。
〔註182〕錢穆：《中國近三百年學術史》，商務印書館1997年8月版，第204頁。
〔註183〕錢穆：《中國近三百年學術史》，商務印書館1997年8月版，第204頁。
〔註184〕錢穆：《中國近三百年學術史》，商務印書館1997年8月版，第204頁。
〔註185〕錢穆：《中國近三百年學術史》，商務印書館1997年8月版，第206頁。
〔註186〕錢穆：《中國近三百年學術史》，商務印書館1997年8月版，第212頁。

　　　　習齋雖對宋、元、明以來理學諸儒，高論排擊，而其爲學大體，仍
　　　　自與宋、元、明以來諸儒走上同一路徑，未能劃然分疆割席，則其
　　　　結果，自只限於此而已也。〔註187〕

也正是此番努力，錢氏實際上已把之前梁、胡二人塗抹於顏李學之上的「反
理學」底色褪去大半，爲之後拆散「反理學」的思想譜系預作學理準備。

三、「折入漢宋」：辨析顏李學自身痼弊

　　既然斷定顏李學並非完全出於自創，與宋明學術有著千絲萬縷的關聯，
錢穆趁熱打鐵，又對顏李學自身的一些學術痼弊進行辨析。在錢氏看來，顏
李學之弊大致有二，一爲因泥古而折入漢學考據；二爲因主敬而折入宋學心
性。

　　錢穆指出，顏元本來倡揚經濟之學，卻「多混之於禮樂；言禮樂，多本
之於古昔；言事物，亦以揖讓陞降、弦歌舞佾、衣冠金石爲主，並未深發當
時切用之意，則烏從閉學者誦讀考究之功？」〔註188〕之後李塨也難免爲了證
明古禮的合理性，開始轉入考據之中，「自此河北實踐之學，終與南土博雅同
流，卒亦不出誦讀紙墨之外」〔註189〕。是故顏李之學「至恕谷而大，亦遂至
恕谷而失」〔註190〕。

　　除了同漢學合流之外，由於顏李學自身與宋學難解的淵源，又不免受其
浸染。錢氏指出，顏元雖然言必稱事功，卻又不免心性禮樂之見，故平日持
論雖激昂高亢，其制行則仍是宋、明諸儒窠臼。最爲顯著的例子，便是他在
力斥靜坐之非的同時，又自有一番名曰「習恭」的修養工夫。所謂「習恭」，
就算與靜坐不同，但「卻不能不說與宋儒所謂『敬』者相似，故習齋於宋儒
論敬，亦謂是好字面。若眞如習齋所教習恭、習端坐功夫，便已是朱子『主
敬』三法：伊川之『整齊嚴肅』，上蔡之『常惺惺』，和靖之『其心收斂不容
一物』也」〔註191〕。接著，錢穆即以宋儒修身之法爲參照系，對顏元的心性
之說詳加辨析，其論如下：

　　　　「正冠整衣，挺身平肱，手交當心，頭必直」，即伊川「整齊嚴肅」

〔註187〕錢穆：《中國近三百年學術史》，商務印書館1997年8月版，第213～214頁。
〔註188〕錢穆：《中國近三百年學術史》，商務印書館1997年8月版，第215頁。
〔註189〕錢穆：《中國近三百年學術史》，商務印書館1997年8月版，第215頁。
〔註190〕錢穆：《中國近三百年學術史》，商務印書館1997年8月版，第225頁。
〔註191〕錢穆：《中國近三百年學術史》，商務印書館1997年8月版，第216頁。

法也。「神必悚」，即上蔡「常惺惺」法也，豈有神心悚而昏惰不常惺惺之理？「天理作主，諸王退聽」，即和靖「其心收斂不容一物」法也。不容一物，本只是不容諸邪，故又曰「主一之謂敬」，「一」即天理矣。則習恭、習端坐，又便是延平所謂「默坐澄心體認天理」，龜山所謂「靜坐中觀喜怒哀樂未發前作何氣象」矣。夫謂默坐澄心，體認天理，本只是說默坐之時，此心澄然無事，乃所謂天理，要於此時默識此體云爾，非默坐澄心外，又別有天理當體認也。故宋、元、明儒者主敬主靜，其實出於一源，敬、靜工夫，到底還是一色，惟字面不同耳。今習齋所謂習恭習端坐，與彼亦復何異？而云有天淵之別耶？〔註192〕

由上可知，顏元變靜坐為習恭，實際上未改其本質，他又不願多做研討，故「成其學術之悚漏」〔註193〕。

行文至此，錢穆並無停筆之意，而是結合顏李學此二痼弊來探析該學派之所以未能形成氣候並最終中絕的原因。在他看來，顏李學折入漢宋實乃其無法克服的弊端，亦是該學派自身發展之必然：

習齋論學，雖欲力反自來漢、宋諸儒之病，然其學術自身，仍有歧點，未能打拼歸一，成嚴密之系統，為精細之組織。一傳為恕谷，於習齋精神已有漏走，已見散漫。自習行轉入於考究，則以後三百年漢學考據訓詁之說也；自經濟轉及於存養，則以前七百年宋學心性靜敬之教也。宋學既不能振拔，故存養一端，終歸冷落，而考據遂成獨步。顏學亦自此消失矣！今考顏學體系，以習行代訓詁誦說、著述紙墨之功，以事物代心性義理、靜敬玄虛之談，其議論本甚粗猛，甚痛快，帶有革命之氣度，而終歸於與舊傳統相妥協、相消融者，則厥在其講禮樂之一端。習齋講學，以禮樂與習行、事物為鼎峙之三足，而尤以禮樂為大廈之獨柱，以禮樂打拼內外，貫通古今，功利與性天，亦於此交融，最為習齋制行講學精神所寄，而實亦顏學未能超出舊傳統卓然自拔之所由也。夫禮樂貴乎當時，而習齋泥於隆古；禮樂本古代政治上一種已陳之芻狗，而習齋以之為個人性命惟一之寄託。故禮樂之一面為習行、為事物，習齋所欲以痛砭舊

〔註192〕錢穆：《中國近三百年學術史》，商務印書館1997年8月版，第216～217頁。
〔註193〕錢穆：《中國近三百年學術史》，商務印書館1997年8月版，第217頁。

傳之病者；而禮樂之又一面則爲性天、爲古聖賢堯、舜、周、孔，
仍是漢儒訓詁考據、宋儒心性虛玄之見解爲之作用、爲之調遣。舊
日之病根，盤踞已深，習齋未能斬伐驅逐，空言呵斥，雖言之已屬，
亦復何補？〔註194〕

較之於梁啓超、胡適偏重於正面評價顏李學的情形，錢穆則更多是關注其自身不足。錢氏之論，可謂辨析精微，別具隻眼，他從學術發展的內在理路來考察顏李學的學說體系，摘出其中無法克服的兩大弊端，證明顏李學與舊傳統妥協實屬必然。從中亦可知當時無論是宋明理學，還是漢學考據，皆於學界極具影響，絕非如顏李學這樣的學術支流所能一併推翻的。

質言之，錢穆對顏李學自身痼弊的辨析非常精到，恰彌補了之前梁、胡所論之偏差。既然顏李學存在折入漢宋的迹象，那麼梁、胡二人所構建「反理學」譜系之根基也隨之愈加鬆動。

四、解構「反理學」譜系：否定戴震學與顏李學的淵源關聯

錢穆研究顏李學，實與另一問題緊密相連，即戴震學。正如前述，梁啓超、胡適在二十年代清學史研究中都體現出強烈的尊戴傾向，將其視爲清代反理學之旗手。同時爲了使反理學的譜系顯得完整，他們又將顏、李二人納入其間，並冠之以戴學源頭。如此一來，顧炎武、顏元——程廷祚——戴震——吳稚暉，這幾個關鍵人物便構成了所謂「反理學時期」的幾位主角。其中，戴震爲中樞，吳稚暉乃殿軍，開路先鋒則非顏元莫屬。在某種程度上，梁、胡二人的「反理學」譜系恰與理學家們所樂道的「道統說」針鋒相對。

作爲「持論稍稍近宋明」的錢穆，自然對梁、胡二人的主張不滿，其《中國近三百年學術史》便是同梁啓超公開立異之作。書中，戴震學與顏李學思想淵源關係問題自然無法繞過，這也成爲雙方學術思想交涉的一個重點。

早在《國學概論》中，錢穆就曾對梁、胡有關戴震學出於顏李學的說法表示異議。錢穆指出，梁、胡二人所論皆無實據。若言戴震學之淵源，尚有其他線索。當時的浙東學派，其持論亦多有與顏李相通之處，何嘗不能開戴學之先？「東原論性本與陽明相近，梨洲爲陳潛初一傳，尤不啻戴學之縮影」〔註195〕。另外毛西河亦有可能。毛氏「書好詆朱子，而尊陽明，有《四書改

〔註194〕錢穆：《中國近三百年學術史》，商務印書館1997年8月版，第219～220頁。
〔註195〕錢穆：《國學概論》，商務印書館2003年11月版，第278頁。

錯》，於朱子攻擊無所不至。其論重習行，尚事功，皆襲取顏、李之意。而極辨理字，屢出迭見」〔註196〕。綜觀毛氏論理之言，「皆已與戴學相似」〔註197〕。況且毛氏著作傳播頗廣，戴震焉能不見？是故「梨洲、西河書，亦烏知其不為戴學淵源者歟」〔註198〕在錢氏眼中，梁、胡之失，在於專注於顏、李一處，而未能對清初的學術全貌作細緻系統的爬梳，故於有意無意間遺漏掉戴學淵源的不少可能性因素。

當然，錢氏於彼時所提供的線索亦缺乏確證，尚屬推斷。到了《中國近三百年學術史》一書，錢氏於該問題上的觀點有所發展。首先，錢穆認為胡適所提出的程廷祚乃顏李學與戴震學之間中介的觀點頗難證明。因為單純憑藉程晉芳曾於《正學論》中排詆顏李，並涉及戴震，同時戴震批判程朱，就斷定戴學源自顏李學，實有強續淵源之嫌，畢竟觀點相近同學說繼承為兩碼事。其次，戴震學說中最要者，一為自然與必然之辨，一為理欲之辨，「此二者，雖足與顏、李之說相通，而未必為承襲」〔註199〕。況且戴氏從古訓中明義理，很明顯同顏元反對從書中求知的精神相背離。因此，梁、胡僅以顏李、戴震同斥程朱就斷定二者的淵源關係，實在厚誣前賢。再次，「至辨本體，辨理氣，辨性與才質異同，自明儒已多論及，東原不必定得其說於顏、李」〔註200〕。當時毛西河極辨宋儒「理」字之義，戴震可以不知道顏李其人，但絕對不可能不知道毛氏之說。並且戴氏後學焦循、淩廷堪、阮元等於各自著作中皆盛推毛氏，卻對顏李不置一詞，也可視作反證。復次，錢穆還提出戴震之學抑或出自惠棟，其理由如下：

> 惟謂東原遊揚州，見惠定宇，而論學宗旨稍變，其為《原善》，或頗受定宇《易微言》影響，則差近實耳。且《易微言》「理」字條云：「『理』字之義，兼兩之謂也。《樂記》言『天理』，謂好與惡也。好近仁，惡近義，好惡得其正謂之天理，好惡失其正謂之『滅天理』，《大學》謂之『拂人性』。天命之謂性，性有陰陽、剛柔、仁義，故曰『天理』。後人以『天人』、『理欲』為對待，且曰『天即理也』，尤謬。」豈不與東原《疏證》大意至似，即此後淩次仲諸論亦自此

〔註196〕錢穆：《國學概論》，商務印書館 2003 年 11 月版，第 278 頁。
〔註197〕錢穆：《國學概論》，商務印書館 2003 年 11 月版，第 279 頁。
〔註198〕錢穆：《國學概論》，商務印書館 2003 年 11 月版，第 279 頁。
〔註199〕錢穆：《中國近三百年學術史》，商務印書館 1997 年 8 月版，第 392 頁。
〔註200〕錢穆：《中國近三百年學術史》，商務印書館 1997 年 8 月版，第 392 頁。

出。惠、戴至近，何必遠尋之顏、李耶？且惠氏論學，主尊古，故
頗引周、秦諸子，謂猶足與經籍相證。今考東原思想，亦多推本晚
周，雖依孟子道性善，而其言時近荀卿。〔註201〕

錢穆關注惠棟的義理思想，並以之而論戴震學術思想的嬗變，這不愧是其獨
具慧眼之處。不過，雖然惠氏義理之論與《孟子字義疏證》中的觀點相近，
但他缺乏戴氏那種學術自覺，沒有能如戴震一樣融會六經而闡釋義理，從而
就理學的要害問題展開深刻的檢討〔註202〕。因而，關於惠棟對戴震在義理領
域的影響，我們當慎重辨析，避免發揮過度。而上面錢氏之論，似正犯此忌。

　　錢氏於之後的學術生涯裏，依然對戴震學同顏李學淵源問題念念不忘。
當他讀到清儒姜炳璋的《尊行日記》中有關於顏李著作記載時，便指出「姜
氏固亦曾見顏、李書，而不以治顏、李學名。魯氏（魯絜非）藏有顏、李書，
亦不以治顏、李學名。兩人與程綿莊同時，然則豈必綿莊乃與獨見顏、李之
術者？」〔註203〕魯氏同姚鼐有學術往還，姜氏同錢大昕、紀曉嵐為進士同年，
姚、錢、紀又都同戴震極為熟稔，戴震要想知道顏李學，又何必單單通過程
廷祚呢？是故「書籍之流佈，學人之窺尋，如水銀瀉地，如獵犬逐兔，安知
其所必循之途轍哉！且是時顏、李書流與至江西，又何獨於北京首善之區，
人文薈萃，乃必不得接聞於顏、李之遺說，獲見於顏、李之遺書乎？然則東
原若見顏、李書，固不必定自綿莊也」〔註204〕。這仍可視為錢氏對胡適「程
廷祚乃顏李學與戴震學中介」說法的一種反撥。

　　錢穆對戴震學與顏李學淵源關係的考察自然不是純粹的學術商榷，其間
透露出錢氏獨有的思想意蘊。因為否定二者淵源關聯，就意味著梁、胡所構
建的「反理學」脈絡失去開端，戴震這面反理學大旗也隨之無處安置，最終
該譜系將被解構。由此反觀錢氏的顏李學研究：褪去底色——辨析痼弊——
否定淵源，三部分環環相扣，抑多揚少，呈現緊密相繼的邏輯關聯。這恰恰
是錢穆宋學立場的一次典型實踐。

〔註201〕錢穆：《中國近三百年學術史》，商務印書館1997年8月版，第393～394頁。
〔註202〕詳見王應憲：《清代吳派學術研究》，華東師範大學出版社2009年5月版，第
　　　　211頁。
〔註203〕錢穆：《讀姜白岩〈尊行日記〉》，《中國學術思想史論叢》卷八，安徽教育出
　　　　版社2004年7月版，第239頁。
〔註204〕錢穆：《讀姜白岩〈尊行日記〉》，《中國學術思想史論叢》卷八，安徽教育出
　　　　版社2004年7月版，第240頁。

小　結

　　根據美國學者托馬斯・庫恩的「範式」理論所言：「按照其已確定的用法，一個範式就是一種公認的模型或模式（Patten），……範式之所以獲得了它們的地位，是因爲它們比它們的競爭對手能更成功地解決一些問題，而這些問題又爲實踐者團體認識到是最爲重要的」〔註205〕。具體到清學史研究，如果學者所提觀點或所撰著述對以後的研究者起到示範性的作用，同時他在清學史研究領域之內留下無數的工作讓後人接著做下去，從而逐漸形成一個新的研究傳統〔註206〕。這也就意味著他創建了清學史研究的新典範。梁啓超、胡適二人的顏李學研究無疑體現出該種示範意義，民國學人孫松齡即認爲「自顏李教義昌被海內以來，激昂介紹，無如梁啓超，切當揭示，無如胡適」〔註207〕。二人襲用西方的科學精神與方法作爲尺規來闡釋和評估顏李學，其意圖不外乎是希望在清代學術裏發掘出類似西方式的科學精神和方法，並將之譜系化，從而促進中國傳統學術的現代轉型。爲此，梁、胡兩位學人從兩個方面進行嘗試。

　　首先，將顏李二人再塑成反理學的思想家。歷史人物形象的塑造是一個層層建構與不斷積澱的過程。回顧本文前三章內容，近代顏元、李塨二人學術形象的塑造其實有一個逐步延展的內在邏輯。顏李學復興之初，戴望已把二人稱之爲經世學者，並有意將戴震學的淵源導引至顏李學名下，實已隱含著顏李學與宋明理學對立的意味。隨著晚清學人對顏李學傳播和闡釋的日趨廣泛，其對顏李形象的改塑也因之展開。宋恕、章太炎、劉師培諸君，一面將顏李譽之爲反清復明的民族主義者，一面又賦予其溝通中西的稱號，於是顏李二人距離西方近代科學精神似被人爲地拉近了不少。進入民初，顏李學之發展雖經受波折，但徐世昌等人也承認顏李學與西學的相通之處。故到20世紀20年代初，顏元、李塨二人批判理學、融合中西的形象已漸成共識，梁、胡二人積薪而上，再進一步，將二人塑造成反理學的思想家，並將其二人置於清代反理學譜系中的開端，從而奠定了他們於清代思想史中革命派的角色

〔註205〕〔美〕托馬斯・庫恩：《科學革命的結構》，北京大學出版社2003年版，第21頁。

〔註206〕余英時：《清代思想史的一個新解釋》，《論戴震與章學誠》，三聯書店2000年6月版，第345頁。

〔註207〕孫松齡：《序言》，李世繁著：《顏李學派》，四存學會刊本，1946年6月版，第1頁。

和地位。正因爲梁、胡二人的作法乃先因後創，非平地拔起，所以此觀點一出，即引來學界的廣泛認同，成爲後來者研究的必引之說，其示範意義尤爲深遠。如容肇祖即上承其師胡適之說，認爲「顏元竟能找出當日政治上人材上的病源，要一掃而空之，掃盡宋儒的學問，連宋儒思讀講著的事業亦並排斥之，這眞是學術思想上的大革命，這種革命，眞可以開發三百年來學術思想的生機」〔註208〕。陳登原亦認爲「反抗程、朱者，思想界雖大有人在，惟習齋能爲盡言」〔註209〕。更値得注意的是，新中國成立後，學者在研析顏李學術思想特色時，亦或明或暗地受到梁、胡觀點的影響。郭靄春明確指出「顏習齋的哲學思想是反『理學』的，所以他對宇宙本體的看法，亦與程朱大不相同，程朱倡『理氣二元論』而主張『理先氣後』，這就決定了他的唯心本質。習齋主張『氣即理之氣，理即氣之理』，『理』『氣』融爲一片，從而構成了他的『理在事中』的論點，這就決定了他的宇宙觀的唯物本質」〔註210〕。在侯外廬等人編寫的《宋明理學史》中，作者更是徑直以《顏李學派的反理學思想》爲題，對顏李學的思想詳作論述，認爲「從嚴格意義上講，顏李學與理學是兩種思想體系的對立，前者是功利之學，後者是性理之學，兩種思想體系具有不同的出發點、特徵和歸宿」〔註211〕。同時細數近三十年來關於顏李思想研究的論文，其中以反理學爲視角或理論基礎進行考察的不在少數。當然，將「反理學」的稱號冠之於顏元、李塨頭上是否合適可姑且不論〔註212〕。不過，由上不難斷定，梁、胡所提出的「反理學」研討思路的確對學界影響甚大，至今都很有市場，顏李二人「反理學思想家」的形象已深入人心。

　　其次，將顏李學的教育思想研究引入新天地。此方面梁啓超厥功甚偉。前已言及，顏李二人提倡實習實行的教育思想於中國傳統教育學說中獨樹一幟，這也成爲近世學人關注的焦點，相關論著以數百十計，特別是改革開放之後，顏李學派的教育思想已逐步成爲教育學界研究的熱門課題，成果斐然

〔註208〕容肇祖：《顏元的生平及其思想》，《容肇祖集》，齊魯書社1989年9月版，第612頁。

〔註209〕陳登原：《顏習齋哲學思想述》，中國大百科全書出版社1989年3月版，第98頁。

〔註210〕郭靄春：《顏習齋學譜》，商務印書館1957年版，第38～39頁。

〔註211〕侯外廬、邱漢生、張豈之：《宋明理學史》（下），1987年版，第939頁。

〔註212〕雖然「反理學」這一概念已被學界廣爲採用，不過對其概念本身的考辨工作似並不理想。何謂「反理學」？此概念的提出緣由、内在涵義、適用範圍、嬗變修正等方面皆缺乏相應的細緻考察，故頗值學界加以反思與檢討。

〔註 213〕。而引領這場學界研究轉向的先驅則當屬梁啓超。早於梁氏，已有如劉師培、鄧實等人開始探討顏李的教育思想，不過這些討論既不系統，也較乏新意，加之當時現代意義上的教育學科尚未建立，故此時的研究尚處於萌芽階段。1924 年初，梁啓超所撰《顏李學派與現代教育思潮》一文於《東方雜誌》發表，雖然筆者於前文言及此文乃應景之作，但其寫作初衷之一即為「盼望這派的教育理論和方法能夠因我這篇格外普及而且多數人努力實行，便是我無上的榮幸」〔註 214〕。故該文之於顏李教育思想研究領域的開拓意義不容忽視。在是文中，梁氏結合當時的現代教育思潮，即杜威實用主義教育學說，同顏李二人的主張作對比研究，以西釋中，從而彰顯出顏李學教育思想的現代價值。通篇涉及到顏李教育思想的多個方面，如教育目標、培養目標、教育內容、教育方法、學校建設、重視體育和性教育及強調師道尊嚴等，可謂是國內第一篇全面闡述顏李教育思想的學術文章。其後，許多學者便沿著梁氏所開啓的研究思路對顏李教育思想進行深入探索。像陳登璵的《顏習齋教育學說述評》、汪家正的《勞動教育家顏習齋》、鄭世興的《顏習齋和杜威哲學及教育思想的比較研究》皆採用了梁氏中西比較的分析模式，祁森煥的《顏元教育學說的研究》、邱椿的《顏元的教育思想》、鄭世興的《顏元的教育思想》及陳山榜的《顏元評傳》也都借鑒梁氏多層次、分門類式的研究框架，可謂是對梁啓超研究思路的繼承與發展〔註 215〕。

當然，任何研究典範都是有利有弊，並非十全十美。梁、胡二人於顏李學研究領域所創建的典範亦在所難免，有其自身的不足。一是「反理學的思想家」的稱謂雖可以鮮明地彰顯顏李二人的思想特色，但也武斷地割裂了顏李學與宋明理學間的學術關聯，有失偏頗；二是採取中西比較的角度來發掘顏李教育思想中的現代性因素自然是有益的嘗試，不過若是對西方學說理解未深，難免會造成誤讀、比附的問題出現。以上兩點筆者於文中已有所交代，故不再贅述。

也恰因對梁、胡所建典範的不滿，錢穆才會從自身學術立場出發，對二

〔註213〕詳見雷娟麗：《近年來顏元教育思想研究綜述》，《河北師範大學學報》（教育科學版）2006 年第 4 期，第 40～44 頁。
〔註214〕梁啓超：《顏李學派與現代教育思潮》，《飲冰室合集》文集之四十一，中華書局 1989 年版，第 4 頁。
〔註215〕陳山榜：《顏元評傳》，人民教育出版社 2004 年 10 月版，第 3 頁。

人觀點進行商榷。合觀梁啓超、胡適、錢穆三人的顏李學研究，不難發現二者間呈對立傾向：梁、胡二人對顏李學多爲正面評價，頗爲推崇；錢穆則側重考察顏李學之不足，貶抑甚多。究其原因，不外有三：

第一，雙方學術立場不同。梁啓超、胡適本著「中國文藝復興」的內在訴求，在「理學反動說」的解釋框架之下，首先選取戴震作爲典型，將其塑造爲具有革命意義的「新哲學」。同時爲了完善清代反理學的譜系，他們又把顏、李二人拉入其中。因而身爲戴震學的源頭與盟軍，顏李學自然頗受梁、胡之褒揚，故二人展現出尊顏李抑宋學的傾向。錢穆則與梁、胡迥然異趣。他本著宋學立場，認定清學當沿宋明理學之脈絡生發而來，絕非梁、胡所謂的完全反動。故錢穆所要做的，就是揭示顏李學同宋明理學之間的相似性和淵源關係，褪去其「反理學」底色，指陳其學術痼弊，從而拆散梁、胡所構建的「反理學」譜系，其學術指向自然是尊宋學抑顏李。

第二，雙方研治路徑不同。梁啓超、胡適考察顏李學，側重以西方學說來解釋顏、李二人的諸多主張，如認爲顏李學苦行節欲類似古羅馬斯多噶派、顏李學乃東方的實用主義等等，可見他們是以西方學術作爲參照系來觀照中國學術，這不失爲一種中西交融的新視角。不過若對西學理解不深，也往往會流於牽強比附、僅知皮毛。通觀梁、胡二人的顏李學研究，其中不乏此弊。錢穆則執著於從中國學術思想的內在脈絡來檢討與反省清學的利弊得失。故他對顏李學，更多的是注重從學術內在的發展理路中來辨析，對於外在的所謂理論框架自然頗爲排斥。也正基於此因，較之於梁、胡，錢氏的顏李學研究猶如剝繭抽絲，細緻入微。

第三，雙方所持文化觀亦有較大差異。作爲「中國啓蒙思想元老」的梁啓超和新文化運動領袖之一的胡適，他們對顏李反理學形象的再塑，對顏李學實用主義色彩的渲染、情欲觀的推崇無不寄託著他們對「中國文藝復興之夢」的憧憬和構想，都反映出他們對「中國的資本主義」召喚與期待。故他們的顏李學研究，隱隱烙著思想啓蒙的印記。錢穆則與二者迥異。錢氏文化觀具有濃厚的文化民族主義的成分，其大體有三方面特徵：一是批判意識，即後五四時代對「全盤西化論」等觀點的反思；二是救亡意識，簡言之即錢氏「學術救國」的志向和寄託；三是民族意識，這主要源於他身經清末民國亂世，思想中含有反對清朝統治和抵禦帝國主義入侵的文化信念〔註216〕。因

〔註216〕關於錢氏的文化民族主義思想，丘爲君有過細緻的分析，詳見其《戴震學的

而對於梁、胡所宣揚的思想啓蒙，錢氏並不苟同。其最典型的表現，莫過於他在《中國近三百年學術史》序言裏的一段自述：

> 今日者，清社雖屋，屬階未去，言政則一以西國爲準繩，不問其與我國情政俗相洽否也。扞格而難通，則激而主「全盤西化」，以盡變故常爲快。至於風俗之流失，人心之陷溺，官方士習之日污日下，則以爲自古而固然，不以厝懷。言學則仍守故紙業碎爲博實。苟有唱風教，崇師化，辨心術，覈人才，不忘我故以求通之人倫政事，持論稍稍近宋明，則側目卻步，指爲非類，其不詆訶而揶揄之，爲賢矣！〔註217〕

表面觀之，這段話似是抒發錢氏的抗日情緒。若細加剖讀，不難發現錢氏實在批判危機之下國內的兩種文化傾向：一是全盤西化思潮，二是重考據輕義理之風。這實際上就是對胡適所提倡的思想啓蒙和整理國故運動的一種批判。可見雙方在文化觀念上之歧異頗大，勢必會間接影響到他們的顏李學研究。

要之，正是梁啓超、胡適和錢穆等學人對顏李學的多方探討，使得顏李學研究在民國時期走向深入。梁、胡之研究體現出其溝通中西的創新與努力，其典範意義值得肯定；而錢穆對前者的反撥則彰顯著他對傳統文化的「溫情與敬意」，雙方有著各自的關懷與合理性。是故三者在顏李學研究上闡述與商榷，不僅具有學術史上的研究價值，亦折射出思想史上的檢討意義。換言之，此時期的顏李學研究可謂清學史研究大勢的一個縮影。

形成：知識論在近代中國的誕生》，新星出版社 2006 年，第 238～242 頁。
〔註217〕錢穆：《中國近三百年學術史·自序》，商務印書館 1997 年 8 月版，第 4 頁。

結　語

　　作為儒學長河中的一條支流，顏李學之誕生，實與具體的時代環境息息相關。顏元身處之世，恰是明末清初政權鼎革之際，社會劇烈變動的刺激、自身複雜曲折的治學經歷及對明儒袖手空談的厭倦促使其反思宋明理學之弊端，終走向倡揚實學實行之途。隨著清政權統治的漸趨穩定，學術潮流亦因之遞嬗衍變，程朱理學備受尊崇，乾嘉漢學異軍突起，使得以經世致用為本質特徵的顏李學失去發展空間，暫趨衰歇。不過，一代有一代之學術，時至晚清，內憂外患的政局又使得人們再度研治、提倡經世之學，於是顏李學便逐漸在士人們心中復活，成為大家重釋傳統、溝通中西的必要資源。戴望憑己意編纂《顏氏學記》，孫鏘鳴納顏李學於永嘉學術之中，劉師培認定顏李「默契西法」，章太炎尊顏元為荀卿後又一大儒，皆與開掘傳統以應對時局的意圖相關聯。

　　顏李學研究之所以能在晚清民國長盛不衰，並在當下依然為學界熱點，其自身獨特的學術質素和普世性的現代價值至為關鍵。簡言之，顏李對人性解放的含蓄提倡、對實際利益的極力追求以及多元開放式的教育理念都值得後人總結與研討。也正基於此，民國時期伴隨現代知識制度和學術體系的建立與規範，顏李學研究已進入一片新境地。梁啟超對顏李學實用主義思想的論述、對其教育思想的發揮，胡適對顏李學人性論、情欲觀的闡釋，皆為後世研究建立了意義深遠的典範。當然，錢穆就梁、胡二人觀點所提出的學術商榷，隻眼獨具，亦值得後來者悉心領會與借鑒。

　　當然，顏李學在晚清民國的命運並非直線上陞，一帆風順，其間的曲折亦在所難免。民國初年，以徐世昌為首的四存學會諸人基於多重目的所開展

的尊崇顏李學的政學運作，即使得該學術遭遇波折甚或倒退。徐氏爲何單單選擇顏李學作爲其維護正統的學術工具？此問題看似簡單，實則因緣甚深。北學復振乃其歷史淵源，應對新思潮爲其文化立場，加強意識形態控制方是現實需求，故該事件背後所包含的複雜政學意蘊頗值反思與檢討。

顏李學在晚清民國的命運軌迹實同其他儒學流派有類似之處。與荀學、陽明心學、永嘉學一樣，它們皆經歷了由盛至衰，又在晚清民國再度復興的過程，其內在價值亦在學者們的不斷闡釋中展現和增加。正所謂百千異流，同歸大海，諸如顏李學這樣的儒學分支共同構成了傳統儒學在近代嬗變與轉型的多彩畫卷。因此，對近代顏李學發展情形的個案考察便具有鮮明的典型意義。

走筆至此，筆者仍需贅言的是，由於本論文的寫作初衷在於對晚清民國顏李學的研究做學術史上的梳理和思想史上的考辨，故僅能擇其要點，難免掛一漏萬。其實就民國時期的顏李學發展而言，其中尚有許多領域有待開拓：一是由徐世昌等人所興辦的四存中學校遍佈北京、天津、河北、山西、河南等地，這些教育機構很多都一直延續到新中國成立，故對這一舊式教育模式的運轉情形、社會影響進行考察則顯得頗有意義。二是作爲顏李學說中最具特色的教育思想，曾於民國教育界產生很大反響，其具體狀況怎樣？顏李教育思想又在哪些方面與現代的教育理念相契合？其相關主張又是如何被分解到教育學的各個科目之中的？對這些問題進行梳理和研討尤爲必要。三是1935 年是顏元誕辰三百週年，當時不僅學界許多人物紛紛撰文以示紀念，而且國民政府的不少政要亦參與其中，並組織了相應的社會活動。值得注意的是，該時期恰是抗戰前夕，日寇鐵蹄已侵入華北。通過翻閱政學人物的文章，不難發現其中濃厚的民族主義傾向。那爲何學界和政界一致選擇顏元作爲他們抒發抵禦外侮情緒的載體？這場顏元誕辰三百年紀念活動的具體規模、影響又是怎樣？這實在值得我們學界研究與反思。四是進入二十世紀三四十年代，馬克思主義學者逐漸涉獵顏李學研究，取得了一系列的成果，並爲新中國成立後的研究建立了新的典範。其對梁啓超、胡適所創建的範式持何種看法？該新典範是如何建立的？其具體過程怎樣？馬克思主義學者在研究時是否有著理論預設？由於這涉及到新舊典範間的轉換問題，其學術意義之大自不待言。限於學識，筆者對於以上所列問題，或未能涉及，或僅略有評述。學術史研究之難，實非言語所能道也。筆者「雖不能至」，仍「心嚮往之」，故謹以此拙作「拋磚引玉，以俟來者」。

附錄 晚清民國《顏氏學記》刊刻版本表

	刊刻者	刊刻時間	刊刻地	序 跋 情 形	館 藏 地	備 註
1、	趙之謙	清同治十年（1871）	南京冶城山館	戴望自序	中國國家圖書館、北京大學圖書館、北京師範大學圖書館	十卷，刻本
2、	李雛才	清光緒二十年（1894）	湖南龍山白岩書院	葉德輝跋	中國國家圖書館、北京大學圖書館	十卷，刻本
3、	墨學會	日本明治三十九年（1906）	東京	無	中國國家圖書館	二卷，題爲《顏元學記》
4、	蛻廬朱氏	宣統年間（1909～1911）	蘇州	無	中國國家圖書館、北京大學圖書館	十卷，鉛印本
5、	國學保存會	清光緒34年（1908）	上海	跋一葉德輝，跋二黃節	中國國家圖書館、北京大學圖書館	十卷，鉛印本
6、	由雲龍	民國六年（1917）	昆明雲南圖書館	前有《重刊〈顏氏學記〉序》，後附由雲龍及趙爾巽信函三封	北京大學圖書館	十卷，鉛印本
7、	黃寶熙	民國十四年（1925）	香山黃氏古愚室	無	中國國家圖書館、北京大學圖書館、北京師範大學圖書館	十卷，影印本
8、	劉承幹	民國年間（1912～1949）	吳興劉氏嘉業堂	劉承幹跋	中國國家圖書館、北京大學圖書館、北京師範大學圖書館	十卷，刻本

參考文獻

一、古籍資料（按拼音字母先後排序）

1. 班固：《漢書》，中華書局 1962 年版。
2. 陳亮：《陳亮集》，中華書局 1974 年版。
3. 程頤、程顥：《二程集》，中華書局 1981 年版。
4. 范曄：《後漢書》，中華書局 1965 年版。
5. 黃宗羲：《黃宗羲全集》，浙江古籍出版社 2005 年版。
6. 李延壽：《北史》，中華書局 1974 年版。
7. 陸九淵：《陸九淵集》，中華書局 1980 年版。
8. 司馬遷：《史記》，中華書局 1982 年版。
9. 孫奇逢：《孫奇逢集》，中州古籍出版社 2006 年版。
10. 王夫之：《船山全書》，嶽麓書社 1996 年版。
11. 王守仁：《王文公文集》，上海人民出版社 1974 年版。
12. 魏收：《魏書》，中華書局 1974 年版。
13. 魏徵等：《隋書》，中華書局 1973 年版。
14. 葉適：《葉適集》，中華書局 1961 年版。
15. 張載：《張載集》，中華書局 1978 年版。
16. 朱熹：《朱子全書》，上海古籍出版社、安徽教育出版社 2002 年版。

二、清人文獻（按拼音字母先後排序）

1. 戴望：《戴氏論語注》，清同治十年（1871 年）刻本。

2. 戴望：《謫麐堂遺集》，清光緒元年（1875 年）刻本。

3. 戴望：《顏氏學記》，中華書局 1958 年版。

4. 戴望：《管子校正》，《諸子集成》第五冊，上海書店 1986 年版。

5. 戴望：《戴子高夢隱圖》，《神州國光社集外增刊》之三十二，上海神州國光社宣統元年（1909）己酉三月初五日出版。

6. 戴震：《戴震全書》，黃山出版社 1997 年版。

7. 程朝儀：《顏學辯》，安徽官紙印刷局清光緒十年（1884）鉛印本。

8. 方苞：《方苞集》，上海古籍出版社 1983 年版。

9. 馮辰、劉調贊：《李塨年譜》，中華書局 1988 年版。

10. 韓志超修：《蠡縣志》，清光緒二年（1876）刻本。

11. 黃彭年：《陶樓文鈔》，民國 12 年（1923 年）江蘇書局刻本。

12. 李雒才輯：《顏氏學記》光緒二十年（1894）湖南龍山白岩書院版。

13. 皮錫瑞：《經學歷史》，中華書局 2008 年版。

14. 阮元主編：《清經解》，上海書店 1988 年版。

15. 邵廷采：《思復堂文集》，浙江古籍出版社 1987 年版。

16. 施補華：《澤雅堂文集》，清光緒十九年（1893）刊本。

17. 宋恕：《宋恕集》，中華書局 1993 年版。

18. 孫寶瑄：《忘山廬日記》，上海古籍出版社 1983 年版。

19. 孫鏘鳴：《孫鏘鳴集》，《溫州文獻叢書》第一輯，上海社會科學院出版社 2003 年版。

20. 孫琬、王德茂修，李兆洛、周儀暐纂：《武進陽湖縣合志》（36 卷），清道光 23 年（1843 年）尊經閣藏版。

21. 孫衣言撰，張如元校箋：《甌海軼聞》，《溫州文獻叢書》第二輯，上海社會科學院出版社 2005 年版。

22. 譚獻：《復堂文續》，光緒辛丑年（1901 年）刻鴰齋叢書刻本。

23. 譚獻：《復堂日記》，河北教育出版社 2001 年版。

24. 唐鑒：《清學案小識》，上海商務印書館 1947 年版。

25. 王灝編：《畿輔叢書目錄》，清末刻本，國家圖書館館藏。

26. 王灝編：《畿輔叢書初編》，民國二年（1913）版。

27. 王先謙編：《清經解續編》，上海書店 1988 年版。

28. 吳履剛：《顏氏學記》吳批本，光緒 17 年（1891），中國國家圖書館館藏。

29. 吳汝綸：《吳汝綸全集》，黃山書社 2002 年 9 月版。

30. 希古淡人：《顏氏學記》希古淡人批本，光緒 27 年（1901），中國國家圖

書館館藏。

31. 顏元：《顏元集》，中華書局 1987 年版。

32. 姚諶：《景詹聞遺文》，宣統三年（1911）歸安陸氏校刊本。

33. 尹會一：《續北學編》，蓮池書院藏本，同治七年（1868）重刊。

34. 惲鶴生：《大學正業》，武進惲氏宗祠 1912 年刻本。

35. 張伯行：《正誼堂文集》，中華書局 1985 年版影印本。

36. 張星鑑：《仰蕭樓文集》，清光緒六年（1880）刻本。

37. 張文虎著，陳大康整理：《張文虎日記》，上海書店出版社 2001 年版。

38. 張裕釗：《張裕釗詩文集》，上海古籍出版社 2007 年版。

39. 朱一新：《佩弦齋雜存》，順德龍氏葆眞堂本，清光緒 22 年（1896 年）。

40. 朱一新：《無邪堂答問》，中華書局 2000 年版。

41. 莊壽承等修：《毗陵莊氏增修族譜》（32 卷），清光緒元年（1875 年）刻本。

三、民國論著（按拼音字母先後排序）

1. 伯昭：《顏李學派治學精神的鳥瞰》，《北平華北日報》第 73、74 期，1936年。

2. 常堅如：《顏李學派之實踐精神》，《新東方雜誌》第 1 卷 1~2 期，1940年。

3. 陳登璈：《顏習齋教育學說述評》，《教育雜誌》第 25 卷 10 期，1935 年。

4. 陳登原：《顏習齋哲學思想述》，南京金陵大學中國文化研究所 1934 年版。

5. 陳黻宸：《陳黻宸集》，中華書局 1995 年 6 月版。

6. 陳學稼：《重實行的顏習齋》，《小學教師》第 1 卷 11 期，1941 年。

7. 丁文江、趙豐田：《梁啓超年譜長編》，上海人民出版社 1983 年版。

8. 〔日〕渡邊秀方著，劉侃元譯：《中國哲學史概論》，商務印書館 1926 年版。

9. 范壽康：《清初實行派的哲學——顏習齋》，《哲學與教育》第 5 卷 1 期，1936 年。

10. 范壽康：《中國哲學史通論》，上海開明書店 1937 年版。

11. 馮友蘭：《中國哲學史》，上海商務印書館 1934 年版。

12. 傅斯年：《傅斯年全集》，湖南教育出版社，2003 年。

13. 高良佐：《述清初樸學大師顏習齋》，《建國月刊》第 10 卷 6 期，1934 年。

14. 高希裴：《大教育家顏元》，《北平晨報》，1936 年。

15. 顧頡剛：《顏元》，《中學生》第 67 期，1936 年。

16. 賀葆真：《收愚齋日記》，民國間手抄本，國家圖書館館藏。

17. 賀濤：《賀先生文集》，民國三年（1914）天津徐氏刻本。

18. 何蓋俠：《顏習齋的性說與其教育思想》，《北平華北日報》，第 41～43 期，1935 年。

19. 何其章修，賈恩綬主纂：《定縣志》，民國二十三年（1934）版。

20. 侯外廬：《近代中國思想學說史》，上海生活書店 1947 年版。

21. 胡琴伯：《顏李學說之客觀的評價》，《勝流》第 5 卷 4 期，1947 年。

22. 胡適：《顏李學派的程廷祚》，《哲學評論》第 7 卷 2 期，1936 年。

23. 胡適：《顏習齋哲學及其與程朱陸王之異同》，《文史雜誌》第 1 卷 18 期，1941 年。

24. 胡適著，曹伯言整理：《胡適日記全編》（1919～1922），安徽教育出版社 2001 年版。

25. 胡適：《胡適全集》，安徽教育出版社 2003 年版。

26. 胡坦庵：《顏習齋實用主義》，《周行半月刊》第 6 期，1936 年。

27. 黃山民：《徐世昌之秘密》，新學印書局 1922 年版。

28. 賈恩綬：《定武學記》，中華報社民國 17 年（1928）刻本。

29. 賈豐臻：《中國理學史》，上海商務印書館 1936 年版。

30. 金絜如：《顏元與李塨》，商務印書館 1935 年版。

31. 警民：《徐世昌》，中央書局 1922 年版。

32. 李潔非：《顏習齋先生誕辰三百年紀念》，《圖書展望》第 3 期，1935 年。

33. 李廉：《顏習齋及其哲學體系》，《文化先鋒》第 6 卷 16～17 期，1947 年。

34. 李世繁：《評馮著〈中國哲學史〉》、馮友蘭：《致榮康（希白）書》，《燕京學報》第 26 期，1939 年。

35. 李世繁：《顏李學派》，四存學會 1946 年版。

36. 李一之：《顏習齋精神》，《中央周刊》第 6 卷 4 期，1943 年。

37. 李用中：《顏元之動的哲學——習行主義》，《前途》第 2 卷 6 期，1934 年。

38. 梁景昌：《顏習齋學說述評》，《民鐘季刊》第 2 卷 1 期，1936 年。

39. 梁啟超：《顏氏學記》梁啟超手批本，民國 12 年（1923），中國國家圖書館館藏。

40. 梁啟超：《飲冰室合集》，中華書局 1989 年版。

41. 劉承幹：《吳興叢書》，民國年間刻本。

42. 劉大鵬：《晉祠志》，山西人民出版社 1986 年版。

43. 劉大鵬：《退想齋日記》，山西人民出版社 1990 年版。

44. 劉聲木：《萇楚齋隨筆續筆三筆四筆五筆》，中華書局 1998 年版。

45. 劉師培：《劉師培全集》，中共中央黨校出版社 1997 年版。

46. 劉師培著，萬仕國輯校：《劉申叔遺書補遺》，廣陵書社 2008 年版。

47. 呂振羽：《中國政治思想史》，上海黎明書局 1937 年版。馬魁隆：《顏習齋先生學術思想之研究》，《新知識》第 7 卷 1 期，1943 年。

48. 門啟明：《顏李學》，油印本，1943 年。

49. Mansfield Freeman: Yen Hsi-Chai, A 17th Century Philosopher, Journal the North China Branch of Royal Asiatie Society,1926.

50. 念希：《恕谷年譜中對人學之檢討》，《河北月刊》第 4 卷 6 期，1936 年。

51. 齊樹楷：《顏李自修指義》，四存中學校排印本。

52. 齊思和：《顏李學派》，《燕京學報》第 6 期，1946 年。

53. 錢穆：《國學概論》，商務印書館 1997 年版。

54. 錢穆：《中國近三百年學術史》，商務印書館 1997 年版。

55. 錢穆：《中國學術思想史論叢》，安徽教育出版社 2004 年版。

56. 錢穆：《八十憶雙親·師友雜憶》，三聯書店 2005 年版。

57. 錢玄同：《錢玄同文集》，中國人民出版社 1999 年版。

58. 〔日〕清水潔：《顏習齋的習行主義——和宋明學排斥及復古主義的關聯為主》，《漢學家雜誌》，1934 年。

59. 〔日〕清水潔：《顏習齋的習行主義》，《漢學家雜誌》，1936 年第 3 期。

60. 瞿世英：《顏習齋年譜》節本，中華平民教育促進總會 1929 年版。

61. 容肇祖：《顏元的生平及其思想》，《語言歷史研究所周刊》第 34 期，1928 年。

62. 容肇祖：《清代的幾個思想家》，北京大學出版組 1935 年版。

63. 容肇祖：《明代思想史》，上海開明書店 1941 年版。

64. 商鴻逵：《顏元》，《中法大學月刊》第 9 卷 5 期，1936 年。

65. 四存學會編：《四存學會章則彙刊》，國家圖書館藏本。

66. 邵元沖：《復李君論顏學書》，《建國月刊》第 10 卷 5 期，1934 年。

67. 天客：《顏元的實用主義》，《仁愛月刊》第 1 卷 1 期，1935 年。

68. 王容：《顏習齋與李剛主》，《中學生》，1935 年。

69. 王樹楠：《陶廬老人隨年錄》，近代史料筆記叢刊，中華書局 2007 年版。

70. 王治心：《值得提倡的顏李精神》，《大眾》第 8 期，1944 年。

71. 王鍾翰點校：《清史列傳》，中華書局 1987 年版。

72. 汪家正：《勞動教育家顏習齋》，《教育雜誌》第 26 卷 2 期，1936 年。

73. 問鵑：《顏學蠡測》，《學海》第 1 卷 12 期，1941 年。

74. 沃丘仲子：《徐世昌》，崇文書局 1919 年版。

75. 吳闓生編：《吳門弟子集》，河北保定蓮池書院民國十九年（1930）刊本。

76. 希元：《顏李學派的讀書觀》，《北平華北日報》，第 32～34 期，1935 年。

77. 筱伯：《李恕谷先生》，《人間世》第 30 期，1935 年。

78. 蕭一山：《清代通史》，中華書局 1986 年版。

79. 〔日〕小柳司太氣：《顏李之學》，關西書院 1934 年版。

80. 徐慶譽：《顏習齋動的哲學》，江西省立圖書館 1933 年版。

81. 徐世昌：《祀孔典禮》，政事堂禮制館 1914 年版。

82. 徐世昌：《祭祀冠服制》，政事堂禮制館 1914 年版。

83. 徐世昌：《祭祀冠服圖》，政事堂禮制館 1914 年版。

84. 徐世昌：《祀天通禮》，政事堂禮制館 1914 年版。

85. 徐世昌：《關嶽合祀典禮》，政事堂禮制館 1914 年版。

86. 徐世昌：《忠烈祠祭禮》，政事堂禮制館 1915 年版。

87. 徐世昌主編：《顏李叢書》，四存學會 1923 年版。

88. 徐世昌：《歐戰後之中國》，臺北文海出版社 1967 年版。

89. 徐世昌：《退耕堂政書》，臺北文海出版社 1968 年版。

90. 徐世昌：《水竹村人詩集》，臺北文海出版社 1971 年版。

91. 徐世昌：《顏李師承記》，臺灣文海出版社 1972 年版。

92. 徐世昌：《將吏法言》，臺北文海出版社 1974 年版。

93. 徐世昌：《清儒學案小傳》，臺北明文書局 1985 年版。

94. 徐世昌主纂：《大清畿輔先哲傳》，天津徐氏刊印，國家圖書館館藏。

95. 徐世昌：《大清畿輔先哲傳》，北京古籍出版社 1993 年版。

96. 徐世昌：《退耕堂集》，年代不詳。

97. 徐世昌：《晚晴簃詩彙》，民國十八年（1919）天津徐世昌退耕堂刊本。

98. 徐世昌：《韜養齋日記》，天津圖書館 2004 年影印本。

99. 徐世昌：《清儒學案》，知識產權出版社 2007 年版。

100. 閻愼修：《顏習齋先生評傳》，《南開雙周》第 5、6、7 期，1928～1929 年。

101. 楊大膺：《顏習齋哲學概要》，《世界旬刊》第 15、16 期，1932 年。

102. 張鵬一：《顏李學考》，陝西吏治研究所 1916 年版。

103. 張鵬一：《習齋著書目》，陝西吏治研究所 1916 年版。

104. 張鵬一：《習齋年表》，陝西吏治研究所 1916 年版。

105. 張鵬一：《恕谷年表》，陝西吏治研究所 1916 年版。

106. 章太炎：《章太炎全集》，上海人民出版社 1984-1986 年版。

107. 張西堂：《顏李學派之實行的精神》，《經世》第 1 卷 7 期，1937 年。

108. 張西堂：《顏李著述考》，《圖書季刊》新 8 卷 1、2 合刊，1947 年。

109. 張西堂：《顏習齋學譜》，臺北明文書局股份有限公司 1994 年版。

110. 張蔭梧：《顏習齋先生之精神生活》，四存學會博野四存中學發行，1937 年。

111. 張蔭梧：《顏習齋先生之精神生活》，西安拔提書店 1940 年版。

112. 支偉成：《清代樸學大師列傳》，泰東圖書局 1928 年版。

113. 趙爾巽：《清史稿》，中華書局 1977 年版。

114. 趙衡：《序異齋文集》，民國二十一年〔1932〕天津徐氏刻本。

115. 趙紀彬：《中國知行學說簡史》，上海中國文化服務社 1943 年版。

116. 趙紀彬：《中國哲學思想》，上海中華書局 1948 年版。

117. 趙儷生：《孫顏學派述》，《讀書通訊》第 148 期，1947 年。

118. 趙衛邦：《讀顏習齋先生年譜與習齋記餘瑣記》，《大公報》圖書副刊第 190 期，1937 年。

119. 趙衛邦：《顏習齋著迹編年》，《圖書季刊》新 4 卷 1、2 期合刊，1943 年。

120. 趙振之：《顏李學述評》，《新東方雜誌》第 1 卷 5 期，1940 年。

121. 智華：《清代獨樹一幟之顏李學派》，《實報半月刊》第 13、14、15 期，1936 年。

122. 仲侅：《顏習齋先生嘉言撮要》，《仁愛月刊》第 1 卷 1～3 期，1935 年。

123. 周作人：《〈苦茶隨筆〉之四〈顏氏學記〉》，《大公報》，1935 年。

124. 諸橋轍次：《顏李的實學》，清水書店 1945 年版。

125. 近人論著（按作者姓氏音序排）

126. 〔美〕艾爾曼著，趙剛譯：《經學、政治和宗族——中華帝國晚期常州今文學派研究》，江蘇人民出版社 1998 年 3 月版。

127. 存萃學社編：《顏李學派研究叢編》，香港大東圖書公司 1978 年版。

128. 陳山榜：《顏元評傳》，人民教育出版社 2004 年版。

129. 陳山榜、鄧子平主編：《顏李學派文庫》，河北教育出版社 2009 年版。

130. 陳祖武：《清初學術思辨錄》，中國社會科學出版社 1992 年版。

131. 陳祖武：《清儒學術拾零》，湖南人民出版社 2002 年版。

132. 陳祖武、朱彤窗：《乾嘉學術編年》，河北人民出版社 2005 年版。

133. 戴元光、金冠軍主編：《傳播學通論》，上海交通大學出版社 2001 年版。

134. 傅濟鋒：《習行經濟:建基於「氣質性善論」的習齋哲學研究》，華齡出版社 2007 年版。

135. 葛榮晉主編：《中國實學思想史》，首都師範大學出版社 1994 年版。

136. 葛兆光：《中國思想史》，復旦大學出版社 2001 年版。

137. 龔書鐸主編：《清代理學史》，廣東教育出版社 2007 年版。

138. 郭劍林：《北洋靈魂——徐世昌》，蘭州大學出版社 1997 年版。

139. 河北史學會：《河北史學會通訊——全國顏元李塨學術思想討論會專號》（總第十一期），內部刊物，1987 年。

140. 何炳棣：《讀史閱世六十年》，廣西師範大學出版社 2005 年版。

141. 何冠彪：《明末清初學術思想研究》，臺北學生書局 1991 年版。

142. 侯外廬、邱漢生、張豈之主編：《宋明理學史》，人民出版社 1984～1987 年版。

143. 胡楚生：《清代學術史研究》，臺灣學生書局 1988 年版。

144. 黃進興：《優入聖域——權力、信仰與正當性》，臺灣允晨文化實業股份有限公司 1995 年版。

145. 姜廣輝：《顏李學派》，中國社會科學出版社 1987 年版。

146. 李春光：《清代學人錄》，遼寧大學出版社 2001 年版。

147. 李帆：《劉師培與中西學術——以其中西交融之學和學術史研究爲核心》，北京師範大學出版社，2003 年版。

148. 李帆：《章太炎、劉師培、梁啓超清學史著述之研究》，商務印書館 2006 年版。

149. 李貴榮：《顏習齋先生思想研究》，臺南漢家出版社 1991 年版。

150. 李貴榮：《清初思想家李恕谷研究》，臺南供學出版社 2001 年版。

151. 李國鈞：《顏元教育思想簡論》，人民教育出版社 1984 年版。

152. 李紀祥：《明末清初儒學之發展》，臺北文津出版社 1992 年版。

153. 林聰舜：《明清之際儒家思想的變遷與發展》，臺北學生書局 1990 年版。

154. 林存陽：《清初三禮學》，社會科學文獻出版社 2002 年版。

155. 陸寶千：《清代思想史》，臺北廣文書局 1978 年版。

156. 盧鍾鋒：《中國傳統學術史》，河南人民出版社 1998 年版。

157. 馬序：《顏元哲學思想研究》，蘭州大學出版社 1991 年版。

158. 歐陽哲生：《自由主義之累——胡適思想之現代闡釋》，江西教育出版社 2003 年版。

159. 潘榮勝主編：《明清進士錄》，中華書局 2006 年版。

160. 秦燕春：《清末民初的晚明想像》，北京大學出版社 2008 年版。

161. 丘爲君：《戴震學的形成——知識論述在近代中國的誕生》，新星出版社 2006 年版。

162. 容肇祖：《顏元的生平及其思想》，《容肇祖集》，齊魯書社 1989 年版。

163. 桑兵：《晚清民國的學人與學術》，中華書局 2008 年版。

164. 沈雲龍：《徐世昌評傳》，臺北傳記文學出版社 1979 年版。

165. 蘇全有：《徐世昌家族》，金城出版社 2000 年版。

166. 孫延釗撰，徐和雍、周立人整理：《孫衣言孫詒讓父子年譜》，《溫州文獻叢書》第一輯，上海社會科學院出版社 2003 年版。

167. 陶清：《明遺民九大家哲學思想研究》，臺北洪業文化事業出版社 1997 年版。

168. 〔美〕托馬斯·庫恩：《科學革命的結構》，北京大學出版社 2003 年版。

169. 王汎森：《中國近代思想與學術的系譜》，臺北聯經事業股份有限公司 2003 年版。

170. 王汎森：《晚明清初思想十論》，復旦大學出版社 2004 年版。

171. 王汎森、陳弱水主編：《思想與學術》，中國大百科全書出版社 2005 年版。

172. 王應憲：《清代吳派學術研究》，華東師範大學出版社 2009 年版。

173. 韋政通：《中國思想史》，臺北大林出版社 1982 年版。

174. 文斐：《我所知道的「北洋三雄」徐世昌、曹錕、孫傳芳》，中國文史出版社 2004 年版。

175. 徐友春主編：《民國人物大辭典》，河北人民出版社 1991 年版。

176. 楊念群：《儒學地域化的近代形態——三大知識群體互動的比較研究》，三聯書店 1997 年版。

177. 楊培之：《顏習齋與李恕谷》，湖北人民出版社 1956 年版。

178. 楊向奎：《清儒學案新編》（1～8 卷），齊魯書社出版社 1985～1994 年版。

179. 張舜徽：《清儒學記》，華中師範大學出版社 2005 年版。

180. 張舜徽：《愛晚廬隨筆》，華中師範大學出版社 2005 年版。

181. 趙紀彬：《趙紀彬文集》，河南人民出版社 1985 年版。

182. 鄭師渠：《晚清國粹派文化思想研究》，北京師範大學出版社 1997 年版。

183. 鄭世興：《顏習齋和杜威哲學及教育思想的比較研究》，臺北中央文物供應社 1984 年版。

184. 鄭宗義：《明清儒學轉型探析》，香港中文大學出版社 2000 年版。

185. 朱義祿：《顏元、李塨評傳》，南京大學出版社 2006 年版。

186. 宗希重、耿保倉、晏文光：《顏元的故事》，中國民間文藝出版社 1990 年版。

四、報刊雜誌（按拼音字母先後排序）

1. 《大公報》
2. 《東方雜誌》
3. 《國粹學報》
4. 《教育雜誌》
5. 《申報》
6. 《四存月刊》
7. 《燕京學報》

五、檔案史料（按拼音字母先後排序）

1. 北京市檔案館所藏四存中學檔案
2. 國家第二歷史檔案館所藏北洋政府內務部檔案
3. 天津市檔案館所藏四存中學分校檔案

六、學術論文（按作者姓氏音序排）

1. 陳居淵：《略論晚清學術界的尊顏與反顏之爭》，《河北學刊》1997 年第 1 期。
2. 陳勇勤：《光緒間關於王夫之從祀文廟的爭論》，《船山學刊》1997 年第 1 期。
3. 崔文翰：《晚清士人對顏李學派的評價：以程朝儀〈顏學辯〉爲例》，胡春惠、彭明輝主編：《「近代中國與世界的變遷」學術研討會議論文集》，香港珠海書院 2006 年 6 月出版。
4. 〔日〕村瀨裕也：《顏元的教育學說》（上），《思想的研究》1968 年第 1 期。
5. 〔日〕村瀨裕也：《顏元的教育學說》（中），香川大學教育學部研究報告，1971 年。
6. 〔日〕村瀨裕也：《顏元的教育學說》（下），香川大學教育學部研究報告，1971 年。
7. 高青蓮、王竹波：《惲鶴生與顏李學派考略》，《華南師範大學學報（社會科學版）》2008 年第 6 期。
8. 戶華爲：《船山崇祀與近代湖湘地方文化建構》，《湖南大學學報》（社會

科學版），2003 年第 6 期。

9. 戶華爲:《晚清社會思想變遷與聖廡的最後演出——顧、黃、王三大儒從祀風波探析》,《社會科學研究》,2005 年第 2 期。

10. 李帆:《清末民初學術史勃興潮流述論》,《吉林大學學報》(社會科學版),2005 年第 5 期。

11. 梁世和:《北學與燕趙文化》,《河北學刊》2004 年第 4 期。

12. 劉巍:《二三十年代清學史整理中錢穆與梁啓超、胡適的學術思想交涉——以戴震研究爲例》,《清華大學學報》(哲學社會科學版) 1999 年第 4 期。

13. 〔日〕三浦秀一:《年青時代的顏元》,《日本中國學會報》,1985 年第 3 期。

14. 〔日〕三浦秀一:《顏元的思想》,《東洋學集刊》,1985 年第 5 期。

15. 王裕明:《莊存與經學思想淵源簡論》,《學海》1999 年第 4 期。

16. 王元明:《美國實用主義哲學新析》,《南開學報》,1994 年第 5 期。

17. 吳秀華:《燕地賈恩紱手稿中所見桐城派學者資料》,《文獻》2003 年第 4 期。

18. 吳秀華:《略談桐城派在北方的傳播》,《燕趙學術》,2007 年春之卷。

19. 吳秀華:《賈恩紱〈年譜〉》,安徽省桐城派研究會主辦:《桐城派研究》2007 年第 9、10 期合刊。

20. 夏曉虹《明末「三大家」之由來》,《瞭望》,1992 年第 35 期。

21. 〔日〕小野和子:《顏元的學問論》,《東方學報》1970 年第 3 期。

22. 解成:《近代中國對顏元形象的兩次改造》,《河北學刊》1988 年第 1 期。

23. 〔韓〕楊熙庸:《關於顏元格物致知的研究》,《陽明學》,2006 年第 1 期。

24. 〔韓〕楊熙庸:《顏元與李塨的格物致知論研究》,《東洋哲學研究》,2006 年第 1 期。

25. 張永平:《戴望述略》,《上海交通大學學報》(社科版),2002 年第 3 期。

26. 〔日〕鄭臺燮:《顏元的禮論》,《東洋史研究》,1987 年第 4 期。

27. 朱鴻林:《陽明從祀典禮的爭議和挫折》,《中國文化研究所學報》,1996 年第 5 期。

七、學位論文（按作者姓氏音序排）

1. 廖本聖:《顏李學的形成（1898～1937)》,臺灣東海大學歷史研究所 1997 級碩士學位論文。

2. 呂金龍:《顏習齋之學術思想及其四存編研究》,臺灣華梵大學東方人文

思想研究所 2000 級碩士學位論文。

3. 王春陽：《顏李學的形成與傳播研究》，華中師範大學 2005 級博士研究生學位論文。

4. 元青：《杜威與中國——對杜威中國之行及其影響的研究》，南開大學 1996 級博士研究生畢業論文。

5. 張利：《戴望學論》，華東師範大學 2003 級研究生碩士學位論文。

後　記

　　學問如人生，人生似旅程，須經歷風雨，當跋山涉水，始撥雲見日，終一覽美景。前人這般走過，我亦如此踐履。三年博士生涯，令我由一名學術堂奧之外的懵懂小子，轉變爲史學研究大軍的陣前小卒。酸甜苦辣，一一嘗盡；喜憂順逆，歷歷在心。

　　我定題頗早。記得入學不久，導師李帆老師便已就選題事宜叮囑再三。李師之意，博士題目，當取法乎上，處學術前沿，有問題意識，勿人云亦云。他常借陳寅恪先生之言來點撥學生，即：「一時代之學術，必有其新材料與新問題。取用此材料，以研求問題，則爲此時代學術之新潮流。治學之士，得預於此潮流者，謂之預流。其未得預者，謂之未入流。此古今學術史之通義，非彼閉門造車之徒，所能同喻者也。」由此可見李師立意之高遠。雖自知學養不足，難堪重托，但爲了不負恩師期望，筆者儘量收斂雜念，一心尋覓選題。不再亂翻書，而是從前賢經典中探求靈感。也許是上天眷顧，選題之路並未多費周折。2007 年 11 月底的一日下午，我滿懷忐忑之心走進李師辦公室，向其彙報選題進展。出乎個人意料，導師沒有像往常一樣否決題目。除卻肯定選題，李師更囑我應盡力搜集學界研究現狀，摸清成熟與薄弱之處，以便於查找資料與發掘問題。

　　多日一席師生交談後，我的博士論文研究工作算是拉開序幕。對於博士論文而言，新材料與新問題，如同鳥之兩翼，車之雙輪，相輔相成，缺一不可。不過依筆者拙見，二者又非同時並進，確有先後之序。惟有遍觀相關材料，尤其是新史料，才能形成集中且突出的問題意識，從而利於課題的展開與深入。故發現、辨識和整理史料便成爲首要之務。於是在各位老師、學友

的指引下，我成爲北京各大圖書館、檔案館之常客。特別令我難忘的是自 08
年底至 09 年 8 月份，我長期泡在國家圖書館北海古籍分館。除卻周末，每日
生活幾乎都是一樣：上午在校閱讀專著，午飯後小憩一會兒，便騎著自行車
由新街口大街駛向北海，五點鐘再從西什庫大街北行，沿德勝門內大街打道
回府。北京的春天短的可憐，故好天氣沒趕上多少。多天，朔風撲面，寒氣
逼人，冷不防瑞雪從天而降，則要推車前行，雙腿泥濘；夏日，陽光暴曬，
大汗淋漓，若再同大雨不期而遇，只能沐浴甘露，通體濕透。當然，意外的
收穫總讓人忘卻沿途的不快。於《定武學記》中偶得嚴復佚文，從《顏氏學
記》裏看到梁任公的遒勁批註，由卡片目錄裏翻出《賀葆眞日記》手抄本……
每次發現新材料都讓我激動不已，對未來的論文寫作充滿憧憬。2009 年 8 月
13 日，古籍館因庫房整理暫停開放。記得那天下午臨近閉館時，我同特地從
上海趕來查閱資料的復旦大學歷史系鄒振環教授攀談。鄒老師一面因沒能看
完所需材料而惋惜不已，一面又對我勤於搜集史料的做法表示肯定。至此，
紮根北海古籍的日子告一段落。

　　常言道：「讀萬卷書，行萬里路」。讀博前，對這句老話感受不深。一次
次赴外地查閱資料、拜訪名家，終於發覺此語之意蘊所在。在石家莊，雖未
能發現太多資料，但卻結識了學識淵博、待人眞誠的河北師範大學學報副主
編陳山榜老師。陳老師熱心於顏李學的研究和宣傳，對我之選題勉勵有加。
他對顏元、李塨等人著述之熟稔，已至脫口而出、信手拈來的程度，這讓身
爲後輩的我欽佩不已。到天津圖書館查閱徐世昌之《韜養齋日記》，起初館員
以保護古籍爲由不予接待。後軟磨硬泡、託人說情，我才得以一窺東海相國
他老人家日記眞迹之全貌。現在回想起來，若無此日記，論文寫作將大受影
響。眞是謝天謝地！經歷此番折騰，我終明白：搜集史料，閱讀功夫必須過
硬，交際能力亦不可或缺。此外，09 年暑假赴華中師範大學參加近代史培訓
班，期間去拜訪已近古稀之年的武漢大學歷史學院吳劍傑先生。先生乃《張
之洞全集》主編之一，對晚清政治人物研究造詣甚深。在其點撥之下，我對
徐世昌的政學行爲之認識愈加深入。同年 9、10 月，我兩度赴上海大學參加
會議，得以借機向歷史系陳勇教授多次請教。陳老師專注於清學史領域多年，
他的中肯建議令我受益匪淺。2010 年 1 月，筆者有幸到中國人民大學清史研
究所參加青年學者論壇。我所提交論文涉及到徐世昌尊崇顏李學之事件，恰
巧所長黃興濤老師此時正在研讀《四存月刊》，故對我的論文詳加點評。之後

黃師又於電郵中提供線索，其提攜後輩之精神讓我十分感激。

博士論文就如同一席菜肴，買好油鹽醬醋、素葷原料，便要燜溜蒸煮、煎炒烹炸。搜集到一定數量的史料，寫作隨之提上日程。綜觀一年多的創作歷程，喜憂參半，五味雜陳，用「痛並快樂著」來概括似最恰當。記不清多少個夜晚，由於靈感乍現，挑燈夜戰，通宵撰文；更不記得多少個白晝，因為苦無思路，焦躁不安，椎胸頓足。歲月如刀，犀利得讓人不敢去正視它。一年多來，不知不覺間，頭頂烏髮銳減近半，腰間贅肉激增十斤。「哥掉的不是頭髮，是青春；長的不是肥肉，是滄桑！」如今我總拿這句話來自嘲，這或許就是論文寫作所應付出的代價吧。

當然，若無恩師指點，好友交流，昨日之我定不能升格為今日之我。博士導師李帆教授，為人儒雅，處事低調，治學嚴謹，享譽學界，是廣大師生公認的謙謙君子。故能忝列李師門下，我深感慶幸。李師身為學院副院長，庶務纏身，異常忙碌，但他最為關心的，仍是弟子們的選題情形與寫作進展。三年間，李師定期約我見面，從應讀之書、博士選題、開題報告到查閱資料、論文寫作、後期修改，他都不憚其煩地悉心指導，反覆叮嚀。同時，為了能使我的學術視野愈加開闊，學術經歷更為豐富，李師不時向我引介學界前輩，給我提供訪學機會。毫無疑問，李師三年間的耳提面命、言傳身教，讓我獲益終身。

孫燕京老師是近代史界罕見的「女中豪傑」，亦是我的碩士導師。說來慚愧，跟隨孫師期間，出於興趣所趨，我斗膽違抗師命，選擇學術史題目。孫師知後，非但不以為忤，反而私下裏向史革新、李帆、張昭軍等老師徵詢意見，商討我選題的可行性。待到決定考博後，在選擇導師一事上，我又心存顧慮。畢竟自己希望報考學術史方向，這不啻是「背叛師門」，如此「忤逆」之行徑是否會令孫師傷心？孰料孫師早已洞曉我的心思，並事先向李帆老師力薦，支持我「棄暗投明」。她對弟子的寬容與呵護由此可見一斑。2007 年 6 月底的一天上午，即將離校返鄉的我去孫師家做客。孫師對我多加教導，最後她語重心長地說道：「學斌，你有才情，這固然很好。不過，今後讀博士當須有長期規劃，再也不能信馬由繮，隨意為文了。」此話對我影響很大，如今回想，依舊言猶在耳。

通過登門送信，在博三這一年，我得以時時向學界泰斗龔書鐸先生當面請益。龔先生已年逾八旬，精神矍鑠，身體硬朗，語言詼諧，思想深邃。難

能可貴的是，先生並不因我是晚輩而有所怠慢。每次登門造訪，他都熱情招待，噓寒問暖。與先生交談，時時刻刻都能體會到他獨特的學術魅力與崇高的人格修養。與先生聊天幾乎成為我每周雷打不動的「必修課」。遇到寫作瓶頸，只要開口向龔先生請教，他都樂意為我出謀劃策，指點迷津。

此外，還要感謝近代史教研室的王開璽、史革新、李志英、張昭軍、林輝鋒及邱濤老師，他們都在我論文寫作中給予了不同程度的關懷與幫助。

博士三年，十分辛苦，若無好友相伴，實在不敢想像。首先感謝孫淑松、張立勝、閆長麗、吳豔玲、趙亦彭、王志剛、王煦、武曉陽等同學在平日裏與我切磋辯難，給我啓發和靈感。尤其是張立勝副教授，他謙遜溫和，每日必同我探討讀書心得、寫作體會，其執著於學術的精神讓人欽佩。還有我的舍友老孫，他忠厚老實，善解人意，與其相處，輕鬆自在。三年來彼此互相照應，趣事多多。其次要感謝中國近代文化史讀書會的所有同仁，他們不僅在學術上給我獻計獻策、提供各種線索，並且在我遇到挫折時為我加油打氣。

最後，我還要深深地向生我養我的父母說聲「謝謝你們！」自進入大學之後，父母便對我「無為而治」，很少過問我的學習、生活，這樣的教育方式給我提供了充分的發展空間，也養成了我獨立豁達的處世風格。我想這正是二老的高明之處吧。另一方面，父母的言行習慣又「潤物細無聲」，潛移默化地熏染著我。父親喜愛古玩收藏，家裏被他布置得古色古香，牆壁掛滿字畫，桌上擺滿瓷瓶，手中把玩玉器，坐晚清紫檀條椅，睡民國紅木大床，天天與這些老物件接觸，使我對祖國傳統文化有種莫名的親切感。母親終日操持家務，她勤儉節約，與人為善，言必行，行必果，從她身上我體會到什麼是善良與堅持。

不知為何，拉雜寫了這麼多，後記篇幅都已經超過了結語，權作對博士生涯的一點回憶和紀念吧。就此收筆吧，天快亮了……

王學斌　識於二零一零年六月四日凌晨